DEIN COACH ZUM ERFOLG!

So geht's ins ActiveBook:

Du kannst auf alle digitalen Inhalte zu diesem Band online zugreifen. Registriere dich dazu unter **www.stark-verlag.de/mystark** mit deinem **persönlichen Zugangscode**:

35800-001031

gültig bis 31. Juli 2021

Das ActiveBook bietet dir:

- Interaktive Aufgaben mit sofortiger Ergebnisauswertung
- Videos zur Veranschaulichung der Analyse von Karikaturen und Diagrammen sowie zu zentralen Themen

ActiveBook

DEIN COACH ZUM ERFOLG!

So kannst du interaktiv lernen:

 Interaktive Aufgaben

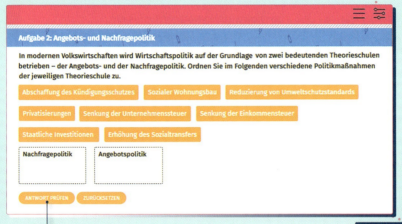

Sofortige Ergebnisauswertung

▶ **Lernvideos**

Anschauliche Erklärungen zur Analyse von Karikaturen und Diagrammen sowie zu zentralen Themen

Systemvoraussetzungen:
- Windows 7/8/10 oder Mac OS X ab 10.9
- Mindestens 1024×768 Pixel Bildschirmauflösung
- Chrome, Firefox oder ähnlicher Webbrowser
- Internetzugang

2021

Abitur
Original-Prüfungsaufgaben mit Lösungen

Gymnasium · Niedersachsen

Politik-Wirtschaft

STARK

© 2020 Stark Verlag GmbH
15. neu bearbeitete und ergänzte Auflage
www.stark-verlag.de

Das Werk und alle seine Bestandteile sind urheberrechtlich geschützt. Jede vollständige oder teilweise Vervielfältigung, Verbreitung und Veröffentlichung bedarf der ausdrücklichen Genehmigung des Verlages. Dies gilt insbesondere für Vervielfältigungen, Mikroverfilmungen sowie die Speicherung und Verarbeitung in elektronischen Systemen.

Inhaltsverzeichnis

Vorwort

Hinweise und Tipps zum Zentralabitur

1	Die schriftliche Abiturprüfung in Politik-Wirtschaft	I
2	Die mündliche Abiturprüfung in Politik-Wirtschaft	XXVI
3	Die Präsentationsprüfung in Politik-Wirtschaft	XXX
4	Einige Tipps zur Vorbereitung auf die Abiturprüfungen	XXXII

Abiturähnliche Übungsaufgaben

Mündliche Prüfung

Übungsaufgabe 1:	Politische Partizipation zwischen Anspruch und Wirklichkeit (12/1): *Medien und Politik*	1

Schriftliche Prüfung

Übungsaufgabe 2 (GA):	Politische Partizipation zwischen Anspruch und Wirklichkeit (12/1); Friedenssicherung als nationale und internationale Herausforderung (13/1): *Bundesverfassungsgericht*	9
Übungsaufgabe 3 (GA):	Soziale Marktwirtschaft zwischen Anspruch und Wirklichkeit (12/2); Politische Partizipation zwischen Anspruch und Wirklichkeit (12/1): *Soziale Ungleichheit in Deutschland*	17
Übungsaufgabe 4 (GA):	Soziale Marktwirtschaft zwischen Anspruch und Wirklichkeit (12/2); Chancen und Risiken weltwirtschaftlicher Verflechtung (13/2): *Ökologie und Marktwirtschaft*	25
Übungsaufgabe 5 (GA):	Friedenssicherung als nationale und internationale Herausforderung (13/1); Politische Partizipation zwischen Anspruch und Wirklichkeit (12/1): *Macht der Illiberalen in der Weltpolitik*	33

Übungsaufgabe 6 (EA): Soziale Marktwirtschaft zwischen Anspruch und Wirklichkeit (12/2); Friedenssicherung als nationale und internationale Herausforderung (13/1); Chancen und Risiken weltwirtschaftlicher Verflechtung (13/2):
Klimawandel und Umweltpolitik 41

Auswahl an Originalprüfungen

GA 2017 Aufgabe I: Soziale Marktwirtschaft zwischen Anspruch und Wirklichkeit (12/2); Chancen und Risiken weltwirtschaftlicher Verflechtung (13/2):
Soziale Marktwirtschaft und Freihandel 55

GA 2018 Aufgabe I: Politische Partizipation zwischen Anspruch und Wirklichkeit (12/1); Soziale Marktwirtschaft zwischen Anspruch und Wirklichkeit (12/2):
Lobbyismus und Soziale Marktwirtschaft 63

EA 2016 Aufgabe I: Soziale Marktwirtschaft zwischen Anspruch und Wirklichkeit (12/2); Politische Partizipation zwischen Anspruch und Wirklichkeit (12/1):
Soziale Marktwirtschaft 71

EA 2017 Aufgabe II: Soziale Marktwirtschaft zwischen Anspruch und Wirklichkeit (12/2); Politische Partizipation zwischen Anspruch und Wirklichkeit (12/1):
Soziale Marktwirtschaft und Demokratie 83

EA 2018 Aufgabe II: Friedenssicherung als nationale und internationale Herausforderung (13/1); Politische Partizipation zwischen Anspruch und Wirklichkeit (12/1):
Internationale Sicherheitspolitik und Demokratie... 95

EA 2019 Aufgabe I: Soziale Marktwirtschaft zwischen Anspruch und Wirklichkeit (12/2); Chancen und Risiken weltwirtschaftlicher Verflechtung (13/2):
Soziale Marktwirtschaft und Globalisierung 107

EA 2019* Aufgabe II: Friedenssicherung als nationale und internationale Herausforderung (13/1); Politische Partizipation zwischen Anspruch und Wirklichkeit (12/1):
Friedenssicherung und Demokratie 119

* Diese Aufgabe bezieht sich u. a. auf die UN-Friedenssicherung. Dieser Inhalt zählt aufgrund der Unterrichtsbeeinträchtigungen durch die COVID-19-Pandemie offiziell nicht mehr zu den Schwerpunktthemen 2021.

Autoren
Jan-Patrick Bauer: ÜA 4, 5; 17/GA I, 18/GA I, 19/EA II
Klaus Eberhard: 16/EA I, 17/EA II, 18/EA II, 19/EA I
Harry Kokot: Hinweise und Tipps; ÜA 1, 6
Oliver Thiedig: ÜA 2, 3

Vorwort

Liebe Schülerin, lieber Schüler,

Sie haben Politik-Wirtschaft auf grundlegendem oder erhöhtem Anforderungsniveau als Prüfungsfach gewählt. Dieses Buch bietet Ihnen die Möglichkeit, sich optimal auf das Zentralabitur 2021 vorzubereiten.

Das einführende Kapitel **Hinweise und Tipps** gibt Ihnen wertvolle Informationen zum Ablauf des Zentralabiturs 2021 sowie konkrete, leicht umsetzbare Tipps, die Ihnen bei der Vorbereitung und bei der Bearbeitung der Abiturprüfung helfen. Dieses Kapitel beschäftigt sich zudem ausführlich mit den **Operatoren**, die zur Lösung aller Abituraufgaben von entscheidender Bedeutung sind. Zu allen drei Anforderungsbereichen finden Sie inhaltlich passende Fragestellungen inklusive Lösungsskizze. Ebenso erfahren Sie Wichtiges zum **mündlichen Abitur** sowie zur **Präsentationsprüfung**.

Es folgt eine **Auswahl an Originalprüfungsaufgaben** der vergangenen Jahre, die thematisch zu den aktuellen Schwerpunktthemen passen. Die zusätzlichen **Übungsaufgaben** sind entsprechend den Vorgaben für das zentrale Abitur in Politik-Wirtschaft konzipiert und beziehen sich auf die **Themen und Inhalte** des Zentralabiturs 2021. Zu jeder Aufgabe finden Sie **konkrete Tipps** zum Vorgehen und zur Bearbeitungsweise. Zudem wurden von unseren Autoren zu allen Aufgaben ausführliche Lösungen ausgearbeitet. Diese **detaillierten Lösungsvorschläge** bieten Ihnen Beispiele dafür, wie Ihre Antworten im Abitur aussehen könnten.

Sollten nach Erscheinen des Bandes noch wichtige Änderungen in der Abitur-Prüfung 2021 vom Kultusministerium bekannt gegeben werden, finden Sie aktuelle Informationen dazu im Internet unter:
www.stark-verlag.de/mystark.

Die Autoren wünschen Ihnen schon jetzt viel Erfolg bei der Abiturprüfung!

HINWEISE UND TIPPS

Hinweise und Tipps zum Zentralabitur

1 Die schriftliche Abiturprüfung in Politik-Wirtschaft

1.1 Rahmenbedingungen der Prüfung

Die zentrale Aufgabenstellung im Abitur gilt nur für die schriftlichen Abiturprüfungen, die mündliche Abiturprüfung oder – alternativ – die Präsentationsprüfung werden weiterhin dezentral gestellt. Die folgenden Hinweise und Tipps sind zur Vorbereitung sowohl auf die schriftlichen als auch mündlichen Abiturprüfungen hilfreich.

In der sog. **Qualifikationsphase** sind laut **Oberstufenverordnung** aus dem Angebot der Schule fünf Prüfungsfächer (P1–P5) zu wählen, und zwar drei fünfstündige Fächer (P1–P3) mit erhöhtem Anforderungsniveau (EA) und zwei weitere dreistündige Fächer (P4, P5) mit grundlegendem Anforderungsniveau (GA). In den ersten vier Prüfungsfächern wird jeweils eine schriftliche Abiturprüfung, im 5. Prüfungsfach die mündliche Abiturprüfung oder auf Verlangen des Prüflings eine Präsentationsprüfung abgelegt.

Politik-Wirtschaft kann **im gesellschaftswissenschaftlichen Schwerpunkt**, wo es als **2. Schwerpunktfach** (auf erhöhtem Anforderungsniveau) vorgesehen ist, als drittes Prüfungsfach (P3) – abhängig vom Konzept der Schule – entweder von Ihnen gewählt oder von der Schule festgelegt werden. In allen anderen Schwerpunkten kann es – entsprechend des jeweiligen Schulkonzepts – ebenfalls als P3-Fach (auf erhöhtem Anforderungsniveau) gewählt/festgelegt oder als P4-Fach (auf grundlegendem Anforderungsniveau) gewählt werden.

Sowohl die Aufgabenvorschläge der Abiturprüfung als auch die Übungsaufgaben dieses Bandes orientieren sich an zwei Vorgaben: den **Einheitlichen Prüfungsanforderungen in der Abiturprüfung (EPA)** und dem niedersächsischen **Kerncurriculum**, das die EPA konkretisiert, indem es fachspezifische Kompetenzen ausweist und die dafür notwendigen Kenntnisse, Fähigkeiten und Fertigkeiten (vgl. Übersichten im Kerncurriculum) benennt.

Im Unterricht der Qualifikationsstufe werden diese Kompetenzen über die im **Kerncurriculum** genannten Gegenstandsbereiche/Themen vermittelt. Problemstellungen aus diesen Gegenstandsbereichen bilden die Grundlage für die zentralen schriftlichen Abituraufgaben.

Bei der Abiturprüfung ist als **Hilfsmittel** das Grundgesetz (inkl. Niedersächsische Verfassung ohne ergänzende Kommentare) zugelassen.

1.2 Gegenstandsbereiche und Themen der Prüfung

Die folgende Übersicht enthält die **schwerpunktmäßig zu behandelnden Themen und Inhalte** für die **Abiturprüfung 2021** in Politik-Wirtschaft. Weitere im Kerncurriculum genannte Themen und Inhalte (*kursiv*) sind **überblicksartig**, d. h. zusammenfassend zu behandeln.

Die Abiturprüfungsaufgaben sind so konzipiert, dass sie ihren Ausgangspunkt in den schwerpunktmäßig zu behandelnden Themen und Inhalten eines Gegenstandsbereichs haben. Gesichtspunkte aus den Themen/Inhalten der weiteren zu behandelnden Gegenstandsbereichen können berücksichtigt werden.

Neben den **Basis- und Fachkonzepten** (vgl. 1.5) sind in der Übersicht beispielhaft mögliche **Frage- bzw. Problemstellungen** (jeweils als Problemfrage formuliert) aufgeführt.

Semester 12/1 Politische Partizipation zwischen Anspruch und Wirklichkeit

	GA (grundlegendes Anforderungsniveau)	Zusätzlich EA (erhöhtes Anforderungsniveau)
Themen/Inhalte (Schwerpunkte)	• Partizipation in der Demokratie • Verfassungsorgane und politische Akteure	• Entwicklung politischer Teilhabe • Auswirkungen unterschiedlicher Partizipationsformen • Demokratietheorien
	vgl. **GA:** ÜA 2, ÜA 3, ÜA 5, 2018 I / **EA:** 2016 I, 2017 II, 2018 II, 2019 II	
Themen/Inhalte (überblicksartig)	• *Medien in der Demokratie/Partizipation über Medien*	• *Medienmärkte; Medienökonomie* • *Einfluss digitaler Mediennutzung auf politische Prozesse und Entscheidungen*
Basiskonzept(e)	Interaktionen und Entscheidungen	Ordnungen und Systeme
zentrale Fachkonzepte	Partizipation – Effektivität – Macht	Repräsentation – Markt – Interesse
Fragestellungen (Beispiele)	• Gefährdet die Krise der Volksparteien unsere Demokratie? • Ist direkte Demokratie die bessere Demokratie? • Lobbyismus: Primat der Politik oder Primat der Ökonomie? • Globale Krisen – Gefahren für die Demokratie?	

Semester 12/2 Soziale Marktwirtschaft zwischen Anspruch und Wirklichkeit

	GA	Zusätzlich EA
Themen/Inhalte (Schwerpunkte)	• soziale Ungleichheit • Verteilungsgerechtigkeit • Prinzipien der sozialen Marktwirtschaft • Markt und Staat in der Sozialen Marktwirtschaft • Umweltprobleme (Marktversagen, Interessenkonflikte, umweltpolitische Instrumente)	• Einkommens- und Vermögensverteilung (primär, sekundär, politische Konzepte) • umweltpolitische Instrumente
	vgl. **GA:** ÜA 3, Ü 4, 2017 I, 2018 I / **EA:** ÜA 6, 2016 I, 2017 II, 2019 I	
Themen/Inhalte (überblicksartig)	• *wirtschaftspolitische Ziele, Maßnahmen und Zielkonflikte*	• *Wirtschaftswachstum und Schutz natürlicher Lebensgrundlagen*
Basiskonzept(e)	Ordnungen und Systeme	Motive und Anreize
zentrale Fachkonzepte	Verteilung – Werte – Soziales Dilemma	Wirtschaftsordnung – Grundwerte: Freiheit, Gerechtigkeit, Sicherheit – Ambiguität
Fragestellungen (Beispiele)	• Ist Wirtschaftswachstum heute noch notwendig? (Zielkonflikte) • Gerechtigkeit durch Sozialpolitik? • Brauchen wir einen starken Staat? • Wie lässt sich die soziale Marktwirtschaft reformieren?	

Semester 13/1
Friedenssicherung als nationale und internationale Herausforderung

	GA	Zusätzlich EA
Themen/Inhalte (Schwerpunkte)	• internationale Konflikte/Kriege • UN – Friedenssicherung und Konfliktbewältigung*	• Konfliktanalyse und Konfliktlösungsansätze
	vgl. **GA:** ÜA 2, ÜA 5 / **EA:** ÜA 6, 2018 II, 2019 II	
Themen/Inhalte (überblicksartig)	• *Erscheinungsformen internationaler Konflikte und Kriege sowie des internationalen Terrorismus* • *Außen- und Sicherheitspolitik Deutschlands – Rolle der Bundeswehr*	• *Deutsche Entwicklungspolitik*
Basiskonzept(e)	Interaktionen und Entscheidungen	Ordnungen und Systeme
zentrale Fachkonzepte	Frieden – Knappheit – Konflikt	Macht – Sanktionen – Sicherheit
Fragestellungen (Beispiele)	• Sind internationale Konflikte militärisch zu lösen? • Lässt sich der internationale Terrorismus mithilfe von Entwicklungspolitik eindämmen? • Ist ein Krieg in Europa wieder denkbar? • Grenzen des Multilateralismus bei der Bewältigung globaler Probleme?	

Semester 13/2 Chancen und Risiken weltwirtschaftlicher Verflechtungen

	GA	Zusätzlich EA
Themen/Inhalte (Schwerpunkte)	• ökonomische Globalisierung* • Außenhandelspolitik und Handelsregime *vgl.* GA: ÜA 4, 2017 I / EA: ÜA 6, 2019 I	• Schwellen- und Entwicklungsländer im ökonomischen Globalisierungsprozess*
Themen/Inhalte (überblicksartig)	–	–
Basiskonzept(e)	Ordnungen und Systeme	Interaktionen und Entscheidungen
zentrale Fachkonzepte	Markt – Internationale Regime – Kooperation	Effizienz – Gerechtigkeit – Interesse
Fragestellungen (Beispiele)	• Exportland Deutschland: ein Opfer protektionistischer Politik? • Unternehmensstandort Deutschland – Modell mit Zukunft? • Sind die Grenzen der Globalisierung erreicht?	

* Diese Inhalte zählen aufgrund der Unterrichtsbeeinträchtigungen durch die COVID-19-Pandemie offiziell nicht mehr zu den Schwerpunktthemen 2021, sind aber dennoch überblicksartig zu behandeln.

1.3 Semesterübergriff

Sowohl im P3-Kurs als auch im P4-Kurs beziehen sich die Aufgaben des Zentralabiturs schwerpunktmäßig auf die Lernbereiche eines Kurshalbjahres. Laut Oberstufenverordnung muss darüber hinaus ein **semesterübergreifender Bezug** hergestellt und zumindest in einer Teilaufgabe inhaltlich erkennbar gemacht werden. Die **Verknüpfung mit Inhalten eines anderen Kurshalbjahres** kann über die Materialauswahl erfolgen, die die Bezugnahme zu einem der anderen thematischen Schwerpunkte schon erkennen lässt. Sie kann aber auch über die Arbeitsanweisungen vorgenommen werden. Ihre Aufgabe besteht darin, die relevanten inhaltlichen Zusammenhänge herzustellen und die in der unterrichtlichen Bearbeitung erworbenen Kompetenzen sachlich und sprachlich angemessen einzubringen.

1.4 Anforderungsniveaus der Kurse

Im P3- wie im P4-Kurs können Sie **zwischen zwei Aufgabenvorschlägen wählen**. Dafür steht Ihnen eine **Auswahlzeit** von 30 Minuten zur Verfügung.

Im **P4-Kurs** (grundlegendes Anforderungsniveau) enthält jeder Klausurvorschlag in der Regel **drei Aufgaben** und verschiedene Materialien (z. B. Texte, Karikaturen, Statistiken, Schaubilder). Für die Bearbeitung haben Sie nach der Auswahlzeit **220 Minuten** zur Verfügung.

Im **P3-Kurs** (erhöhtes Anforderungsniveau) werden Ihnen bei jedem Klausurvorschlag ebenfalls verschiedene Materialien sowie in der Regel **vier Aufgaben** vorgelegt, die Sie nach der Auswahlzeit in **270 Minuten** bearbeiten sollen.

Neben der Aufgabenzahl und der Bearbeitungszeit unterscheiden sich die Abiturklausuren im P3- und P4-Kurs hinsichtlich der Anlage und Problemorientierung der Aufgabenstellung. Da im Kursunterricht auf erhöhtem Anforderungsniveau tiefergehende und umfassendere Inhalte erarbeitet werden, sind deshalb auch die Anforderungen in der Abiturklausur höher. Das zeigt sich „nicht nur in der Ausdifferenzierung der Gegenstandsbereiche, sondern auch in dem Grad der Vertiefung, Intensivierung wissenschaftspropädeutischen Arbeitens und in der Reflexion des eigenen fachspezifischen Vorgehens" (Kerncurriculum, S. 15); zum Beispiel

- in der Komplexität des behandelten Stoffs und im Umfang der zu interpretierenden Materialien,
- im Grad der Differenzierung und der Abstraktion von Inhalten und Begriffen (in Theorien und Modellen),
- in dem methodischen Anspruch (z. B. selbstständige Erarbeitung) und
- in der Anforderung, fachspezifische Erkenntnisprobleme selbstständig zu erörtern.

1.5 Bildungsauftrag und Kompetenzbereiche

Entsprechend des Bildungsauftrags des Kerncurriculums sollten Sie sich sowohl im P3- als auch im P4-Kurs des Politik-Wirtschaft-Unterrichts folgende **Kompetenzen** angeeignet haben:

- **Sachkompetenz** im Sinne der geforderten **inhaltsbezogenen Fähigkeiten** und **fachlichen Kenntnisse** (Themen und Inhalte). Die unterschiedlichen politischen und ökonomischen Lernbereiche sind Ihnen ebenso vertraut wie die jeweiligen politik- und wirtschaftswissenschaftlichen Erkenntnisweisen als Instrumente zur Analyse/Strukturierung des politischen sowie ökonomischen Grundwissens und Denkens. Damit ist nicht nur reines Fachwissen gemeint, sondern auch eine Ordnung des Wissens, welche das Erkennen von politischen, ökonomischen und gesellschaftlichen Motiven, Prozessen und Strukturen ermöglicht. Hierbei handelt es sich – vor dem Hintergrund der drei Basiskonzepte (Erläuterung siehe unten) – um die Verfügbarkeit von **anwendungsbezogenem Fachwissen** im Hinblick auf die Ihnen vertrauten Politikdimensionen (inhaltlich-normativ, prozessual, institutionell-formal) und ökonomischen Ebenen (Verhaltenstheorie, Interdependenzen und Prozesse, institutionell-rechtliche Rahmensetzungen).

- **Methodenkompetenz** im Sinne der angeführten Fähigkeiten und Kenntnisse (Methoden und Arbeitstechniken) zur **selbstständigen Erschließung** politischer, ökonomischer und gesellschaftlicher Phänomene und zum **Aufbau eines Orientierungs- und Ordnungswissens**. Politische und ökonomische Phänomene werden mithilfe fachspezifischer Modelle und Theorien analysiert (z. B. Politikzyklus, Kreislaufmodell oder Demokratietheorien). Fachspezifische Arbeitstechniken werden zur methodischen Erschließung von Problemstellungen genutzt (z. B. Analyse von Karikaturen oder Statistiken). Die Methodenkompetenz beinhaltet sowohl eine adäquate Verwendung der **Fachsprache** als auch eine **Reflexionsfähigkeit** hinsichtlich der Potenziale und Grenzen fachspezifischer Methoden.

- **Urteilskompetenz** im Sinne einer fachlich fundierten, kriterienorientierten Darlegung eines Urteils. Urteilskompetenz weisen Sie nach, indem Sie Ihre **Sach- und Werturteile** durch angemessene Argumente sach-, kriterienorientiert und stimmig begründen und Ihre eigenen Denk- und Beurteilungsprozesse reflektieren.

Die Unterscheidung erfolgt zwischen zwei Formen des Urteilens:

Sachurteile beruhen auf der Auswahl und Deutung verschiedener politischer, gesellschaftlicher und ökonomischer Sachverhalte innerhalb eines bestimmten Bezugsrahmens. Gelungene Sachurteile zeichnen sich durch sachliche Angemessenheit, Stichhaltigkeit und inhaltliche Richtigkeit aus.

> **Erläuterung (Sachurteil):** Das Kriterium „**Effizienz**" (bzw. Nutzen bzw. Problemlösung) kann angewandt werden, wenn eine **Beurteilung** im Hinblick auf die verschiedenen betroffenen Akteure, die unterschiedlichen Bereiche (z. B. wirtschaftlicher, politischer, sozialer, kultureller, etc. Bereich) und die betroffenen Ebenen (Individuum, Gruppen, Gesellschaft, globale Ebene) vorgenommen werden soll.
>
> **Fragen:** Ist etwas (eine politische Maßnahme) effizient? Ist ein Verfahren wirkungsvoll? Welchen Nutzen (wem?) bringt es? Löst es das Problem (kurz-, mittel-, langfristig)?

Bei **Werturteilen** werden u. a. ethische, moralische und normative **Wertmaßstäbe**/Kategorien auf die zu betrachtenden Sachverhalte und Problemstellungen angewandt und eigene Wertmaßstäbe reflektiert. Bei einem (individuellen) Werturteil kommt es besonders auf eine stringente Argumentation an. Werturteile gewinnen an Überzeugungskraft, wenn man die eigene Meinung nicht nur kriterienorientiert begründet, sondern mehrere Kriterien/Werte gegeneinander abwägt.

> **Erläuterung (Werturteil):** Das Kriterium „**Legitimität**" kann angewandt werden, wenn eine **Bewertung** im Hinblick auf die verschiedenen betroffenen Akteure, die unterschiedlichen Bereiche (z. B. wirtschaftlicher, politischer, sozialer, kultureller etc. Bereich) und die betroffenen Ebenen (Individuum, Gruppen, Gesellschaft, globale Ebene) vorgenommen werden soll. Die Wertmaßstäbe (z. B. Macht, Freiheit, Gerechtigkeit, Gemeinwohl), die man zur Bewertung der Legitimität heranzieht, müssen entsprechend offengelegt und durch eine Güterabwägung gewichtet werden.
>
> Auch Widersprüche sind möglich, dann ist eine (individuelle) Abwägung nötig.
>
> Beispiele:
> - Obwohl eine Maßnahme des Staates gerecht ist, ist sie abzulehnen, weil sie die individuelle Freiheit einschränkt.
> - Eine Maßnahme, die das Gemeinwohl fördert, ist zu befürworten, obwohl eine gesellschaftliche Gruppe besonders unter ihr leidet.

Die Kompetenzen der genannten drei Bereiche umfassen neben den geforderten Fähigkeiten, Kenntnissen und Fertigkeiten auch Haltungen und Einstellungen, um eine neue Anwendungs- und Entscheidungssituation in der schriftlichen oder mündlichen Abiturprüfung bewältigen zu können.

Das Unterrichtsfach Politik-Wirtschaft wird mithilfe sogenannter **Basis- und Fachkonzepte** strukturiert. Von ausgewählten Problemstellungen ausgehend bilden **drei Basiskonzepte (Anreize und Motive, Interaktionen und Entscheidungen, Ordnungen und Systeme)** die jeweilige/bevorzugte Perspektive, die durch die obligatorischen **Fachkonzepte (politische, ökonomische und integrative Kriterien)** konkretisiert wird. Diese Konzepte, insbesondere die Fachkonzepte, helfen Ihnen dabei, Ihr Wissen **einzuordnen** und bei Problemstellungen **unterschiedliche Perspektiven** einzunehmen, etwa einen Sachverhalt unter dem Blickwinkel verschiedener Interessen und der Machtverhältnisse zu untersuchen.

Für die Konkretisierung der im Abitur ausgewählten Aufgabenstellungen sollten Sie sich im Unterricht mit den Fachkonzepten vertraut gemacht haben. D. h., Sie sollten mit Begriffen wie „Demokratie", „Macht" und „Interessen" inhaltlich umgehen und sie voneinander abgrenzen können. In den Semesterübersichten (vgl. 1.2) sind die jeweils vorrangig anzuwendenden Kriterien in der Rubrik „Fachkonzepte" aufgeführt.

1.6 Die Abiturklausur: Anforderungsbereiche und Arbeitsaufträge

In der Abiturklausur wird erwartet, dass Sie sich mit möglichen individuellen, kollektiven und institutionellen Problemlösungen auseinandersetzen, diese erörtern, beurteilen, überprüfen und begründet Stellung nehmen. Dabei entwickeln Sie ggf. eigene Problemlösungsansätze, wenden Sach- und Methodenkompetenzen an und reflektieren die eigenen Sach- und Werturteile. Die Erkenntniswege des politischen und ökonomischen Problemlösens und Urteilens werden dabei reflektiert (z. B. Unterscheidung zwischen Sach- und Werturteil, Theorie- und Modellreflexion). Sie sollten prinzipiell in der Lage sein, die bestehenden Verbindungen zwischen Politik, Wirtschaft und anderen Bereichen einzubeziehen.

Die Abiturklausur besteht aus einem Material- und einem Aufgabenteil mit Arbeitsaufträgen. Die Teilaufgaben lassen nicht nur die Perspektive erkennen, unter der die Materialien zu bearbeiten sind, sondern geben zugleich einen **Hinweis auf die Anforderungsebene** und damit auch auf ihr Gewicht im Rahmen der gesamten Prüfungsleistung. Der Schwerpunkt liegt im Anforderungsbereich (= AFB) II (Reorganisation und Transfer), Anteile aus dem AFB I (Reproduktion) und dem AFB III (Reflexion und Problemlösung) müssen angemessen berücksichtigt sein.

Die Nummerierung der drei Anforderungsbereiche entspricht dem zunehmenden Schwierigkeitsgrad und Anspruch der geforderten Leistung. Die nach inhalts-, prozess- und methodenbezogenen Fähigkeiten und Kenntnissen aufgegliederten Anforderungsbereiche haben wichtige Funktionen für die Aufgabenstellung sowie für die Erfassung und Bewertung von Prüfungsleistungen. Es wird vorausgesetzt, dass die Prüflinge die Operatoren aller drei Anforderungsbereiche kompetent auf jeden Gegenstandsbereich anwenden können.

Die **erste Ebene** beschäftigt sich mit der Wiedergabe von Wissen (AFB I: Reproduktion). Im **zweiten Anforderungsbereich** sollen Sie zeigen, dass Sie das Gelernte selbstständig erklären und anwenden können. Dabei müssen Sie fach- und sachadäquate Methoden und Arbeitstechniken anwenden (AFB II: Reorganisation und Transfer). Im **dritten Anforderungsbereich** sollen Sie sowohl problembezogenes Denken und Urteilen als auch die kritische Reflexion von Methoden (AFB III: Reflexion und Problemlösung) unter Beweis stellen. Die Anforderungsbereiche lassen sich wegen zahlreicher Überschneidungen nicht immer scharf voneinander trennen. Vielfach bezieht sich die geforderte Leistung in einer Teilaufgabe jedoch **überwiegend auf einen Anforderungsbereich**.

Prinzipiell gilt: In Abhängigkeit von der Aufgabenstellung können einzelne im Unterricht erarbeitete Sachverhalte/Aspekte in entsprechender Form (als Darstellung eines Sachverhalts oder Argumentation) bei Aufgaben sowohl des AFB II als auch des AFB III einbezogen werden.

Beispiel:
1. Erläutern Sie, welche Überlegungen die Kritiker der Vorratsdatenspeicherung vorbringen. (AFB II)
2. Erörtern Sie, inwieweit die Vorratsdatenspeicherung ein geeignetes Mittel der Terrorismusbekämpfung darstellt. (AFB III)

Die Teilaufgaben werden als Arbeitsanweisungen mit Aufforderungscharakter formuliert. Die Verben, die signalisieren, welche Überlegungen und Tätigkeiten beim Lösen der Prüfungsaufgaben erwartet werden, bezeichnet man als **Operatoren**. Um Ihnen Anhaltspunkte dafür zu geben, was von Ihnen erwartet wird, finden Sie in jeder Teilaufgabe der Übungsaufgaben und vor den Lösungen der zentral gestellten Abituraufgaben eine Erläuterung der Aufgabenstellung bzw. des jeweiligen Operators. Diese Hinweise sind durch einen grauen Kasten von den eigentlichen Lösungen abgesetzt.

Für das **Abitur ab 2021** gilt die gemeinsame **Operatorenliste** für Geschichte, Erdkunde und Politik-Wirtschaft (siehe nibis.de).

Im Folgenden werden Ihnen die den einzelnen Anforderungsbereichen zugeordneten Operatoren für das Fach Politik-Wirtschaft vorgestellt und an Beispielen erläutert.

Zu allen Anforderungsbereichen lassen sich bei der individuellen Vorbereitung oder der Vorbereitung in einer Lerngruppe entsprechende Übungen einplanen.

Folgende **Operatoren** signalisieren Ihnen, dass Leistungen im **Anforderungsbereich I (Reproduktion)** verlangt werden:

Operatoren

beschreiben	strukturiert und fachsprachlich angemessen Materialien vorstellen und/oder Sachverhalte darlegen
darstellen	Sachverhalte detailliert und fachsprachlich angemessen aufzeigen
gliedern	einen Raum, eine Zeit oder einen Sachverhalt nach selbst gewählten oder vorgegebenen Kriterien systematisierend ordnen
wiedergeben	Kenntnisse (Sachverhalte, Fachbegriffe, Daten, Fakten, Modelle) und/oder (Teil-)Aussagen mit eigenen Worten sprachlich distanziert, strukturiert u. damit unkommentiert darstellen
zusammenfassen	Sachverhalte auf wesentliche Aspekte reduzieren und sprachlich distanziert strukturiert und unkommentiert wiedergeben

Nachfolgend ein (fiktives) Beispiel (mit Kennzeichnung von indirekter Rede und umschreibenden Formen) anhand eines konkreten Arbeitsauftrages:

Beispiel: Fassen Sie die Aussagen zu Problemen der Gewaltenteilung in Deutschland in eigenen Worten zusammen.

Die zentralen Textaussagen sollen ohne Kommentierung sach- und sinngemäß geordnet und sprachlich distanziert (mit Verwendung von indirekter Rede und umschreibenden Formen) zusammengefasst werden; wörtliche Textübernahmen (in erster Linie relevante Begriffe) müssen durch Anführungszeichen und Zeilenangaben gekennzeichnet werden; ein einleitender Satz mit Grundinformationen (Verfasser*in, Textsorte/Quelle mit Titel, Erscheinungsdatum, Kernaussage) ist notwendig.

Der Verfasser (Name) konstatiert in seinem am (Datum) in (Quelle) veröffentlichten Kommentar (Textsorte/Titel) im Vorfeld der Bundestagswahlen 2021 einen stetigen Bedeutungsverlust der Legislative bei gleichzeitiger Stärkung der Exekutive. Gründe sieht der Verfasser zum einen in den Forderungen nach mehr direkter Beteiligung des Volkes, zum anderen in der Umgehung des Bundestags durch die Regierung. In den vergangenen Krisenjahren seien – besonders unter der Kanzlerschaft Angela Merkels in der letzten Großen Koalition – politische Entscheidungen weitgehend ohne aktive Beteiligung des inzwischen „aufgeblähten" (Z. xx) Parlaments getroffen worden. Die Corona-Pandemie 2020 habe diese Entwicklung weiter forciert. Wichtige Entscheidungen, die eigentlich in den Bundestag gehörten, seien nur noch zwischen Kanzlerin und Ministerpräsidenten getroffen worden. Die zahlreichen europäischen Vorgaben schränkten den politischen Gestaltungs- und Entscheidungsspielraum zusätzlich ein. Deshalb sei angesichts dieses Demokratiedefizits die Neigung der Volksvertreter, ihre Positionen eher über Twitter oder in Talkshows als in der parlamentarischen Debatte mitzuteilen, inzwischen weit verbreitet. Da Entscheidungen im Bundesrat bereits vor der eigentlichen Gesetzgebung in den Länderparlamenten durch die Länderregierungen ausgehandelt würden, betreffe die Schwächung der Legislative aus Sicht des Verfassers als problematischer politischer Trend die Länderebene noch weit mehr (hier ca.180 Wörter).

> **TIPP** **Tipp zur Vorbereitung:**
> Versuchen Sie an verschiedenen Beispielen den inhaltlichen Kern von (auch längeren) Texten in einer kurzen/sachlichen schriftlichen(!) Darstellung herauszuarbeiten!

An diesen **Operatoren** erkennen Sie, dass Leistungen im **Anforderungsbereich II (Reorganisation und Transfer)** von Ihnen verlangt werden:

Operatoren	
analysieren	Materialien oder Sachverhalte kriterienorientiert oder aspektgeleitet erschließen und strukturiert darstellen
charakterisieren	Sachverhalte in ihren Eigenarten beschreiben, typische Merkmale kennzeichnen und diese dann gegebenenfalls unter einem oder mehreren bestimmten Gesichtspunkten zusammenführen
einordnen	begründet eine Position/Material zuordnen oder einen Sachverhalt begründet in einen Zusammenhang stellen
erklären	Sachverhalte so darstellen – gegebenenfalls mit Theorien und Modellen –, dass Bedingungen, Ursachen, Gesetzmäßigkeiten und/oder Funktionszusammenhänge verständlich werden
erläutern	Sachverhalte in ihren komplexen Beziehungen an Beispielen und/oder Theorien verdeutlichen (auf Grundlage von Kenntnissen bzw. Materialanalyse)
herausarbeiten	Materialien auf bestimmte, explizit nicht unbedingt genannte Sachverhalte hin untersuchen und Zusammenhänge zwischen den Sachverhalten herstellen
vergleichen	Gemeinsamkeiten, Ähnlichkeiten und Unterschiede von Sachverhalten kriterienorientiert darlegen

Konkret könnten Aufgaben aus dem Anforderungsbereich II so aussehen:

Beispiel 1: Erklären Sie, welche Probleme durch die Forderungen nach einer stärkeren militärischen Ausrichtung der deutschen Sicherheits- und Verteidigungspolitik und der Übernahme einer internationalen Führungsrolle offenkundig werden.

Bei einer Erklärung sollen im Unterricht thematisierte oder sich aus dem Material ergebende Sachverhalte/Funktionszusammenhänge geordnet dargestellt werden. Arbeiten Sie relevante Informationen zu bisherigen Entwicklungen heraus und verknüpfen Sie diese miteinander. Formulieren Sie zunächst eine kurze Einleitung.

Zahlreiche Verbündete Deutschlands in der EU und der Nato, besonders die USA unter Präsident Trump, aber auch einzelne deutsche Politiker beklagen seit Längerem die auf die Erfahrungen des Nationalsozialismus gründende militärische Zurückhaltung Deutschlands. Da sich inzwischen die transatlantischen Beziehungen grundlegend verändert hätten und neue Aufgaben auf die EU zukämen, sei es für Europa (und Deutschland) nach Ende des Kalten Krieges und aufgrund der mit dem weltpolitischen Umbruch verbundenen Herausforderungen von existentieller Bedeutung, eine globale Größe zu bleiben bzw. zu werden.

Der Vorwurf, dass sich die Bundesrepublik aus der Verantwortung stiehlt, ihre Bündnispartner im Stich lässt und sich dadurch isoliert, ist unüberhörbar. Die Forderung lautet, dass Deutschland mit seinen geostrategischen und ökonomischen Interessen eine entschlossenere und aktivere außenpolitische Rolle einnehmen und ein stärkeres militärisches Engagement zeigen müsse.

Für die sich daran anschließende strukturierte Erklärung sind z. B. die nachfolgend skizzierten, nicht vollständig ausgeführten Überlegungen möglich. Um die Gründe für die Probleme zu thematisieren, sind die Bedingungen und Möglichkeiten sowie die Grenzen der Forderung darzustellen. Die Bearbeitung in der Prüfung muss auf der Grundlage der Materialien, des erteilten Unterrichts und der Akzentuierung der Aufgabenstellung auf einzelne Aspekte bezogen und ggf. noch spezifischer bzw. differenzierter erfolgen.

Begründungen:
- **Krise der transatlantischen Beziehungen:** Die disruptive Präsidentschaft Trumps verunsichert diejenigen, die die transatlantischen Beziehungen bisher als stabilen sicherheitspolitischen Faktor angesehen haben und die „America First"-Politik sowie die Infragestellung des Multilateralismus durch die US-Administration als große Herausforderung bzw. Überforderung verstehen. Die Verschiebung der traditionellen Pfeiler europäischer Sicherheitsarchitektur bedeutet einen Bruch für die Beziehung zwischen den USA und Europa. Aktuell stehen die EU und die Bundesrepublik Deutschland vor der Herausforderung, eine außenpolitische Strategie zu entwickeln, um die transatlantische Partnerschaft neu zu gestalten und als westliche Wertegemeinschaft u. a. dem Schutz der Menschenwürde Geltung zu verschaffen.
- **Strategische Mängel und europäische Spannungen:** Eine „neue" deutsche Außen- und Sicherheitspolitik ist nicht im Alleingang zu realisieren, sondern nur im Zusammenwirken der europäischen Partner. Neben der eingeschränkten militärischen Leistungsfähigkeit zeigen sich im europäischen Rahmen strategische Defizite bei der Abstimmung der Ziele und bei konkreten Maßnahmen als Reaktion auf Krisen und Kriege. Diese grundsätzliche Problematik einer gemeinsamen europäischen Außen- und Sicherheitspolitik wird begleitet durch die Konflikte in der Flüchtlingspolitik und bei der ökonomischen Bewältigung der Corona-Krise.
- **Infragestellung militärischer Lösungen** (Beispiel: Afghanistan): Seit Jahren scheint die Einsicht zu wachsen, dass die US-geführte Militärkoalition (mit Beteiligung der Bundeswehr) nicht in der Lage sein wird, die islamistischen Taliban, die in einem asymmetrischen Konflikt erneut weite Teile Afghanistans kontrollieren, militärisch zu besiegen. Nachdem die ursprünglichen Ziele (Demokratisierung, Stabilisierung, Ertüchtigung zur Selbsthilfe) nicht oder nur ansatzweise realisiert werden konnten, eröffnet die Anfang 2020 geschlossene Vereinbarung zwischen den USA und Vertretern der Taliban ggf. eine realistischere Perspektive hin zu einer

Absage an den internationalen Terrorismus, zu weniger innerstaatlicher Gewalt und zu einem gesellschaftlichen Dialog über die Zukunft des Landes. Kritiker militärischer Interventionen betonen neben der Gefahr der Militarisierung der gesellschaftlichen Debatte u. a. die durch das **Völkerrecht** und den **Parlamentsvorbehalt des Bundestages** gegebenen Grenzen militärischer Einsätze. Auch humanitär begründete Interventionen könnten durch die Auflösung staatlicher Strukturen ins Chaos führen und ein Land zusätzlich destabilisieren. Überdies zeigt die Beteiligung der Bundeswehr in Afghanistan auch, dass militärische Auslandseinsätze den Hass gegenüber Deutschland steigern und so – mit negativen Folgen für die **innere Sicherheit** – als Gründe für terroristische Aktivitäten gesehen werden können.

- **Mangelnde Einsatzfähigkeit:** Die Forderung, dass Deutschland militärisch mehr Verantwortung in der Welt übernehmen müsse, steht im Widerspruch zur begrenzten Einsatzfähigkeit des militärischen Materials und zu den beschränkten personellen Ressourcen der Bundeswehr. Dieser Widerspruch lässt sich nicht kurz-, möglicherweise auch nicht mittelfristig auflösen. Außerdem wird die Forderung der Nato nach einer schnellen Erhöhung der **Verteidigungsausgaben auf zwei Prozent** des nationalen BIP trotz der Angst vor außenpolitischer Isolation (in der Nato und der EU) nicht nur innenpolitisch infrage gestellt. Sie stößt auch an finanzielle Grenzen. Gleichwohl sind 2019 die deutschen Militärausgaben mit 10 Prozent weltweit prozentual am stärksten gestiegen.

- **Perspektive einer vernetzten Sicherheit:** Zahlreiche Krisen und Kriege des 21. Jahrhunderts zeigen, dass ein militärischer Einsatz nur Teil einer Gesamtstrategie sein kann. Im Modell des **zivilisatorischen Hexagons** von dem Friedensforscher D. Senghaas wird deutlich, dass die Friedfertigkeit einer Gesellschaft nicht nur von der Herstellung eines staatlichen Gewaltmonopols, sondern auch vom Grad sozialer Gerechtigkeit und Rechtsstaatlichkeit abhängt. Eine Gesamtstrategie aus militärischen, politisch-diplomatischen und humanitären Elementen erscheint vor diesem Hintergrund als wirksamere Alternative zu rein militärischen Lösungen. Betrachtet man aber die noch immer fragile Sicherheitslage in Afghanistan, ist festzustellen, dass der Erfolg militärischer Interventionen auch mit einem sogenannten vernetzten Ansatz nur bedingt erreicht werden kann.

- **Verständnis von außenpolitischer Verantwortung:** Angesichts der desaströsen Folgen der militärischen Interventionen einzelner Staaten in Syrien und Libyen und der damit verbundenen Destabilisierung der gesamten Region sind die Versuche der Bundesregierung bei ihrer Libyen-Initiative 2020 ein Beispiel für die Bereitschaft, die geforderte außenpolitische Verantwortung in politischer Hinsicht zu übernehmen. Allerdings werden diese diplomatischen Aktivitäten, bei denen u. a. die Rolle der Entwicklungshilfe zur Bekämpfung der Ursachen für Armut und Gewalt betont wird, von Kritikern nur bedingt wahrgenommen bzw. akzeptiert. Ebenso werden die mit deutscher Beteiligung im November 2019 gefassten Beschlüsse einzelner EU-Staaten zu einer weiteren Ausweitung der ständigen militärischen Zusammenarbeit (u. a. Aufbau eines Koordinationszentrums für Cyberabwehr, Entwicklung eines unbemannten Systems zur U-Boot-Bekämpfung, Verbesserung der Ausbildung von Soldaten) im Sinne der Forderung als nicht ausreichend eingeschätzt.

Ein Fazit dient dazu, die dargestellten Probleme/Zusammenhänge zusammenzufassen und durch den Verweis auf aktuelle Entwicklungen/Hintergründe (z. B. Krieg in Syrien, IS-Terror, Flüchtlingsproblematik, Krise der EU und der Nato vor dem Hintergrund transatlantischer Spannungen, Eskalation von Gewalt, Kriege im Nahen und Mittleren Osten, Auswirkungen auf äußere und innere Sicherheit in der Bundesrepublik, weltwirtschaftliche Krisen) auf die Aufgabenstellung Bezug zu nehmen.

Beispiel 2: Erläutern Sie, ausgehend von den Funktionen und der Rolle der Medien in der Demokratie, die für politische Akteure relevanten Aspekte der heutigen Medienwirkung.

Mithilfe erworbener Kenntnisse sollen Sie zunächst die Funktionen und die Rolle der Medien benennen, um auf dieser Grundlage neben den positiven Faktoren die negativen Begleiterscheinungen, die Wechselwirkungen und gegenseitige Einflüsse zwischen Politik- und Medienbereich in relevanten Zusammenhängen differenziert auszuführen. Mögliche Beispiele (vgl. Operator) sind aus verschiedenen – aktuellen/medial begleiteten – politischen Entwicklungen/Konflikten/Debatten/Kampagnen etc. (z. B. Willensbildungs- und Entscheidungsprozesse) abzuleiten. Die Ausarbeitung der Aufgabe könnte wie folgt aussehen:

Medien sind ein öffentliches Forum einer demokratisch verfassten, pluralistischen Gesellschaft und haben in der Demokratie folgende Aufgaben: im engeren politischen Sinne eine Informations- und Meinungsbildungs- sowie eine Kritik- und Kontrollfunktion und im weiteren Sinne eine Bildungsfunktion. Diese Funktionen zur Sicherstellung einer für den demokratischen Prozess relevanten Öffentlichkeit lassen sich nicht klar voneinander trennen. Medien sind dabei vielfach keine neutralen Berichterstatter, sondern beeinflussen die Akteure im politischen Prozess auf verschiedene Weise. Zudem haben sie eine – oft kritisch beleuchtete – Unterhaltungsfunktion.
Indem die Vermittlungsfunktion der Medien grundlegende Bedeutung für die Politik und Politikgestaltung gewinnt (Mediatisierung), wird in der Mediengesellschaft der Schwerpunkt der politischen Kommunikation von der parlamentarisch-repräsentativen zur medial-präsentativen Demokratie verschoben. Medien wählen gemäß ihrer Informationsfunktion täglich aus der Vielzahl der Informationen aus und strukturieren das Geschehen für den Rezipienten. Dieses Agenda-Setting, d. h. die Auswahl und mediale Präsentation bestimmter Themen, kann im Wettbewerb um höhere Auflagen bzw. Hörer- und Zuschauerquoten zu einer Vereinfachung der Inhalte sowie zu einer Personalisierung von Politik führen. Neben der Meinungsbildungsfunktion durch Vermittlung verschiedener Meinungen unterschiedlicher Gruppen in der pluralistischen Gesellschaft treten die Medien selbst als Meinungsbildner auf. Angesichts der Funktion der Medien, die demokratische Vielfalt widerzuspiegeln, muss das Interesse der Mediennutzer auf die Unabhängigkeit der Berichterstattung (von politischen und wirtschaftlichen Interessen) gerichtet sein.
Wenn sich Medien ihrer Kritik- und Kontrollfunktion bedienen, geben sie als Vermittler die kritischen Positionen zu verschiedenen politischen Themen weiter und sind darüber hinaus politischer Akteur und Vierte Gewalt, wenn Missstände, Skandale und

Affären (z. B. Korruptionsvorwürfe) investigativ aufgedeckt werden. Mit der Unterhaltungsfunktion kann eine Entpolitisierung der Politik verbunden sein, wenn z. B. auch Informationssendungen als Unterhaltungssendungen (Infotainment) angelegt sind. Die Anforderungen der Mediengesellschaft (Personen, Bilder, Spannung, Abwechslung) stehen im Widerspruch zum politischen Diskurs (Partei-, Programmarbeit). So werden etwa im Fernsehen Inhalte auf das Zeigbare (Visualisierung/Personalisierung/ritualisierte Abläufe) und auf Kurzbotschaften reduziert. Die inhaltliche Auseinandersetzung gerät in den Hintergrund. Die Parteien wiederum versuchen, durch medienwirksame Veranstaltungen unter Anleitung von Medienberatern ein möglichst positives Bild ihrer Aktivitäten zu vermitteln. Personalisierung und Emotionalisierung treten dabei in den Vordergrund. Um mediale Kontrolle und Kritik zu vermeiden oder zu verringern und um ihr Image zu verbessern, kopieren einzelne Parteien journalistische Arbeitsweisen, indem sie z. B. sogenannte Newsrooms einrichten und direkt mit Bürgern kommunizieren. Auch Inszenierungen, z. B. über Interviews, dienen diesen Zwecken und schwächen Journalisten und Medien als vierte Säule des Staates. Symbolische Politik verdrängt so vielfach politische Inhalte und vermittelt ein unrealistisches Bild der komplexen politischen Entscheidungsprozesse, wodurch die Legitimationskrise der repräsentativen Demokratie verschärft wird.

Um öffentliche Aufmerksamkeit zu erzielen und durch entsprechende Informationspolitik eigene Sichtweisen und Deutungen zu vermitteln, ist es für politische Institutionen und Amtsinhaber nun unverzichtbar, sich an die Nutzungsgewohnheiten der neuen Medien anzupassen: Twitter, Facebook usw. gehören nun zum Kommunikationswerkzeug moderner politischer Kommunikation und Politikgestaltung.

Besonders in Wahlkampfzeiten werden die Websites und Social-Media-Kanäle von Politikern und Parteien als Informationsquelle intensiv(er) genutzt. Die politische Kommunikation über das Internet und soziale Medien/Netzwerke wird heute – im Sinne einer interaktiven Kommunikation und eines neuen politischen „Diskurses" – auch als partizipatorische Chance gesehen. Inzwischen ergibt sich jedoch ein weiteres grundsätzliches politisches und gesellschaftliches Problem durch die mögliche Meinungsmanipulation über „Social Bots", die sich in sozialen Netzwerken als Menschen „ausgeben". Sie „machen" Stimmung für bestimmte Parteien oder gegen Minderheiten. Durch konstruierte Konflikte und problematische bzw. falsche Aussagen/Meldungen können das öffentliche Meinungsbild und der politische Diskurs verzerrt werden. Wie nachgewiesene Desinformationskampagnen vor der Europawahl 2019 gezeigt haben, ist auch Einflussnahme aus dem Ausland denkbar.

An diesen **Operatoren** erkennen Sie, dass Leistungen im **Anforderungsbereich III** (**Reflexion und Problemlösung**) verlangt werden:

Operatoren	
begründen	komplexe Grundgedanken durch Argumente stützen und nachvollziehbare Zusammenhänge herstellen
beurteilen	den Stellenwert von Sachverhalten oder Prozessen in einem Zusammenhang überprüfen, um kriterienorientiert zu einem begründeten Sachurteil zu gelangen
entwickeln	zu einem Sachverhalt oder zu einer Problemstellung eine Einschätzung, ein Lösungsmodell, eine Gegenposition oder ein begründetes Lösungskonzept darlegen
erörtern	zu einer vorgegebenen Problemstellung eine reflektierte, abwägende Auseinandersetzung führen und zu einem begründeten Sach- und/oder Werturteil kommen
sich auseinandersetzen	zu einem Sachverhalt, einem Konzept, einer Problemstellung oder einer These usw. eine Argumentation entwickeln, die zu einem begründeten Sach- und/oder Werturteil führt
Stellung nehmen	Beurteilung mit zusätzlicher Reflexion individueller, sachbezogener und/oder politischer Wertmaßstäbe, die Pluralität gewährleisten und zu einem begründeten eigenen Werturteil führen
überprüfen	Inhalte, Sachverhalte, Vermutungen oder Hypothesen auf der Grundlage eigener Kenntnisse oder mithilfe zusätzlicher Materialien auf ihre sachliche Richtigkeit bzw. auf ihre innere Logik hin untersuchen

Die folgenden Beispiele zeigen, wie diese Arbeitsaufträge konkret (konzeptionell/argumentativ) in der Klausur aussehen könnten:

Beispiel 1: Setzen Sie sich mit der These auseinander, dass eine Minderheitsregierung eine sinnvolle Alternative zu Koalitionsregierungen darstellt.

Wenn Sie eine Aufgabe dieser Art im Abitur vorliegen haben, ist die Bearbeitung in mehreren Schritten zu empfehlen. Dabei ist es hilfreich, wenn Sie sich zu den einzelnen Bearbeitungsschritten vorab Stichworte notieren. Der folgende Vorschlag ist in diesem Sinn als Konzept für die Bearbeitung der komplexen Aufgabe zu verstehen.

a) *Klärung des Sachverhalts:*
Das traditionelle Regierungsmodell der Bundesrepublik, eine große Partei bildet eine Koalition mit einer kleinen Partei, die ihr als Mehrheitsbeschafferin dient, hat sich angesichts der parteipolitischen Verschiebungen in Deutschland bereits seit Längerem überlebt. Die Volksparteien CDU/CSU und SPD verlieren stetig an Bindekraft, der Abstand zwischen den Parteien wird signifikant geringer. Vor dem Hintergrund der Diskussion über die Stabilität der Großen Koalition auf Bundesebene hat spätestens seit der Landtagswahl in Thüringen (2019) eine politische Diskussion

über Minderheitsregierungen eingesetzt. Das sind Regierungen ohne eine verlässliche Mehrheit im Parlament. Sie entstehen, wenn weder eine Partei die Mehrheit der Mandate errungen hat noch eine Koalition mit Parlamentsmehrheit gebildet werden kann. Zu Minderheitsregierungen kommt es am ehesten in Vielparteiensystemen beziehungsweise dann, wenn es aus programmatischen oder personellen Gründen nicht möglich ist, eine Mehrheit der Abgeordneten für ein Regierungsbündnis zu gewinnen. Bei einer Minderheitsregierung muss sich eine Regierung ihre Mehrheiten bei jedem Haushaltsentwurf und bei jedem Gesetzesvorhaben neu beschaffen. Dieses Regierungsmodell/Instrument gilt bei einem sich auffächernden Parteiensystem als Variante, um schwer handhabbare Wahlergebnisse in politisches Handeln umzusetzen. Seit 1949 gab es in der Bundesrepublik 31 Minderheitsregierungen, vor allem auf Länderebene. Die meisten entstanden nach einer Koalitionskrise und ermöglichten das Weiterregieren bis zur nächsten Wahl. Kurzzeitig gab es auf Bundesebene viermal Minderheitsregierungen (1962, 1966, 1972 und 1982).

b) *Hieran anschließend sollten Sie Pro- und Kontra-Argumente nicht nur nennen bzw. aufzählen, sondern auf eine übersichtliche (möglichst kriterienorientierte) Weise darlegen. Folgende Pro- und Kontra-Argumente sollten Sie berücksichtigen, weitere sind – auch vor dem Hintergrund aktueller Entwicklungen (etwa Konfliktlinien zwischen einzelnen Parteien) – denkbar und erwünscht.*

Pro:
- offensichtlich die unter gegebenen Bedingungen einzige Möglichkeit der Regierungsbildung;
- Einbeziehung einer demokratisch notwendigen parlamentarischen Opposition und damit bessere Möglichkeiten zur Darstellung von politischen Gegenentwürfen durch die Oppositionsparteien in Parlament und Medien;
- hilfreicher Zwang zum politischen Kompromiss als demokratisches Grundelement: Möglichkeit der Entwicklung einer neuen politischen (kooperativen) Kommunikation zwischen den Parteien;
- Herstellung der Gestaltungs- und Handlungsfähigkeit der staatlichen Institutionen angesichts eines wachsenden politischen Problemdrucks;
- Respektierung des Wählerwillens durch den Regierungsauftrag für die größte Fraktion;
- Chance, angesichts besonderer aktueller Herausforderungen (Klima, Populismus etc.) über neue Wege der politischen Zusammenarbeit auch neue, zeitgemäße politische Ideen zu entwickeln.
- Bisherige Erfahrungen zeigen, dass Minderheitsregierungen anteilig genauso viele Wahlversprechen wie Mehrheitskoalitionen umsetzen, allerdings auf der Grundlage von weniger Versprechen als bei Mehrheitskoalitionen.
- Wechselnde Mehrheiten können bewirken, dass die Präferenzen der Wähler besser widergespiegelt werden. Das gilt z. B. für Projekte, die für eine Mehrheitsregierung wegen des Widerstands eines Koalitionspartners nicht umzusetzen sind.

Kontra:
- hohes Risiko der Instabilität infolge eines größeren Machtpotenzials der Oppositionsparteien zur Verhinderung einzelner politischer Projekte;
- „Verwässerung" der politischen Positionen durch projektbezogene Ad-hoc-Bündnisse;
- Qualitätseinbußen bei den politischen Konzepten wegen der inhärenten Konsenszwänge und inner- bzw. zwischenparteilicher Konflikte;
- höhere Wahrscheinlichkeit einer Verschleppung wichtiger bzw. notwendiger Entscheidungen wegen latenter Konflikte oder aufgrund von medial inszenierten Profilierungsversuchen;
- Problematik möglicher innerparteilicher Konflikte wegen programmatischer Differenzen und/oder fehlender Abgrenzung gegenüber anderen Parteien zur Aufrechterhaltung/Tolerierung der Minderheitsregierung;
- Herausforderungen/Risiken besonders bei Aufstellung eines Haushalts, bei dem die Opposition viele eigene Forderungen einzubringen versucht; Regierung muss sich für einzelne Haushaltsprojekte die Zustimmung der Opposition „erkaufen"; weil aber offen ist, für wen Neuwahlen politisch profitabel wären, ist zu erwarten, dass es nicht zu besonders ausgeprägten Konfrontationen käme.

c) *Eigene Bewertung:*
Hier sollten Sie zunächst Ihre Überlegungen zur gegenüberstellenden Gewichtung der oben dargestellten Pro- und Kontra-Argumente ausführen. Das kann in der dialektischen Form eines „einerseits" und „andererseits" erfolgen. Sinnvoll kann auch eine polarisierende Zuspitzung sein, wie z. B. die wertende Aussage mit einer abschließenden Begründung.
Politische Stabilität und Verantwortung allein daran zu messen, ob eine Regierung über eine dauerhafte Mehrheit im Parlament verfügt, wäre problematisch. Das für eine Demokratie relevante Gemeinwohl würde gerade dadurch zur Geltung gebracht werden, dass Gesetzesvorlagen, die nur die Interessen einer Klientel bedienen, unter einer Minderheitsregierung voraussichtlich gar nicht ins Parlament kämen. Abgeordnete und Fraktionen wären insofern tendenziell eher an gesamtgesellschaftlichen Lösungen orientiert. Parteipolitische Programmatik und Interessenlage verlören wegen des Risikos von Neuwahlen an Bedeutung.

Überdies könnte angesichts der (partei-)politischen Entwicklungen vor dem Hintergrund aktueller gesellschaftspolitischer Fragen und Konflikte sowie kontroverser politischer Positionen auf Alternativen für Koalitionen (Rot-Rot-Grün, Schwarz-Grün, Schwarz-Grün-Gelb, Rot-Grün-Gelb) hingewiesen werden. Entsprechende Entwicklungen sind etwa die weitere Zersplitterung der Parteienlandschaft (u. a. durch den „Aufstieg" der AfD) und die veränderten Machtperspektiven der an Wählerzustimmung verlierenden Volksparteien CDU/CSU und SPD. Ein Hinweis auf eine eingeschränkte Relevanz des politischen Instruments der Minderheitsregierung könnte die eigene Bewertung noch relativieren. Denn trotz größerer Wahrscheinlichkeit, dass auf Länderebene Minderheitsregierungen eine realistische Perspektive bieten, scheint dieses Instrument gerade auf Bundesebene kein praktikables Modell für eine Bundesregierung zu sein. Die Gesetzgebung im Bund benötigt bei zustimmungspflichtigen Gesetzen nicht nur eine Mehrheit im Bundestag, sondern auch im Bundesrat. Dessen Möglichkeiten, über die jeweiligen Länderregierungen politischen Druck auszuüben und/oder Gesetze zu blockieren, wären bei einer Minderheitsregierung vermutlich noch größer, als es bisher der Fall ist. Das könnte innerhalb der föderalen Ordnung wegen einer möglichen Mehrheitskonkurrenz von Bundestag und Bundesrat entweder zum politischen Stillstand führen oder zu große Zugeständnisse für die Bundesländer bedeuten.

Beispiel 2: Erörtern Sie die im Jahr 2020 aufgestellte Forderung des französischen Ökonomen Thomas Piketty („Kapital und Ideologie"), jedem 25-jährigen Bürger als „Erbe für alle" aus Steuermitteln einmalig 120.000 Euro zur Verfügung zu stellen.

Voraussetzung für eine solche Aufgabenbearbeitung ist eine entsprechende inhaltliche Akzentuierung der Materialien zum Thema „soziale Ungleichheit".

Die zu diskutierende Behauptung/Forderung wird in einem Dreischritt überprüft und beurteilt.

a) *Zunächst müssen die Aspekte, die eine solche Forderung vom Ansatz her stützen, geordnet dargestellt werden. Klärung und argumentativer Hintergrund der Behauptung/Forderung:*
Die Vorstellung Pikettys impliziert, dass jeder Erwachsene zum 25. Geburtstag eine staatliche Zuwendung von 60 Prozent des Durchschnittsvermögens erhält, auf Deutschland bezogen etwa 120.000 Euro. Reichtum bzw. Vermögen solle nicht mehr nur in den Händen weniger sein, das Kapital müsse besser verteilt werden. Die finanziellen Mittel dafür sollen aus den Einnahmen einer Vermögensteuer von bis zu 90 Prozent erbracht werden.
Piketty stellt den Eigentumsbegriff in den Vordergrund. Die Schaffung, Festigung und zunehmende Verabsolutierung des kapitalistischen Konzepts des Privateigentums, die er historisch nachzeichnet, sieht er als wichtige Triebfeder der zum Teil extremen ökonomischen Ungleichheit. Das Aufstiegsversprechen westlicher Gesellschaften sei auf dieser Grundlage nicht länger tragfähig. In der seit den 1980er Jahren weltweit wachsenden Ungleichheit sieht Piketty vor allem für westliche Demokratien eine große Gefahr.

b) *Argumentation:*
- In Deutschland sind die Einkommen im internationalen Vergleich nicht signifikant ungleich verteilt. Bei den Vermögen ergeben sich aber gravierende Unterschiede, weil die obersten zehn Prozent rund 60 Prozent der Vermögen besitzen.
- Eine einmalige Erbschaft bietet verschiedene Möglichkeiten der sinnvollen Verwendung. Dadurch entsteht eine neue, von der jungen Generation ausgehende gesellschaftliche Dynamik. Mit dem Geld kann Nachfrage erzeugt werden, z. B. Erwerb einer Immobilie, Firmengründung, Finanzierung einer Ausbildung.
- Das „Erbe" ist als Anrecht zu verstehen. Es ermöglicht die partielle Angleichung der Startbedingungen für sozial Benachteiligte (z. B. junge Erwachsene aus bildungsfernen Elternhäusern) und einen partiellen Abbau von gesellschaftlicher Polarisierung.

- Schaffung von Kaufkraft/Nachfrage für diejenigen, die in der „Startphase" einer Unterstützung bedürfen (Familiengründung, Kinder etc.) und damit Entlastung der jüngeren Generation;
- finanzielle Kompensation für diejenige Gruppe der 25-Jährigen, die im Niedriglohnbereich arbeiten und/oder Hartz-IV-Aufstocker sind;
- Förderung der politischen Akzeptanz/Wertschätzung, Steigerung des Selbstwertgefühls und der Bereitschaft zur politischen Partizipation;
- Stärkung der Demokratie, weil durch die einmalige Erbschaft Ungleichheit reduziert wird und dadurch Nationalismus und Populismus möglicherweise eingedämmt werden. Der inzwischen zu beobachtende Zerfallsprozess der Demokratie könnte zumindest gebremst werden.

c) *Gegenargumentation:*
Den gefundenen Aspekten sind dann die Punkte, die die Gegenargumente zum Ausdruck bringen, gegenüberzustellen – aspektorientiert oder in einer Gesamtdarstellung. Zu den denkbaren Gegenargumenten zählen Faktoren wie die mögliche Problematik, dass ein Teil der 25-Jährigen mit einem solchen „Geldsegen" gegebenenfalls überfordert wäre.
Weitere Aspekte (hier als ggf. zu thematisierende Fragen/Probleme formuliert):
- Wird durch diese „Erbschaft" die Einstellung zur Arbeit verändert? Hat ein solches „Erbe" Auswirkungen auf die Leistungsorientierung der Empfänger?
- Ist es trotz unterschiedlicher sozialer Ausgangslagen für jeden möglich, das „Erbe" sinnvoll, d. h. effektiv und zukunftssicher einzusetzen?
- Schafft dieses Erbschaftssystem neue Ungerechtigkeiten und Spannungen? Ist es gerecht, nur die 25-Jährigen zu bedenken? Müssen ältere Bürger ebenfalls einen Ausgleich erhalten? In welcher Art/Größenordnung?
- Welche Auswirkungen hat dieses „Erbe" auf den (zukünftigen) Sozialstaat und sozialstaatliche Leistungen?
- Lässt sich die (hohe) Besteuerung von Vermögen zur Finanzierung des „Erbes" politisch durchsetzen?
- Welche Reaktionen der Vermögenden (u. a. Kapitalflucht) sind zu erwarten?
- Wirken sich Steuererhöhungen negativ auf die Wirtschaft aus, indem sie die ökonomische Leistungsfähigkeit der Unternehmen beeinträchtigen, zum Arbeitsplatzabbau führen, dadurch die gesellschaftliche Wohlstandsentwicklung hemmen und letztlich den Sozialstaat schwächen?
- Bieten intensivere gesamtstaatliche Anstrengungen und kollektive Investitionen in Infrastruktur, Bildung und Gesundheitswesen eine sinnvollere Möglichkeit, soziale Ungleichheit nicht nur punktuell, sondern langfristig zu bekämpfen?

d) *Eigene Bewertung:*
Abschließend erfolgt die Gewichtung und Bewertung der beiden Argumentationslinien. Dazu ist es nötig, vom eigenen Bild der (aktuellen) gesellschaftlichen und politischen Situation ausgehend die verschiedenen Argumente zu gewichten. Die abschließende Stellungnahme beinhaltet eine Erläuterung der eigenen Wertentscheidung (Worauf stützt sich mein Urteil?). Die Forderung entspricht ebenso wie die Überlegungen zum bedingungslosen Grundeinkommen einem politischen und

ökonomischen Paradigmenwechsel. Ökonomie hängt nicht nur mit ökonomischen Faktoren zusammen, sondern auch mit gesellschaftlichen Wertvorstellungen und damit verbundenen Fragen zur sozialen Ungleichheit, z. B. was Reichtum/Vermögen bedeutet und wozu er/es verpflichtet. Das eigene Urteil kann von einer völligen Ablehnung (u. a. gesellschaftliche Utopie) über eine differenzierte Haltung (u. a. Grenzen der politischen Umsetzung: Problematik der Leistungsgerechtigkeit) bis zur deutlichen Zustimmung (u. a. moralischer Anspruch/gesellschaftlicher Wert: Verteilungsgerechtigkeit, Veränderung des kapitalistischen Wirtschaftssystems) reichen.

> **TIPP** **Tipp zur Vorbereitung:**
> Wenden Sie anhand verschiedener Materialien einzelne Operatoren an! Berücksichtigen Sie dabei ggf. auch semesterübergreifende Aspekte.

1.7 Materialien und ihre Auswertung

In der Abiturprüfung werden in erster Linie sogenannte lineare Texte (Quellentexte, journalistische Texte, wissenschaftliche Darstellungen), aber auch – in Kombination damit – pointierte bildliche Darstellungen (Karikaturen) und „nichtlineare" Texte (Schaubilder/Grafiken und Tabellen) vorgelegt. Neben dem Verstehen der Arbeitsaufträge ist die Auswertung der Materialien und die angemessene schriftliche Darstellung eine wichtige Aufgabe in der Abiturklausur. Die Materialien dürfen Sie **nicht nur als Impuls** für eigene Darstellungen zu den Arbeitsaufträgen im Sinne einer Wiedergabe Ihrer in der Vorbereitung erworbenen Kenntnisse verstehen; sie stehen vielmehr **im Mittelpunkt der Be- und Erarbeitung**. Die Grundsätze einer systematischen Bearbeitung, d. h. der Analyse und Einordnung des Materials, kennen Sie bereits aus dem Unterricht. Folgende Tipps sollen Ihnen bei der Bearbeitung helfen.

Erschließung von Karikaturen

Die Analyse/Interpretation von Karikaturen erfolgt in der Regel auf **vier Ebenen**, die sich zum Teil auch überschneiden:

- auf der **Inhaltsebene**, d. h. Beschreibung der dargestellten Details, Personen usw.:
  – Was ist das Thema?
  – Welche inhaltlichen Details sind erkennbar?
  – Von wem stammt die Karikatur?

- auf der **methodisch-künstlerischen Ebene**, d. h. als Ergänzung der Beschreibung die Betrachtung der Stilelemente:
  – Was ist der bildliche Kern der Karikatur?
  – Welche künstlerischen Gestaltungsmittel verwendet der Zeichner?
  – Welche Grundhaltung nimmt der Karikaturist ein?

- auf der **Bedeutungsebene**, d. h. Erklärung und Erläuterung des Inhalts und möglicher Zusammenhänge durch Einordnung in den historisch-politischen Kontext:
  – Auf welchen politischen Hintergrund beziehen sich die Details?
  – Wie ist der Standpunkt der Karikatur in Bezug auf die politische Situation?

- auf der **Urteils- bzw. Wertungsebene**, d. h. Fällen eines begründeten Sach- bzw. Werturteils, das über den unmittelbaren Zusammenhang der Karikatur hinausgeht und die persönliche Meinung beinhaltet:
  - Welche Bedeutung hat die Karikatur für das Verstehen der politischen Situation?
  - Welche Bedeutung hat die Karikatur über ihren Situationskontext hinaus?
  - Teile ich die Sichtweise/Kritik des Karikaturisten?

Im Internet stehen zahlreiche kostenlose Angebote zur Verfügung, die Ihnen – u. a. über Stichwortsuche – viele Anschauungs- und Übungsmöglichkeiten bieten. Mögliche Adressen sind:
http://www.stuttmann-karikaturen.de und http://www.koufogiorgos.de/

Auswertung von Tabellen und Schaubildern/Grafiken
In den Abituraufgaben kann statistisches Material als Tabelle oder Schaubild/Grafik vorkommen. Dabei ist zu bedenken, dass diese diskontinuierlichen Texte ausgewählte Informationen enthalten, die erst über einen Vergleich mit anderen Daten relevante Aussagen zulassen. Wichtig ist, Korrelationen zu erkennen und daraus kausale Zusammenhänge abzuleiten. Damit Sie die Aufgaben erfolgreich lösen können und nichts Wesentliches außer Acht lassen, empfehlen wir ein Vorgehen in **drei Schritten**, das allerdings nicht bei allen Operatoren so ausführlich angewandt werden muss.

- **Formale Analyse:**
  - Welches sind Thema/Erhebungsgegenstand und Zweck (Überschrift, Begleittext) der Tabelle/Grafik?
  - Wie und durch wen wurden die Werte ermittelt?
  - Was ist der Erhebungs(zeit)raum (Momentaufnahme, Entwicklung, Prognose)?
  - Wer hat die Statistik verfasst (verfassen lassen)?
  - Auf welchen Informationen beruht die Tabelle/Grafik?
  - Welche Darstellungsform wurde gewählt (Tabelle, Kurven- bzw. Linien-, Säulen- bzw. Balken-, Kreis-, Flächen- oder Blockdiagramm)?
  - Was sind die Bezugsgrößen: Zahlenarten (absolute Zahlen, Prozent-, Indexzahlen), Zahlenwerte (gerundet, geschätzt, vorläufig), Maßeinheiten, Intervalle?
  - Welche Kategorien werden miteinander in Beziehung gesetzt (z. B. bei Tabellen in Kopfzeile, Spalten und Vorspalten)?
  - Wie ist die grafische Gestaltung: Symbole, Farben, (Hintergrund-)Bilder?
- **Inhaltliche Analyse:**
  - Welche Besonderheiten und Auffälligkeiten weist das Material auf?
  - Welche Hauptaussagen lassen sich formulieren (Trends, Tendenzen)?
  - Welche Teilaussagen in Bezug auf Einzelaspekte sind möglich (Minima, Maxima, Zunahme, Abnahme, Stagnation, Zahlensprünge, Anomalien, Gleichmäßigkeiten und regelhafte Verläufe, unterschiedliche Phasen, Wechselbeziehungen zwischen verschiedenen Variablen/Merkmalen usw.)?
- **Aussageabsicht, Interpretation und Kritik:**
  - Welche Antwort gibt die Tabelle/Grafik auf die Fragestellung? Zu welchen Teilbereichen lassen sich keine Aussagen formulieren?

- Welche Aussagen, Empfehlungen oder Handlungen werden durch die Statistik/ Grafik nahegelegt?
- Welche Fragen ergeben sich durch die Informationen der Tabelle/Grafik?
- Was sind mögliche Ursachen für die der Tabelle/Grafik entnommenen Sachverhalte?
- Beurteilung der Aussagekraft der Tabelle/Grafik (Sind die Daten repräsentativ und korrekt? Ist die Darstellungsform angemessen? Gibt es Unklarheiten in Bezug auf die Daten, Bezugsgrößen, Quellen …? Fehlen Informationen?)
- Besteht Verdacht auf Interessengebundenheit/Manipulation? (Datenauswahl, Auftraggeber, grafische Darstellung …)

1.8 Hinweise zur Bearbeitung: Aufbau und sprachliche Gestaltung

Ihre Ausführungen zu den das Material erfassenden Arbeitsaufträgen (in der Regel die erste Aufgabe, ggf. eine weitere Aufgabe) sollten – auch wenn es nicht ausdrücklich gefordert wird – mit einer knappen Darstellung der **formalen Merkmale** beginnen (u. a. Hinweise zur Materialart, Darstellungsform, Ort und Zeit der Entstehung, Autor und Adressat). Dann sollten Sie unter Verwendung von Formen der sprachlichen Distanzierung (z. B. „Der Verfasser weist darauf hin/stellt zusammenfassend fest …"; „… es sei davon auszugehen/habe sich daher ergeben") die wesentlichen Aussagen in selbstständigen Formulierungen, die Ihr Materialverständnis zeigen, zusammenfassen. Ihr Text muss auch demjenigen, der die Vorlage nicht kennt, die gedankliche Struktur und die wesentlichen Aussagen des bearbeiteten Materials vermitteln.

Ihren Text zu den Teilaufgaben sollten Sie im Stil eines schlüssig gegliederten **Fachaufsatzes** in vollständigen Sätzen auf einem der Thematik angemessenen Sprachniveau (**Fachsprache**) formulieren. Einzelne Stichworte (selbst wenn es Kernbegriffe sind) hinter Pfeilen, unverbundene Auflistungen hinter Spiegelstrichen sowie nicht mit dem Kontext verknüpfte Skizzen und Tabellen sollten vermieden werden. Es sei denn, diese Darstellungsform wird ausdrücklich in der Aufgabenstellung gefordert. Empfehlenswert ist für jede Teilantwort der **Aufbau** mit einleitender Wendung (evtl. einem sog. Themensatz), in Absätzen gegliedertem Hauptteil und Schlusssatz.

Jede Teilaufgabe sollte auf einem neuen Blatt begonnen werden, um eventuell notwendige Ergänzungen unmittelbar an den von Ihnen bereits formulierten Text anfügen zu können. **Zusätze**, die im Anschluss an Ihren Lösungsvorschlag keinen Platz mehr haben, sollten Sie **genau kenntlich machen** und am Ende der Klausur bzw. auf einem separaten Blatt **anfügen**.

Die aus den Materialien entnommenen Passagen und andere **Zitate** sind – mit Anführungszeichen und Zeilenverweis bzw. Herkunftsangabe – durch Wiedergabe des korrekten Wortlauts in den von Ihnen formulierten Satz bzw. Absatz einzufügen.

1.9 Zeiteinteilung während der Klausur

Auch wenn Sie nur begrenzt Zeit haben, sollten Sie nicht zu schnell mit der **Reinschrift** der Klausur beginnen. Wichtig ist, dass Sie vorher alle Aufgaben und Materialien gründlich lesen. Nur so können Sie Gesamtzusammenhänge erfassen und Querbezüge zwischen den Aufgaben herstellen.

Beim **Sichten des Materials** empfiehlt es sich, mit Textmarkern oder farbigen Stiften zu arbeiten und damit in Texten und Tabellen wichtige Aussagen, zentrale Begriffe und Zahlen zu **unterstreichen**. Markieren Sie, welche Inhalte der Materialien zu welchen Teilaufgaben passen. Machen Sie sich **strukturierte Notizen mit Schlüsselbegriffen**. Schreiben Sie auf keinen Fall einfach „drauflos", sondern überlegen Sie sich zunächst ein **Grundkonzept**. Insgesamt sollte die Erstellung dieses Grundkonzepts nicht länger als ein Fünftel der gesamten Arbeitszeit in Anspruch nehmen. Für die weitere Bearbeitung setzen Sie sich einen festen **Zeitplan**, damit Sie auf jeden Fall für jede Aufgabe genügend Zeit verwenden und abschließend noch Gelegenheit zum Korrekturlesen haben.

Erst zum Schluss Ihrer Ausarbeitungen sollten Sie die **Seiten vollständig durchnummerieren**, nachdem Sie die Blätter mit Ihren Ausführungen aufgabenweise geordnet haben. Sinnvoll wäre es, am Ende noch mindestens 15 bis 20 Minuten einzuplanen, um Ihren Text **Korrektur** zu **lesen** und formale Fehler (Grammatik, Zeichensetzung, Rechtschreibung) zu berichtigen. Sie können auch noch Zwischenüberschriften ergänzen oder hervorheben.

1.10 Die Bewertung der Abiturklausur

Grundlage für die Bewertung der Prüfungsleistung ist neben den in der Aufgabenstellung enthaltenen inhaltlichen und methodischen Anforderungen Ihre Bearbeitung in den verschiedenen Anforderungsbereichen, wobei Aspekte der Qualität, Quantität und Kommunikations- sowie Darstellungsfähigkeit berücksichtigt werden. Zur **Qualität** gehören unter anderem: Erfassen der Aufgabe, Genauigkeit der Kenntnisse und Einsichten, Sicherheit in der Beherrschung der Methoden und der Fachsprache, Stimmigkeit und Differenziertheit der Aussagen, Herausarbeitung des Wesentlichen, Anspruchsniveau der Problemerfassung, Fähigkeit zur kritischen Würdigung der Bedingtheit und Problematik eigener und fremder Auffassungen, Differenziertheit und Adäquatheit des Urteils. Zur **Quantität** gehören u. a. Umfang der Kenntnisse und Einsichten, Breite der Argumentation, Vielfalt der Aspekte und Bezüge. Die **Kommunikations- und Darstellungsfähigkeit** in der Prüfung erweist sich in der richtigen Erfassung der Aufgabenstellung und in der Fähigkeit, sich in einer angemessenen Weise (u. a. durch Klarheit und Eindeutigkeit der Aussage, durch Übersichtlichkeit der Gliederung und der inhaltlichen Ordnung) verständlich zu machen.

Das Bewertungsverfahren ist Ihnen bereits aus den Oberstufen-Klausuren bekannt: Ihre **Ausführungen** zu den einzelnen Aufgaben **werden mit Punkten zwischen 15 und 0 bewertet**. Entsprechend der vorgesehenen Gewichtung wird aus dieser Bewertung die Gesamtpunktzahl ermittelt. Die Gewichtung der einzelnen Aufgaben ergibt sich aus dem Umfang und Anspruch der geforderten Leistung sowie der entsprechenden Zuordnung zu den Anforderungsbereichen; sie erfolgt in Prozentangaben (z. B. 25 %: 30 %: 20 %: 25 %). Der Schwerpunkt der gesamten Aufgabenstellung liegt im Anforderungsbereich II, der etwa 50 % der Aufgabenstellung abdeckt. Gute und sehr gute Bewertungen setzen Leistungen voraus, die deutlich über den Anforderungsbereich II hinausgehen.

Nach den in Niedersachsen üblichen Notendefinitionen können Sie mit einem als **ausreichend** beurteilten Prüfungsergebnis (5 Punkte) rechnen, wenn Sie mit Ihren Ausführungen die Kenntnis wesentlicher Sachverhalte nachgewiesen haben und wenn zentrale Aussagen und bestimmende Merkmale des vorgelegten Materials von Ihnen in Grundzügen erfasst sind, die Aussagen auf die Aufgabe bezogen und dabei grundlegende fachspezifische Verfahren und Begriffe angewendet wurden, Ihre Darstellung im Wesentlichen verständlich ausgeführt und erkennbar geordnet ist. Ein mit **sehr gut** beurteiltes Prüfungsergebnis erreichen Sie nur mit Leistungen im AFB III, also mit einer entsprechenden Bearbeitung der abschließenden, eine Bewertung fordernden Teilaufgabe. Auch ein **gut** beurteiltes Prüfungsergebnis verlangt mindestens ansatzweise Leistungen im AFB III.

Bei allem Bemühen um korrekte Inhalte dürfen Sie die äußere Form und die sprachliche Richtigkeit nicht vernachlässigen, denn schwerwiegende und gehäufte Verstöße gegen die Regeln der Grammatik, Rechtschreibung und Zeichensetzung oder gegen die äußere Form führen zu einem **Abzug von ein bis zwei Punkten der einfachen Wertung**. Eine gut lesbare Schrift und eine übersichtliche Gestaltung sind deshalb besonders wichtig. Unübersichtliche Textstellen werden nicht bewertet. Textentwürfe können ergänzend zur Bewertung herangezogen werden.

1.11 Tipps zur Abiturklausur

1. Lesen Sie sich die Aufgabenstellung mehrmals gründlich durch.
2. Fangen Sie nicht sofort an zu schreiben, sondern fertigen Sie ein Konzept für Ihre Ausarbeitung an. Notieren Sie dazu Ideen und Aspekte in Stichworten. Ein solches Konzept kann den Charakter einer Gliederung für Ihre Klausur haben.
3. Damit Sie eine Klausur schnell und flüssig, ohne Wiederholungen schreiben können, lohnt es sich, vorab einige Verben zu überlegen, mit deren Hilfe ein Sachverhalt beschrieben oder eine Tatsache ausgesagt, ein Urteil abgegeben oder eine Forderung erhoben, ein Standpunkt betont, eine Meinung befürwortet oder abgelehnt werden soll. Möglich sind etwa: ablehnen, einschränken, einwenden, entgegnen, angreifen, ausschließen, betonen, darlegen, einräumen, erklären, feststellen, folgern, infrage stellen, kritisieren, problematisieren, urteilen, zur Diskussion stellen, zusammenfassen usw.
4. Fragen Sie sich immer, ob ein „fremder" Leser Ihrem Gedankengang problemlos folgen kann. Achten Sie besonders auf Übergänge, Verknüpfungen und sprachliche Gestaltung.
5. Fügen Sie Ergänzungen so ein, dass eine zweifelsfreie Zuordnung gewährleistet ist. Nutzen Sie dafür den Platz auf der jeweiligen Seite Ihrer Klausur oder am unteren Rand, setzen Sie längere Ergänzungen ans Ende der Aufgabe oder der Klausur.
6. Lassen Sie am Ende eines Lösungsteils den Rest der Seite frei, um hier ggf. später Ergänzungen einzufügen.
7. Streichungen einzelner Textpassagen sind in sauberer Form vorzunehmen (Lineal benutzen!). Die Verwendung von Korrekturstiften/Tipp-Ex ist unzulässig.
8. Nutzen Sie den gegebenen Zeitrahmen möglichst voll aus. Lesen Sie Ihre Klausur abschließend in Ruhe durch.

2 Die mündliche Abiturprüfung in Politik-Wirtschaft

2.1 Voraussetzungen
Die mündliche Prüfung findet unter folgenden Voraussetzungen statt:
- Politik-Wirtschaft ist Ihr **fünftes Prüfungsfach** (auf grundlegendem Anforderungsniveau): In diesem Fall ist im Abitur zwingend eine mündliche Prüfung oder, wenn Sie es wünschen, eine Präsentationsprüfung vorgesehen. Die mündliche Prüfung findet unmittelbar im Anschluss an alle in der Schule durchgeführten schriftlichen Prüfungen (P1–P4) statt.
- Politik-Wirtschaft ist Ihr **drittes oder viertes Prüfungsfach**: Die Prüfungskommission *kann* nach den Ergebnissen der schriftlichen Prüfung, v. a. bei größeren Abweichungen (ca. 5 Punkte) zu den Semesterbeurteilungen, beschließen, dass Sie in einem oder mehreren dieser Fächer zusätzlich mündlich geprüft werden. Eine entsprechende Mitteilung erfolgt mit der Bekanntgabe der schriftlichen Prüfungsleistungen des Zentralabiturs. Diese zusätzliche mündliche Prüfung darf frühestens vier Werktage nach dieser Bekanntgabe stattfinden.
- Politik-Wirtschaft ist Ihr **drittes oder viertes Prüfungsfach**: Wenn Sie nach Bekanntgabe des Prüfungsergebnisses überzeugt sind, dass eine zusätzliche mündliche Prüfung sinnvoll ist, haben Sie bis zu einem von der Schule gesetzten Termin den Antrag schriftlich zu stellen. Die Frist beträgt mindestens zwei Werktage.

Sollte eine zusätzliche mündliche Prüfung durch die Prüfungskommission oder auf Ihren Wunsch hin angesetzt werden, ist von der Schule sicherzustellen, dass Sie vor der mündlichen Prüfung durch die Fachlehrkraft unter Wahrung der Geheimhaltung beraten werden. Bedenken Sie, dass bei einer zusätzlichen mündlichen Prüfung der schnelle Rückgriff auf die wesentlichen Materialien und Ergebnisse Ihrer Vorbereitung sichergestellt sein muss.

2.2 Allgemeine Grundsätze
Die mündliche Abiturprüfung ist eine Einzelprüfung, die mindestens 20 und höchstens 30 Minuten dauern soll. Die Prüfung darf sich nicht nur auf Sachgebiete eines Kurshalbjahres beziehen und bei denjenigen, die Politik als schriftliches Prüfungsfach gewählt haben (und eine Nachprüfung absolvieren), keine Wiederholung der schriftlichen Prüfung sein. Die Ihnen gestellte Aufgabe wird also bei einer Nachprüfung – trotz aller erforderlichen Schwerpunktbildung – auf (noch nicht abgeprüfte) Inhalte und Lernbereiche aus mindestens zwei Semestern zurückgreifen.

Die Prüfung findet vor dem zuständigen **Fachprüfungsausschuss** statt, der im Regelfall aus drei stimmberechtigten Mitgliedern besteht: Fachprüfungsleitung mit Vorsitz, prüfende Lehrkraft (in der Regel Ihre Politiklehrkraft) und Protokollführer.

Sie erhalten eine **Vorbereitungszeit von in der Regel 20 Minuten**. Die Vorbereitung findet unter Aufsicht von Lehrkräften der Schule statt. Währenddessen dürfen Sie als Grundlage für Ihre Ausführungen Notizen anfertigen.

2.3 Aufgabenstellung

Die mündliche Prüfung richtet sich nach den Zielen, Inhalten und Methoden der EPA. Als **dezentraler Prüfungsteil** liegt die inhaltliche Ausgestaltung und Schwerpunktbildung **in der Verantwortung der prüfenden Lehrkraft**, die bei der Aufgabenstellung sehr wahrscheinlich auf Kenntnisse und Fähigkeiten zurückgreifen wird, die Ihnen im Unterricht zu den für das jeweilige Abiturjahr festgelegten schwerpunktmäßig bzw. überblicksartig zu behandelnden Themen und Inhalten vermittelt worden sind. Diese Beschränkung ist allerdings, im Gegensatz zur zentralen schriftlichen Abiturprüfung, nicht zwingend. Ihre Kurslehrkraft kann eine mündliche Prüfung auch zu weiteren, über die vorgegebenen thematischen Schwerpunkte hinausgehenden Unterrichtsinhalten konzipieren.

Als Ausgangspunkt für die mündliche Prüfung dient eine begrenzte, gegliederte, schriftlich formulierte **Aufgabenstellung mit Materialbezug**, die sich in der Konzeption nicht wesentlich von einer schriftlichen Aufgabenstellung unterscheidet. Umfang und Abstraktionsgrad des zu bearbeitenden Materials sowie die Aufgabenstellung (drei bis vier Arbeitsaufträge) sollen Ihnen eine angemessene Erarbeitung während der Vorbereitungszeit ermöglichen.

Die Aufgabenstellung wird so gestaltet sein, dass Sie schon im ersten Teil der Prüfung, also in Ihrem selbstständigen Vortrag (siehe 2.4), **Leistungen in allen drei Anforderungsbereichen** erbringen können. Der **Schwerpunkt** wird dabei – wie bei der schriftlichen Abiturprüfung – im **Anforderungsbereich II** liegen.

2.4 Ablauf der Prüfung

Die mündliche Prüfung besteht aus zwei etwa gleich langen **Teilen:** dem selbstständigen Prüfungsvortrag und dem Prüfungsgespräch.

- Im **Prüfungsvortrag** äußern Sie sich zu der in der Vorbereitungszeit bearbeiteten Aufgabe und stellen Ihre Ergebnisse dar. Die prüfende Lehrkraft hält sich in diesem Teil der Prüfung weitgehend zurück. Auf Ihre in der Vorbereitungszeit angefertigten Aufzeichnungen dürfen Sie selbstverständlich zurückgreifen. Der Charakter eines Vortrags wird jedoch verfehlt, wenn Sie sich überwiegend auf das Vorlesen Ihrer Notizen beschränken. Benutzen Sie diese als gegliederten Stichwortkatalog und haben Sie Mut zur freien Darstellung.

- Das **Prüfungsgespräch** geht – an den Vortrag anknüpfend – über die bisher behandelte Thematik hinaus und bezieht größere fachliche Zusammenhänge mit ein. Es erschließt verschiedene Sachgebiete und Lernbereiche, damit der sog. Semesterübergriff gewährleistet ist. Der geforderte Gesprächscharakter verbietet das zusammenhanglose Abfragen von Kenntnissen bzw. den kleinschrittigen Dialog.

Zur Klärung der Prüfungsleistung *kann* auch die Fachprüfungsleitung Fragen an den Prüfling stellen. Ebenso *kann* der *die Vorsitzende der Prüfungskommission (sofern anwesend) in die Prüfung mit Fragen zum Thema eingreifen. Erfahrungsgemäß wird das allerdings erst am Ende der Prüfung geschehen.

2.5 Tipps für die Vorbereitungszeit

Ausgangspunkt für Ihr Vorgehen ist die Überlegung, dass die Ihnen vorgelegte Aufgabe zu einem **Themenkomplex** gehört, den Sie aus dem Unterricht kennen. Sie müssen sich darüber im Klaren sein, dass eine Vorbereitungszeit von 20 Minuten keine ausführlichen schriftlichen Aufzeichnungen erlaubt; **Stichpunkte** *müssen* (!) genügen.

1. *Einordnung des Themas (ca. 2 Minuten):*
   Sie „überfliegen" einmal den Text und notieren nach kurzer Einordnung des vorgelegten Materials sofort **Stichpunkte**, die Ihnen einfallen und auf die Sie – weil es sich um wichtige Aspekte handelt – auf jeden Fall in Ihrer Präsentation eingehen wollen. Eventuell lässt sich ein tagespolitischer Bezug herleiten (Relevanz des Themas). Eine solche erste Einordnung des Themas führt dazu, verschiedene in der Vorbereitung erarbeitete Sinnzusammenhänge in der Erinnerung zu reaktivieren.

2. *Strukturierung des Materials (ca. 10 Minuten):*
   Aufgabenstellung und Materialien werden nun sorgfältig gelesen, Schlüsselbegriffe markiert, unterstrichen und ggf. am Rand notiert oder strukturiert auf dem Konzeptpapier aufgeschrieben (Möglichkeit: Mindmapping-Verfahren). Achten Sie neben dem **Informationsgehalt** auch auf die **Struktur/Argumentation** im Vorlagetext, weil sich daraus ein möglicher Ansatz bei der Beurteilung ergeben könnte.

3. *Organisation/Strukturierung des Vortrags I (ca. 4 Minuten):*
   Stichpunkte für den Prüfungsvortrag/die Präsentation werden zu allen Aufgaben übersichtlich notiert. Zur besseren Orientierung in der Prüfungssituation bietet es sich auch – ggf. in Ergänzung dazu – an, eine grobe **Skizze** anzufertigen. **Zentrale Textstellen** müssen Sie noch einmal genau lesen und besonders hervorheben/markieren. Eine relevante Textaussage könnte ein möglicher „Rettungsanker" sein, wenn danach gefragt wird, was als besonders wichtig angesehen wird. Sie selbst könnten in Ihrem Vortrag, ggf. auch im Gespräch, die Bedeutung dieser Textaussage thematisieren.

4. *Organisation/Strukturierung des Vortrags II (ca. 4 Minuten):*
   Überlegen Sie sich für Ihren Vortrag einen eröffnenden und einen sinnvoll abschließenden Satz. Diese beiden Sätze werden formuliert. Einen „letzten" Satz können Sie eigentlich immer einbringen, z. B. als kurze Zusammenfassung oder These, auf die die prüfende Lehrkraft eingehen wird. Im Prinzip eignet sich dieses Vorgehen (Einleitung/Schluss) bei jeder einzelnen Aufgabe. Die stichwortartigen Aufzeichnungen werden noch einmal „im Geiste" durchgegangen. Eine Strukturierung mit Nummern oder Pfeilen empfiehlt sich als optische Unterstützung.

Das Beispiel im Übungsteil (vgl. S. 1 ff.) verdeutlicht den möglichen Ablauf der mündlichen Prüfung und bietet eine Übungsmöglichkeit auf der Grundlage einer Aufgabenstellung zum Thema „Medien in der Demokratie".

2.6 Tipps für den Vortrag und das Prüfungsgespräch

1. Bei Ihrem Prüfungsvortrag müssen Sie darauf achten, **laut und deutlich zu sprechen**. Bemühen Sie sich auch, **frei zu sprechen**!

2. Halten Sie **Blickkontakt** zur prüfenden Lehrkraft und achten Sie auf deren Gesprächsführung, Fragestellung und Impulsgebung, die Hinweise darauf geben, welche Art von Antwort erwartet wird. Vermeiden Sie auf jeden Fall den Satz: „Das weiß ich nicht!" Sie sollten zumindest versuchen, sich über einen „Umweg" an ein Ergebnis anzunähern. Eventuell wird in einem solchen Fall ein weiterer Impuls folgen. Wenn Sie im Vorfeld der mündlichen Prüfung – mit Bezug zum erteilten Unterricht – überlegen, welche Problemsicht die prüfende Lehrkraft ggf. zu einzelnen Themen haben könnte, erhalten Sie Anhaltspunkte für von Ihnen zu thematisierende Aspekte.

3. **Gliedern Sie Ihren Vortrag** (1., 2., 3., …; einerseits – andererseits; zunächst, weiterhin, darüber hinaus, schließlich …)! So lassen Sie erkennen, dass Ihr Vortrag einem „roten Faden" folgt, und Sie vermitteln den Eindruck eines kontrollierten Vorgehens. Denken Sie an Ihre **Zeiteinteilung**.

2.7 Bewertung

Für die Bewertung Ihrer Prüfungsleistung gelten im Prinzip dieselben Grundsätze wie für die schriftliche Prüfung, allerdings ergänzt um die besondere **kommunikative Komponente** der Prüfungssituation. Die Prüfungsleistung ist grundsätzlich als Ganzes zu beurteilen.

In der mündlichen Prüfung wird der Fachprüfungsausschuss – auf **Prüfungsvortrag und -gespräch** bezogen – darauf achten, in welchem Maße Sie über die folgenden **Kompetenzen** verfügen:

- die Fähigkeit, das Arbeitsergebnis **klar, differenziert, strukturiert und verständlich** unter angemessener **Verwendung der Fachsprache** und auf der Basis sicherer **aufgabenbezogener Kenntnisse** wiederzugeben („darstellen");
- die Fähigkeit, das behandelte Thema oder Problem zu erläutern, es in übergeordnete Zusammenhänge einzuordnen und in einem Gespräch ggf. eigene **themen- und problemangemessene Beiträge** einzubringen („verstehen");
- die Fähigkeit, sich mit Sachverhalten und Problemen anhand des vorliegenden Materials auseinanderzusetzen und ggf. eine eigene **begründete Stellungnahme, Beurteilung oder Wertung** abzugeben („argumentieren").

Die beiden Prüfungsteile (Vortrag/Gespräch) werden etwa **gleich gewichtet**. Wie bei der Bewertung einer Klausurleistung gilt auch für die mündliche Prüfung, dass nicht ausschließlich mit der Wiedergabe von Kenntnissen (Anforderungsbereich I) eine ausreichende Leistung erbracht werden kann. Gute und sehr gute Bewertungen setzen Leistungen voraus, die deutlich über den Anforderungsbereich II hinausgehen, d. h. mit einem wesentlichen Anteil dem Anforderungsbereich III zuzuordnen sind.

3 Die Präsentationsprüfung in Politik-Wirtschaft

3.1 Voraussetzungen

Die Präsentationsprüfung stellt eine Variante der mündlichen Abiturprüfung im fünften Prüfungsfach dar und kann **stattdessen** gewählt werden. Das Anforderungsniveau ist mit dem einer mündlichen Prüfung vergleichbar, verlangt jedoch durch den Grad der Offenheit der Aufgabenstellung ein höheres Maß an Eigenständigkeit beim Lösen der Aufgabe. Die Prüfungsaufgabe ist vom Prüfling selbstständig zu bearbeiten und durch Unterschrift als eigenständig erbrachte Leistung zu bestätigen.

3.2 Allgemeine Grundsätze

Die Präsentationsprüfung wird wie beim mündlichen Abitur als Einzelprüfung vor dem zuständigen Fachprüfungsausschuss durchgeführt. Sie soll **mindestens 30 und höchstens 45 Minuten** dauern, wobei die Zeiten für die Präsentation und das Prüfungsgespräch in etwa gleich verteilt sein sollen. Die Präsentationsprüfung besteht aus einem Präsentationsteil und einem Prüfungsgespräch. Im Präsentationsteil besteht die Prüfungsleistung aus einem **mediengestützten Vortrag** und dessen **schriftlicher Vorbereitung/Dokumentation**.

3.3 Aufgabenstellung

Die Festlegung des Themas und der Aufgabenstellung der Präsentationsprüfung erfolgt durch die unterrichtende Lehrkraft. Die Fachlehrkraft stellt **zwei Wochen vor dem Prüfungstermin** eine Prüfungsaufgabe. Der Prüfling kann auch selbst einen thematischen Vorschlag unterbreiten. Die Lehrkraft entscheidet, inwieweit dieser berücksichtigt wird.

Der Umfang der gestellten Prüfungsaufgabe, die in Teilaufgaben gegliedert sein kann, muss so konzipiert sein, dass sie der Prüfling im Zeitraum von der Ausgabe bis zum Prüfungstermin bearbeiten und lösen kann. Dies beinhaltet auch die Vorbereitung des mediengestützten Vortrages. Dabei sind sowohl materialfreie als auch materialgestützte Prüfungsaufgaben denkbar, jedoch kann die Materialsuche oder die Erhebung von Daten angesichts des Zeitrahmens nur in sehr begrenztem Maße Voraussetzung für die Bearbeitung der Aufgabenstellung sein. Die Präsentation der bearbeiteten Prüfungsaufgabe soll mithilfe analoger und/oder digitaler Medien erfolgen, die Prüflingen im Allgemeinen zugänglich sind. Die Wahl einer für die Aufgabenstellung **geeigneten Präsentationsform** (z. B. Power-Point-Präsentation) hat durch den Prüfling zu erfolgen.

3.4 Ablauf der Prüfung

- Die Präsentationsprüfung besteht aus drei Elementen: schriftliche Dokumentation, mediengestützter Vortrag (beide sind Bestandteile des **Präsentationsteils**) und anschließendes **Prüfungsgespräch**.
- Eine Woche nach Erhalt der Prüfungsaufgabe gibt der Prüfling eine **schriftliche Dokumentation** in der Schule ab. Diese verdeutlicht die inhaltliche Struktur des geplanten Vortrages sowie in Grundzügen die Lösungen der Aufgabenstellung. In der Dokumentation sind die verwendeten Quellen anzugeben und auf Verlangen der unterrichtenden Lehrkraft vorzulegen. Darüber hinaus ist die gewählte Präsentationsform anzugeben.
- Der Prüfling präsentiert seine Ergebnisse in einem zusammenhängenden, **mediengestützten Vortrag**. Der Vortrag erfolgt ohne die Verwendung von Hilfen (z. B. Moderationskarten) in **freier Rede**.
- Das **Prüfungsgespräch** geht wie bei der mündlichen Prüfung – an den Vortrag anknüpfend – über die in der Präsentation zu lösende Aufgabe hinaus und bezieht semesterübergreifend größere fachliche Zusammenhänge mit ein (vgl. 2.4).

3.5 Bewertung der Prüfungsleistung

Die Prüfung ist so durchzuführen, dass wie bei der mündlichen Prüfung alle drei Anforderungsbereiche und die damit verbundenen Kompetenzen (vgl. 2.7) abgedeckt werden. Der Schwerpunkt der zu erbringenden Prüfungsleistung liegt im Anforderungsbereich II. Darüber hinaus sind die Anforderungsbereiche I und III zu berücksichtigen. Die beiden vor dem Fachprüfungsausschuss zu erbringenden Prüfungsteile, der **mediengestützte Vortrag** (und dessen vorherige schriftliche Vorbereitung bzw. Dokumentation) sowie das **Prüfungsgespräch**, werden etwa **gleich gewichtet**. Zur Klärung der Prüfungsleistung kann außer der Fachlehrkraft auch die Fachprüfungsleitung Fragen an den Prüfling stellen. Die Bewertung der Präsentationsprüfung wird wie bei einer mündlichen Prüfung von der prüfenden Lehrkraft vorgeschlagen und vom Fachprüfungsausschuss festgesetzt.

3.6 Präsentationsprüfung (Beispiel)

Das niedersächsische Kultusministerium stellt auf seiner Internetseite eine Beispielprüfung zum Thema „**Der Konflikt um Nordkoreas Atomwaffenprogramm**" zur Verfügung (www.nibis.de), anhand der Sie die Strukturierung einer Präsentationsprüfung nachvollziehen können. Das Beispiel enthält Materialien (Aufgabenstellung) für die Schüler*innen sowie Material für die Lehrkräfte. Des Weiteren sind die zu erbringenden Leistungen (sog. Erwartungshorizont) aufgeführt. Die Beispielaufgabe beinhaltet auch Angaben zum unterrichtlichen Zusammenhang und Hinweise zum Inhalt der Dokumentation.

4 Einige Tipps zur Vorbereitung auf die Abiturprüfungen

1. Bilden Sie eine **Lerngruppe**. So können Sie durch Prüfungssimulationen gemeinsam üben oder sich gegenseitig testen, wenn Sie sich zum Beispiel zu Begriffen wie Globalisierung, Soziale Marktwirtschaft oder Ähnlichem abfragen. Die „Übersetzung" und Erläuterung eines vorbereiteten Themas für andere Prüflinge mittels einer **Mindmap oder Skizze** ist eine weitere Möglichkeit, gelernte Inhalte zu verankern.

2. „Reden lernt man nur durch Reden": Diese (banale) „Weisheit" sollte Sie ermutigen, möglichst in vielen (Unterrichts-)Situationen eine gegliederte mündliche Darstellung (Zusammenfassung, Referat, Diskussionsbeitrag etc.) einzuüben und ggf. vorhandene **Sprechhemmungen** zu **minimieren**. Bitten Sie Ihren Kursleiter eine **Prüfungssimulation im Unterricht** einzuplanen.

3. **Lesen Sie Zeitung!** Dadurch sind Sie zum einen über das Tagesgeschehen informiert (Aktualitäts- und Anwendungsbezug), zum anderen können bei einer kontinuierlichen Lektüre vor allem der überregionalen Presse aktuelle Ereignisse durch die Hintergrundberichterstattung in ihren zeitlichen Abläufen und systematischen Zusammenhängen transparenter werden. Auf einzelne Internetangebote (Zeit, Spiegel, Süddeutsche Zeitung etc.) kann ergänzend zurückgegriffen werden.

4. Ebenso bieten einige **Polittalkshows** die Möglichkeit, politische Positionen und deren Begründungen zu aktuellen Fragen genauer kennenzulernen (z. B. der „Presseclub" in der ARD oder auf Phoenix). Bei der Rezeption dieser Sendungen kommt es darauf an, wesentliche Informationen in Stichworten schriftlich festzuhalten und auf die Unterrichtsinhalte zu beziehen. Zahlreiche Sendungen können auch über die Mediatheken der Fernsehsender (z. B von ARD, ZDF, ARTE) abgerufen werden.

5. **Sichten und ordnen bzw. gliedern Sie Ihre gesamten Unterrichtsunterlagen.** Dies ist eine wesentliche Voraussetzung für das weitere Vorgehen, weil damit eine leichtere Übersicht und ein schnelleres, zielgerichtetes Lernen ermöglicht werden. Außerdem werden Sie feststellen, welche Inhalte im Unterricht besonders intensiv behandelt worden sind. Das könnte z. B. auf mögliche Schwerpunkte in der mündlichen Prüfung hinweisen. Durch das Notieren relevanter Themen werden bereits Unterrichtsinhalte „reaktiviert" und Zusammenhänge klarer. Stellen Sie sich bei jedem Themenkomplex der thematischen Schwerpunkte u. a. folgende Fragen:
   - Welche Bedeutung hat das Thema für mich?
   - Was wird an Fakten erwartet?
   - Welche Aspekte müssen besonders erläutert und bewertet werden?
   - Welche Fachbegriffe, Theorien und Modelle sind nötig?
   - Welche Bezüge und Verbindungen bestehen zwischen einzelnen Themen?
   - Welche Ursache-Wirkungs-Zusammenhänge sind zu berücksichtigen?
   - Welche Kategorien/Kriterien können zur Strukturierung (Basiskonzepte) sowie Erläuterung und/oder Urteilsbildung (Fachkonzepte) herangezogen werden?

   Eine übersichtliche Aufstellung, in Form einer Mindmap oder als **Lernstoff-Übersicht**, hilft den Überblick zu behalten. Wer am Ende überblicken kann, dass er alle Themen lückenlos bearbeitet hat, geht entspannter in die Abiturprüfung.

Lernstoff-Übersicht

Lernstoff – Programm: Was ist zu tun? (Themen/thematische Schwerpunkte)	angefangen	noch lückenhaft	Fit bin fast zufrieden	beherrsche ich	wiederholt	Lernstoff – Nacharbeitung: Was ist noch einmal zu lernen?

ÜBUNGSAUFGABEN

Niedersachsen Politik-Wirtschaft
Mündliche Prüfung ▪ Übungsaufgabe 1

POLITISCHE PARTIZIPATION ZWISCHEN ANSPRUCH UND WIRKLICHKEIT
(Themen und Inhalte 12/1: Medien in der Demokratie)

Thema: Medien und Politik

Aufgabenstellung

1 Analysieren Sie die Karikatur.
2 Erläutern Sie – ausgehend von der Karikatur – für die Mediendemokratie relevante Entwicklungen.
3 Erörtern Sie, inwieweit Medien heute ihrer Rolle als „vierte Gewalt" gerecht werden.

M1 Burkhard Mohr: Politiker und Medien (2012)

© Burkhard Mohr

Lösungsvorschlag

> **TIPP** Die Lösung geht von den in den Hinweisen und Tipps zum Zentralabitur vorgestellten Erarbeitungsschritten aus (siehe S. XXVIII).
> Die Problemstellung aus dem Gegenstandsbereich „Politische Partizipation zwischen Anspruch und Wirklichkeit" (12/1) bezieht sich auf das Überblicksthema „Medien in der Demokratie" und das Basiskonzept „Interaktionen und Entscheidungen". Voraussetzung für eine entsprechende mündliche Prüfung ist die vorherige unterrichtliche Behandlung relevanter Aspekte und Zusammenhänge der Rolle und Funktion der Medien in der Demokratie (u. a. Agenda Setting und die potenziell veränderten Partizipationschancen durch virtuelle soziale Netzwerke) sowie die Analyse von Karikaturen (kriterien- oder aspektorientierte Erschließung und strukturierte Darstellung).
> Anforderungsbereiche: 1. Aufgabe (I/II), 2. Aufgabe (II), 3. Aufgabe (III)

Materialgrundlage ist eine Karikatur:
- Politikvermittlung über Medien – Mediendemokratie/Informationsgesellschaft – Verzahnung von Medien, Politik, Wissen und Partizipation, u. a. Wirkung von Medien auf Einstellungen und Partizipation;
- Medienfunktionen;
- Schlüsselstellung von Medien in politischen Debatten und Entscheidungsprozessen (Politikzyklus, ggf. Beispiele);
- Leitmedien; Medienwirkung und Medienkritik (z. B. Kritik an den öffentlich-rechtlichen Sendern als „Staatsfernsehen"); Mediennutzungsverhalten;
- aktuelle Bezüge (Grundrecht Pressefreiheit; Verschwörungstheorien, Hass- und Falschmeldungen – Fake News/alternative Fakten – im Netz, Übergriffe auf Journalist*innen/Politiker*innen, Rolle der Medien in der Flüchtlingskrise);
- Ansprüche und Widersprüche: Objektivität/Unabhängigkeit/ Seriosität;
- Theorien/Modelle zum Verhältnis von Medien und Politik;
- offene Fragen: Macht oder Ohnmacht der Medien?;
- Manipulierbarkeit/Manipulation der politischen Willensbildung (Wahlen) durch gezielte, „gefilterte" Informationen.

Einordnung des Themas (in Anlehnung an die unterrichtliche Erarbeitung)

1 – Darstellung zweier Sichtweisen des Verhältnisses zwischen Medien und Politiker*innen: zwei Bilder mit jeweils zwei „Akteuren" („Medien" als Fernseher „personifiziert"/ein Strichmännchen mit „Politiker"-Schild); als Verfolgungsjagd veranschaulicht;

Strukturierung des Materials, Teilaufgabe 1

- **1. Szene:** Medien verfolgen einen Politiker; „Jagd" nach Neuigkeiten (Insider-Informationen); die Politiker*innen fühlen sich kontrolliert/gehetzt; Medien werden von der Politik als lästiges Element betrachtet und ignoriert (v. a. in Situationen wie Krisen/ Affären etc.); Befürchtung der Politik, dass negative „Bilder" produziert werden und die Politiker*innen in einem falschen Licht erscheinen (Image).
- **2. Szene:** Politiker*innen benötigen die Medien; versuchen diese zu instrumentalisieren (und verfolgen sie), weil sie sich durch Medienpräsenz Vorteile (positive Resonanz: Image, Volksnähe) versprechen (z. B. in Wahlkampfzeiten).
- Der Karikaturist thematisiert die grundsätzliche Problematik des schwierigen **Verhältnisses zwischen Medien- und Politikbereich** und stellt die zunehmende Mediatisierung infrage. Beide Bereiche bzw. „Systeme" sind aufeinander angewiesen, haben aber Probleme im Umgang miteinander (Spannungsverhältnis zwischen Ab- und Zuneigung, „gestörte" Kommunikation).

Beschreibung

Interpretation

2 - **Bezug zur Karikatur:** Politiker*innen sind nicht nur politisch Handelnde, sondern müssen den Bürger*innen in einer Demokratie ihre Politik über Medien vermitteln, d. h. erklären und begründen bzw. rechtfertigen. Sie dürfen sich aufgrund der medialen Transparenz nicht zu weit von den gesellschaftlichen Erwartungen/Normen entfernen. Medien entfalten so gleichsam eine „disziplinierende" Wirkung. Insofern durchdringen die Kommunikationsmittel und -strukturen der politischen und der medialen Sphäre einander (Mediatisierung).
Der Karikaturist verweist auf mögliche – nur angedeutete – Problemfragen und Widersprüche, z. B.: Wer ist von wem abhängig? Wer hat mehr Macht? Wie weit dürfen sich Politiker*innen auf die Medien einlassen bzw. sich mit ihnen arrangieren? Wie werden die Mediennutzer beeinflusst?
- **Entwicklungen in der Mediendemokratie:**
Angesichts der Bedeutung verschiedener, für den Einzelnen nicht mehr unmittelbar erfahrbarer Entwicklungen, deren Kenntnis aber für das individuelle Handeln/Verhalten in einer **pluralistischen Gesellschaft** unerlässlich ist, ist eine zuverlässige Informationsgrundlage durch die Medien zu schaffen. Die Auseinandersetzung mit Aspekten, auch Widersprüchen und Problemen der gesellschaftlichen/politischen Wirklichkeit (**Informationsfunktion**) fördert die Orientierung und das Verstehen, stärkt die Urteils- und Entscheidungsfähigkeit (**Meinungsbildungsfunktion**) und ermöglicht Reaktionen (Öffentlichkeit/**Kritik und Kontrolle**),

Strukturierung des Materials, Teilaufgabe 2

Funktionen der Medien

eine reflexive Betrachtung der Realität und eine aktive(re) politische und gesellschaftliche Partizipation.
Inzwischen haben sich durch das Internet und die **„digitale Revolution"** zahlreiche Entwicklungen ergeben (u. a. veränderte Mediennutzung, Krise der Printmedien wegen rückläufiger Verkaufszahlen/Werbeeinnahmen, neue soziale Medien, Wandel des Journalismus), die sich auf die „klassischen" Medienfunktionen (s. o.) auswirken und diese verändern.

aktuelle Veränderungen

Medienkritiker*innen weisen u. a. auf die Gefahr hin, dass angesichts dieses Strukturwandels die traditionellen Medien an ihre (wirtschaftlichen) Grenzen stoßen. Vor diesem Hintergrund gerät besonders die bisherige Berichterstattung des Printjournalismus unter Druck. Bereits diskutiert wird z. B., ob die **traditionellen Medien** in Zukunft noch ihre Informationsfunktion wahrnehmen können oder ob durch die temporeiche Entwicklung des **Online-Journalismus** und der digitalen Massenmedien der politische Qualitätsjournalismus gefährdet ist.

- **Entwicklungen:**
  - **Medienberichterstattung** erfordert Reaktionen der Politik (Handlungszwänge). Ständige „Beobachtung" und damit verbundene Erwartungen prägen das Politikerverhalten und beeinflussen die heutige Politikgestaltung. Deshalb bedienen sich Politiker*innen/Parteien immer stärker der professionellen Medienberatung und (medienspezifischen) Strategieentwicklung (PR-Manager*in, Spin-Doctors, Öffentlichkeitsreferent*innen). Diese mediale Politikpräsentation und **Politikinszenierung** kann mit dem Bestreben politischer Akteure erklärt werden, auf Wahlentscheidungen der Bürger*innen Einfluss zu nehmen. Die vermeintliche Macht der Medien provoziert immer wieder auch Versuche der Politik, die Berichterstattung zu beeinflussen.

    Beispiele; ggf. mit Verweisen auf Elemente der Karikatur

  - Medienvermittelte **Umfrageergebnisse** (z. B. Politbarometer) sind für den Politikbereich wichtige Signale und Orientierungspunkte, die Inhalte und Strategien beeinflussen. Die Politiker*innen „begegnen" den Bürger*innen inzwischen auch bei Internetauftritten und in sozialen Netzwerken/Medien (Facebook, Twitter etc.) in einer Art Selbstvermarktung. Die **Mediatisierung** der Politik führt dazu, dass politische Debatten in der öffentlichen Wahrnehmung primär in Talkshows und nicht im Parlament stattfinden.

  - **Medienwandel:** Die Bedeutung von Online-Ausgaben der Zeitungen und Zeitschriften nimmt zu. Print- und Onlinejournalismus unterliegen zwar unterschiedlichen Produktionsbedingungen, beziehen sich inzwischen aber wechselseitig aufeinander. Eine veränderte **Mediennutzung** führt dazu, dass z. B.

Zeitungen als traditionelles Medium zwar nicht verschwinden, aber nur noch zum Teil und lesergruppenspezifisch verwendet werden. Es scheint sich eine postmaterialistische (Informations-)Elite von Zeitungslesern herauszubilden, was angesichts des Ziels der demokratischen Teilhabe möglichst vieler Bürger*innen nicht unproblematisch ist.
- Einzelne Beispiele vom Versagen der traditionellen Medien (Skandalisierung/„Enthüllungsgeschichten", Berichterstattung trotz Informationsvakuums etc.) verdeutlichen bereits die **Gefahren für einen (politischen) Qualitätsjournalismus:** geringe Recherchetiefe; relative Gleichförmigkeit der Berichterstattung; „Sucht" nach ständig neuen (Echtzeit-)Informationen; verzerrte Darstellung anstatt medienspezifischer Schwerpunktsetzung, vertiefter Hintergrunddarstellung sowie fundierter Einordnung und Kommentierung.
- Die sozialen Medien bestimmen inzwischen ebenfalls die politische Agenda (**Agenda Setting**). Sie beeinflussen einerseits in einer „neuen Öffentlichkeit" nicht unwesentlich die Meinungsbildung bzw. das Meinungsklima (z. B. mittels sozialer Netzwerke/Live-Streaming), sodass auch Foren für z. B. das rechtsgerichtete Meinungsspektrum an Bedeutung gewinnen und eine „Schweigespirale" durchbrochen wird. Sie werden zunehmend zum Instrument für Falschinformationen. Soziale Medien bieten andererseits aber auch Möglichkeiten der erweiterten Partizipation (z. B. politische Diskussionsforen und Online-Petitionen). Neben die „vierte Gewalt", also die (traditionellen) Medien, tritt heute die **„fünfte Gewalt"** (nach Medienwissenschaftler Bernhard Pörksen) der auch die traditionellen Medien beobachtenden und kritisierenden vernetzten (neuen) Öffentlichkeit.

> **TIPP** Die darzustellenden Entwicklungen ergeben sich in wesentlichen Teilen aus den im Unterricht behandelten Inhalten/Beispielen. Sinnvoll ist, grob nach den „Akteuren" (Politik, Medien, Rezipienten) zu unterscheiden und ggf. wechselseitige Beziehungen und Verbindungen (v. a. in Bezug auf die heutige Mediennutzung und -wirkung) zu berücksichtigen.

3 Hintergrund: Neben den drei Gewalten, die nach dem Konzept der „klassischen" Gewaltenteilung unterschieden werden, werden in der **Mediendemokratie** die Medien als Kritik- und Kontrollinstanz für öffentliche Vorgänge gesehen. Denn in einer komplexen Demokratie sind zahlreiche staatliche und gesellschaftliche Entwicklungen intransparent, was die Möglichkeiten für (Macht-)Missbrauch erhöht. Deshalb sollte die aufgeklärte Bürgerschaft über die einzelnen Prozesse informiert sein. Fehlentwicklungen müssen offengelegt (und abgestellt) werden. In diesem Sinne tragen unabhängige Medien zur politischen Meinungs- und Willensbildung bei und sind als „**vierte Gewalt**" kritische „Begleiter" der Volks- und Staatswillensbildung sowie gesellschaftlicher Entwicklungen. Die Pressefreiheit ist dazu als Grundrecht in Art. 5 GG garantiert.

Medien als Kritik- und Kontrollinstanz

> **TIPP** Mit Bezug zu einzelnen Aspekten aus der Bearbeitung der 2. Teilaufgabe können etwa folgende Positionen (v. a. im Hinblick auf die sozialen Medien) zu demokratischen Risiken und Chancen der sich verändernden Medienlandschaft herausgearbeitet werden. Bei einer kriterienorientierten Erörterung und Urteilsbildung sind in erster Linie die Fachkonzepte „Partizipation", „Effektivität" und „Macht" anzuwenden.

Infragestellen der Funktion als „vierte Gewalt":
– Online-Journalismus und soziale Medien überlagern und verdrängen zunehmend die traditionellen Medien und tragen aufgrund der Tendenzen zur Personalisierung und Skandalisierung sowie journalistischer Defizite nur sehr eingeschränkt zur kritischen Auseinandersetzung und öffentlichen Debatte über relevante politische Fragen und Konflikte bei.
– Durch Medienwandel und damit verbundene Entwicklungen werden bisherige Maßstäbe an Objektivität und Zuverlässigkeit zunehmend infrage gestellt, sodass die öffentliche Auseinandersetzung (Thematisierungsfunktion/Agenda Setting), die differenzierte Meinungsbildung und damit die Kritik- und Kontrollfunktion der Medien bedroht sind.
– Über soziale Netzwerke verbreiteter Hass und Rassismus führen zu einer Infragestellung demokratischer Werte, befördern gesellschaftliche und politische Konflikte und verstellen den Blick auf die Realität und die zu lösenden Probleme. In letzter Konsequenz bestärken sie – auch über eine sprachliche Verrohung – ein möglicherweise bis in die gesellschaftliche Mitte reichendes populistisches Denken und könnten damit eine Entmenschlichung des für die Demokratie wichtigen politischen Diskurses bewirken.

Befürworten der Funktion als „vierte Gewalt":
- **Seriöser Journalismus** zeichnet sich **im Gegensatz zu unseriösem Journalismus** (z. B. Gesinnungsjournalismus oder „konstruierte" Geschichten) nach wie vor durch die Überprüfung von Fakten, den Nachweis des Wahrheitsgehalts und die Einordnung in größere Zusammenhänge aus.
- Auch die sozialen Medien/sozialen Netzwerke bieten Möglichkeiten einer anspruchsvollen Berichterstattung und Meinungsbildung (z. B. über einzelne Online-Projekte), die in Zukunft vermutlich stärker hervortreten werden. Sie fördern auf veränderte Weise die kritische Reflexion, indem Mechanismen des Politikbetriebs für Bürger*innen einsichtig(er) werden. Dies belebt den für eine Demokratie wichtigen **Diskurs** (Transparenz/Meinungsbildung) **in einer neuen Öffentlichkeit.**
- **Politische Maßnahmen zum Schutz der Demokratie:** Angesichts der negativen gesellschaftlichen und politischen Auswirkungen von über soziale Medien/Netzwerke verbreitetem undemokratischen Gedankengut (Extremismus, Rassismus und Fremdenfeindlichkeit) sind effektive Gegenmaßnahmen der Kontrolle und strafrechtlichen Verfolgung erforderlich. Ein entsprechendes Gesetz gegen Hasskriminalität (Februar 2020) verpflichtet Anbieter/Internetplattformen wie Facebook, Youtube und Instagram, Posts mit Morddrohungen und/oder fremdenfeindlichen, rechtsextremen sowie volksverhetzenden Inhalten sofort dem Bundeskriminalamt zu melden.

> **TIPP** Es wird von Ihnen nicht zwingend ein abschließendes Urteil erwartet. Sie sollten aber eine Vorstellung von den möglichen Argumentationslinien haben und diese – zumindest im Ansatz – gegeneinander abwägen können.

Da es sich bei der Materialvorlage um eine Karikatur handelt, ist ein Verweis auf konkrete Textaussagen ausgeschlossen. In diesem Fall sollte eine Orientierung an den beiden Bildern/Szenen erfolgen. Außerdem bietet sich an, für die damit verbundenen Situationen Beispiele (siehe „Strukturierung des Materials – Teilaufgabe 1") anzuführen.

Organisation/ Strukturierung des Vortrags I

Erster Satz: Der Karikaturist Burkhard Mohr beschäftigt sich in seiner im Jahr 2012 veröffentlichten Karikatur („Politiker und Medien") mit dem schwierigen bzw. gestörten Verhältnis von Politik und Medien. Er thematisiert und problematisiert dabei in zwei Szenen die unterschiedlichen Perspektiven, Wahrnehmungen und Erwartungen.

Organisation/ Strukturierung des Vortrags II

Schlusssatz (These): Die heutigen Tendenzen zu Infotainment und Personalisierung/Inszenierung führen vielfach zur medialen Trivialisierung. Politische Inhalte und ein Verständnis davon gehen teilweise verloren. Die oberflächliche Betrachtung, das Zuschauen, die Bilder stehen im Vordergrund. Medien sind gezwungen, diesen Erwartungen und Sichtweisen zu entsprechen und sie zu befriedigen (Themen/Agenda Setting/Trivialisierung/Emotionalisierung). Der langwierige politische Prozess kann so von einem Teil der Mediennutzer nicht nachvollzogen/verstanden werden, sodass von einer Entpolitisierung und Infragestellung der Kritik- und Kontrollfunktion auszugehen ist. Darüber hinaus sind auch Tendenzen zum Rechtspopulismus und einer damit verbundenen Radikalisierung des Denkens und Handelns festzustellen. Durch die Entwicklung der neuen (sozialen) Medien und deren Auswirkungen auf die traditionellen Medien werden diese Tendenzen noch verstärkt.

Es besteht trotz (oder gerade wegen) des Zwangs zur Kooperation ein Bewusstsein über die gegenseitige Verantwortung von Medien und Politik in der Mediengesellschaft. *(Alternative Position)*

Auch heute gibt es anspruchsvolle Medien, die sich differenziert mit Entwicklungen/Hintergründen auseinandersetzen und ihrer Rolle als „vierte Gewalt" gerecht werden. Die Auseinandersetzung mit unterschiedlichen Meinungen verhindert (zumindest bei einem Teil der Rezipienten) eine „Verflachung" des Denkens und damit eine großflächige „Abkehr" von der Politik, z. B. in Form von Politikverdrossenheit. Deshalb ist eine Vielfalt an Informationen und Meinungen über eine differenzierte Medienlandschaft (auch unter Einbezug der sozialen Medien) weiterhin notwendig.

Niedersachsen Politik-Wirtschaft
Grundlegendes Anforderungsniveau ▪ Übungsaufgabe 2

POLITISCHE PARTIZIPATION ZWISCHEN ANSPRUCH UND WIRKLICHKEIT
(Themen und Inhalte 12/1: Verfassungsorgane und politische Akteure; 13/1: Rolle der Bundeswehr)

Thema: Bundesverfassungsgericht

Aufgabenstellung

1 Fassen Sie zusammen, welche Rolle Hans Vorländer dem Bundesverfassungsgericht zuschreibt.

2 Charakterisieren Sie ausgehend vom Text die Stellung des Bundesverfassungsgerichts im Machtgefüge der Verfassungsorgane.

3 Laut Vorländer hat das Bundesverfassungsgericht das Grundgesetz verändert, als es den Einsatz der Bundeswehr bei Ausnahmesituationen „katastrophische[r] Dimensionen" auch im Inneren zugelassen hat (vgl. Z. 33 ff.).
Nehmen Sie Stellung zu dieser Entscheidung des Bundesverfassungsgerichts.

M1 Hans Vorländer: Bundesverfassungsgericht: Halbgötter in Rot

[...] Immer wieder Karlsruhe. Nicht Berlin scheint das Zentrum des politischen Deutschland zu sein, sondern jene Stadt in Baden, die sich selbst als Residenz des Rechts bezeichnet. Das dortige Bundesverfassungsgericht [hat] über den Euro [entschieden], darüber [befunden], ob die Mechanismen, mit denen überschuldete Staaten
5 und Banken vor der Insolvenz gerettet werden sollen, mit dem deutschen Grundgesetz vereinbar sind. In Brüssel mag man es gar nicht mehr hören, dass erst die Karlsruher Richter ihr Plazet[1] geben müssen, bevor die Maßnahmen in der Euro-Zone greifen dürfen. Das Bundesverfassungsgericht als Praeceptor[2] Europae, der Lehrer Europas.
Der Gang nach Karlsruhe hat Tradition in Deutschland. Seit 1951 bewältigte das
10 Bundesverfassungsgericht fast 200 000 Verfahren, davon waren mehr als 95 Prozent Verfassungsbeschwerden. Die großen Streitmaterien landen alle irgendwann vor den Verfassungsrichtern: vom Schwangerschaftsabbruch über den Datenschutz, die Familienpolitik bis hin zur Finanz- und Europapolitik. In Karlsruhe sitzen nicht nur Schiedsrichter, die darauf achten, dass alle politischen Akteure die politischen Spielregeln ein-
15 halten, dort sitzen politische Entscheider, an denen keiner vorbeikommt.
[...] Das Bundesverfassungsgericht ist zudem die Instanz des letzten Rekurses. Wenn die Politik nicht mehr weiterweiß, dann wartet sie auf die Eingebungen der Verfassungsrichter. Und bevor die Politik überhaupt etwas tut, denkt sie daran, was denn das Verfassungsgericht dazu sagen würde. [...]

„Karlsruhe hat gesprochen" – das hört sich wie die Wiederkehr des päpstlichen Unfehlbarkeitsdogmas „Roma locuta, causa finita" an. Es ist auch so gemeint. Der Autoritätshabitus[3] der Verfassungsrichter lebt von der Objektivitätsbehauptung des Rechts und dem Anspruch, die Verfassung letztverbindlich auszulegen. Und die Inszenierung ist stimmig: Wenn das Hohe Gericht den großen Saal betritt, erheben sich Publikum, Beschwerdeführer und die Vertreter der beklagten Parteien. Die acht Richter ziehen in roten Roben gemessenen Schrittes ein, zuerst der Vorsitzende, dann die anderen Richter, von innen nach außen und im Wechsel von links und rechts neben ihm, nach Dienstalter gereiht. Anschließend nehmen sie ihren Platz ein – erhöht und direkt gegenüber von den Anwesenden –, um dann, nachdem sich auch alle unten im Saal gesetzt haben, ihre Entscheidung zu verkünden. Wie diese zustande kam, entzieht sich dem Publikum, in dessen Namen das Recht gesprochen worden ist. Götter lassen sich nicht in die Karten gucken.

[…] [D]ie Richter wissen anscheinend immer, was die richtige Lösung ist. Dabei wird dann auch mal schnell das Grundgesetz verändert. Wie […] als das Gericht den [bewaffneten] Einsatz der Bundeswehr im Inneren erlaubt, bei Ausnahmesituationen von „katastrophischen Dimensionen" – obwohl die Verfassung etwas anderes sagt. Karlsruhe wird als Schöpfer neuen Verfassungsrechts tätig. Souverän ist der Interpret der Verfassung, nicht der verfassungsändernde Gesetzgeber.

Auch scheinen die Richter sich auch mehr und mehr in der Rolle des Ermahners und Erziehers des Bundestags zu gefallen. Die gesamte Rechtsprechung zu Fragen der europäischen Integration ist von einem erhobenen Zeigefinger geprägt, das Parlament wird wieder und wieder zur Wahrnehmung seiner „integrationspolitischen Verantwortung" gedrängt. Erstaunlicherweise kann das Gericht mit dieser Erziehungsjudikatur auf den Beifall des bundesdeutschen Publikums zählen.

Es macht sich gut, die Politik zu kritisieren. Dabei hilft es dem Gericht ungemein, sich sehr gezielt als eine nicht politische, um nicht zu sagen: antipolitische Institution zu inszenieren. Das steigert sein Ansehen. Von den Institutionen des deutschen Regierungssystems genießt das Bundesverfassungsgericht das höchste Vertrauen, weit vor Bundestag, Bundesregierung und ganz weit vor den Parteien. Es wird als Institution des Rechts wahrgenommen, als solche geliebt, während das Parlament nur als Hort des Konfliktes und Streites, auch des unablässigen Redens verachtet wird. Es ist Nutznießer eines weit verbreiteten antipolitischen Ressentiments, das durch die verfassungsgerichtliche Pose, nichts als Recht zu sprechen, verstärkt wird.

Das Gericht partizipiert an der Sakralität, die dem Recht zugeschrieben wird. Der richterliche Aktivismus, in seiner Wirkung höchst politisch, versteckt sich hinter der Verfassung. Das kann auf Dauer nicht gut gehen. Götter halten sich klugerweise auch einmal zurück.

Aus: Hans Vorländer, Bundesverfassungsgericht: Halbgötter in Rot, aus: http://www.ftd.de/politik/deutschland/:bundesverfassungsgericht-halbgoetter-in-rot/70087365.html (8. 9. 2012)

Anmerkungen
1 Einverständnis, 2 mittelalterl. Bezeichnung für Lehrer, 3 Auftreten und Vorlieben eines Menschen

Hilfsmittel
Grundgesetz für die Bundesrepublik Deutschland
Niedersächsische Verfassung ohne ergänzende Kommentare

Lösungsvorschlag

1 **TIPP** Anforderungsbereich: I, Gewichtung in Prozent: 30

Der Operator „zusammenfassen" verlangt von Ihnen, die wesentlichen Aussagen des Textes komprimiert wiederzugeben. Dabei ist es wichtig, dass Sie sich durch die Verwendung von Konjunktiv und indirekter Rede sprachlich vom Text distanzieren sowie Ihre Bearbeitung sinnvoll strukturieren. Achten Sie auch auf die Verwendung der Fachsprache und geben Sie Zeilenangaben an.

In seinem Kommentar „Bundesverfassungsgericht: Halbgötter in Rot", der am 8.9.2012 in der Onlineausgabe der Financial Times Deutschland veröffentlicht wurde, befasst sich Hans Vorländer mit der **Stellung des Bundesverfassungsgerichts** (BVerfG) im politischen System Deutschlands. Der Titel lässt bereits erkennen, dass der Verfasser die Stellung des Gerichts negativ bewertet.   *Einleitung / Autor, Quelle, Thema des Textes*

Die zentrale These Vorländers ist, dass Karlsruhe, der Sitz des BVerfG, das Zentrum des politischen Deutschlands zu sein scheint und nicht Berlin, der Sitz von Exekutive und Legislative (vgl. Z. 1 f.). Zudem sei das BVerfG, als Interpret des Grundgesetzes, der **eigentliche Souverän** in der Bundesrepublik (vgl. Z. 37 f.).   *inhaltliche Zusammenfassung / Stellung des BVerfG*

Der Autor begründet dies damit, dass „die großen Streitmaterien" (Z. 11) immer vor dem Verfassungsgericht landeten und die Verfassungsrichter daher **politische Entscheider** seien, an denen keiner vorbeikäme, und nicht nur Schiedsrichter, die auf die Einhaltung demokratischer Spielregeln achteten (vgl. Z. 13 ff.). So habe das BVerfG seit 1951 bereits an die 200 000 Verfahren entschieden. Die zentrale Stellung des Verfassungsgerichts führe auch dazu, dass sich die Politik bereits vor dem Treffen von Entscheidungen nach möglichen Urteilen des Gerichts richte (vgl. Z. 18 f.). Nicht zuletzt schöpften die Verfassungsrichter auch **neues Verfassungsrecht**, wie sie es bei der Entscheidung zum Einsatz der Bundeswehr im Inneren getan hätten (vgl. Z. 33 ff.).   *letzte Entscheidungsinstanz*

Auch wenn der Entscheidungsprozess des BVerfG **nicht transparent** sei (vgl. Z. 30 f.), inszenierten sich die Richter, aufgrund der abschließenden und verbindlichen Verfassungsauslegung sowie der vermeintlichen Objektivität des Rechts, als **Autorität** (vgl. Z. 21 ff.). Zudem träten sie zunehmend als Mahner des Bundestags auf (vgl. Z. 40 ff.). Diese **Kritik an der Politik** und die Inszenierung als „antipolitische Institution" (Z. 47) machten das Gericht bei der Bevölkerung beliebt und stärke so die Stellung des Gerichts (vgl. Z. 44 ff.). Obwohl die Wirkung der Entscheidungen des Verfassungsgerichts politisch sei, verstecke es sich hinter der **vermeintlichen Objektivität** der Verfassung, was auf Dauer nicht gut gehen könne (vgl. Z. 54 ff.).   *Entscheidungen intransparent / Inszenierung vermeintlicher Objektivität*

2 *Anforderungsbereich: II, Gewichtung in Prozent: 40*

Der Operator „charakterisieren" gibt vor, dass Sie typische Merkmale eines Sachverhalts beschreiben und diese dann unter einem bestimmten Gesichtspunkt zusammenführen sollen. In dieser Teilaufgabe ist es sinnvoll, zunächst kurz zu klären, was Macht im politischen Entscheidungsprozess bedeutet. Anschließend sollten Sie Informationen über den Einfluss des BVerfG auf den politischen Entscheidungsprozess aus dem Text und Ihrem Vorwissen zusammentragen, um abschließend in einem Fazit die Stellung des BVerfG im Machtgefüge der Verfassungsorgane darzulegen.

Hans Vorländer nennt Karlsruhe, als Sitz des BVerfG, aufgrund der aus seiner Sicht zentralen Stellung des Organs, das politische Zentrum Deutschlands (vgl. Z. 1 f.). Noch deutlicher wird er, wenn er vom Verfassungsinterpreten als Souverän spricht (vgl. Z. 37 f.). Er unterstellt demnach, dass das Gericht entscheidenden Einfluss auf den politischen Entscheidungsprozess in Deutschland hat. Die Möglichkeit, **politische Entscheidungen zu beeinflussen**, kann als Macht bezeichnet werden. Eine bedeutende oder zentrale Stellung im Machtgefüge der Verfassungsorgane hätte das Gericht also dann, wenn es die Entscheidungen der anderen Verfassungsorgane im Gesetzgebungsprozess, v. a. Bundesregierung, Bundestag und Bundesrat, inhaltlich beeinflussen kann.

BVerfG im Machtgefüge der Verfassungsorgane

Das Recht der **Gesetzesinitiative** haben in Deutschland die Bundesregierung, der Bundestag und der Bundesrat. An dieser Stelle hat das BVerfG also keinen direkten Einfluss auf die Inhalte der Politik. Wenn man aber berücksichtigt, dass politische Entscheidungsträger bei der Gestaltung von Politikinhalten laut Vorländer bereits daran denken, „was denn das Verfassungsgericht dazu sagen würde" (Z. 18 f.), dann kann man an dieser Stelle zumindest von einem **indirekten Einfluss** sprechen. Möglich wäre, dass Politiker aus Angst, ihr Gesetz könne einer Klage vor dem Verfassungsgericht nicht standhalten, den Gesetzesvorschlag gar nicht erst einbringen oder die Gesetzesvorlage ändern.

Einflussmöglichkeiten des BVerfG

Gesetzgebungsprozess

Wenn eine Gesetzesvorlage „auf den Weg gebracht wurde", muss der Bundestag, und bei Zustimmungsgesetzen auch der Bundesrat, dem Vorschlag zustimmen. Auch in dieser Phase des Entscheidungsprozesses hat das BVerfG keinen direkten Einfluss auf die Entscheidung. Möglich ist aber, dass mindestens ein Viertel der Bundestagsabgeordneten, eine Landesregierung oder die Bundesregierung eine **abstrakte Normenkontrolle** vor dem BVerfG beantragen. In diesem Fall müssen die Richter überprüfen, ob das vorgeschlagene Gesetz mit dem Grundgesetz übereinstimmt. Dies geschieht nach Vorländer bei allen „großen Streitmaterien" (Z. 11). Hier können die

Entscheidungen der Richter also **direkt Politikinhalte beeinflussen**. Auch wenn sie eigentlich nur die Übereinstimmung mit dem Grundgesetz prüfen, werden sie doch als „Interpret[en] der Verfassung" (Z. 38) tätig und nehmen so eine zentrale Stellung ein. Vorländer spricht in diesem Fall sogar vom Souverän und stützt dies mit einem Verweis auf die Entscheidung des BVerfG zum Einsatz der Bundeswehr im Inneren (vgl. Z. 35 ff.). Bei dem Urteil zur „**Vorratsdatenspeicherung**" hat das Verfassungsgericht zudem vorgegeben, wie das Gesetz gestaltet werden müsste, um verfassungskonform zu sein. Kritiker haben hier gesagt, dass das Gericht über seine eigentliche Rolle als Kontrolleur hinausgegangen ist. Sobald das Gericht eingeschaltet wurde, ist sein Einfluss also hoch.

Beispiel

Wurde ein Gesetz in Bundestag und Bundesrat beschlossen, muss es noch vom Bundespräsidenten unterzeichnet und im Bundesgesetzblatt veröffentlicht werden. Ist ein Gesetz nach Ansicht des Bundespräsidenten offensichtlich nicht nach den Vorschriften des Grundgesetzes zustande gekommen, kann er seine Unterschrift verweigern, das Gesetz wird so nicht gültig. Sind die Bundesregierung, der Bundestag oder der Bundesrat anderer Ansicht als der Bundespräsident, können sie ein **Organstreitverfahren** beantragen. Das BVerfG entscheidet dann über die Verfassungsmäßigkeit des Gesetzes. Entscheidet es positiv, muss der Bundespräsident das Gesetz unterzeichnen. Für die Stellung des Gerichts gilt Entsprechendes wie bei der abstrakten Normenkontrolle.

Nachdem ein Gesetz in Kraft getreten ist, gibt es noch zwei Möglichkeiten zur Überprüfung durch das BVerfG. Zum einen kann ein Gericht, das in einem konkreten Fall ein Gesetz anwenden muss, dessen Verfassungsmäßigkeit es bezweifelt, eine **konkrete Normenkontrolle** beantragen. Zum anderen kann jeder Bürger, der sich durch ein Gesetz in seinen Grundrechten beeinträchtigt sieht, eine **Verfassungsbeschwerde** einreichen. In beiden Fällen entscheidet das BVerfG über die Verfassungsmäßigkeit der jeweiligen Gesetze. Auch hier hat es einen hohen Einfluss, doch auch hier kann es nicht initiativ tätig werden. Ein Beispiel für den Abschluss einer konkreten Normenkontrolle und den Einfluss des BVerfG ist **das Urteil zur Berechnung der Hartz-IV-Regelsätze** von 2010. Das BVerfG hatte auf Antrag eines Landes- und des Bundessozialgerichts über die Berechnung der Hartz-IV-Regelsätze verhandelt und entschieden, dass diese nicht verfassungsgemäß berechnet worden seien. Dieses Urteil **setzte einen Politikzyklus in Gang**, an dessen (vorläufigem) Ende u. a. das sogenannte **Bildungspaket** stand.

Einflussmöglichkeiten nach Inkrafttreten eines Gesetzes

Beispiel

Die eben angesprochene Verfassungsbeschwerde macht mit rund 95 % der Verhandlungen den größten Teil der Verfahren aus (vgl. Z. 10 f.) und ist ein Grund für die **Beliebtheit** des Verfassungsgerichts in der Bevölkerung (vgl. Z. 43 ff.), auch wenn lediglich 2,5 %

häufigste Verfahren: Verfassungsbeschwerden

der Verfassungsbeschwerden erfolgreich sind. In dem hohen Ansehen des BVerfG kann auch ein „Machtfaktor" des Gerichts gesehen werden, da dessen Entscheidungen einen hohen Rückhalt in der Bevölkerung und somit ein **hohes Maß an Legitimation** haben.
Ein Aspekt, der den Einfluss des BVerfG theoretisch einschränkt, ist die Tatsache, dass die Richter je zur Hälfte **vom Bundestag und vom Bundesrat gewählt** werden. Es könnte also angenommen werden, dass sie nicht nur nach Befähigung, sondern auch nach politischer Gesinnung ausgesucht werden. Da die Richter aber **ohne die Möglichkeit der Wiederwahl** für zwölf Jahre gewählt werden, sind sie nach ihrer Wahl nicht mehr von anderen Verfassungsorganen abhängig und können einzig nach der Verfassung entscheiden.

Wahl der Verfassungsrichter

Führt man diese Aspekte zusammen, um die Stellung des BVerfG im Machtgefüge der Verfassungsorgane zu charakterisieren, kann man sagen, dass das Verfassungsgericht **eine zentrale Stellung einnimmt, sobald es angerufen wird**. Denn dann können die auf Lebenszeit gewählten Richter mit dem Rückhalt der Bevölkerung als „Interpret[en] der Verfassung" (Z. 38) auftreten und Entscheidungen anderer Verfassungsorgane „kassieren". Vorländer nennt die Verfassungsrichter deshalb „politische Entscheider, an denen keiner vorbeikommt" (Z. 15). Da das BVerfG jedoch **nicht initiativ tätig** werden kann, ist es deutlich eingeschränkt. Indirekten Einfluss hat das Verfassungsgericht, wenn man berücksichtigt, dass politische Entscheider mögliche Urteile des Gerichts bereits bei der Politikformulierung berücksichtigen, wie Hans Vorländer schreibt (vgl. Z. 18 f.).

Fazit
zentrale Stellung mit Einschränkungen

---

3 **TIPP** *Anforderungsbereich: III, Gewichtung in Prozent: 30*

In dieser Teilaufgabe wird auf die Themen und Inhalte 13/1 (Friedenssicherung als nationale und internationale Herausforderung) übergegriffen. Es ist also notwendig, konkret auf Erkenntnisse aus diesem Semester zurückzugreifen. Der Operator „Stellung nehmen" fordert von Ihnen, dass Sie ausgehend von individuellen oder politischen Wertmaßstäben zu einem begründeten Werturteil gelangen, das auf einem kriterienorientierten Sachurteil beruht. In dieser Teilaufgabe sollten Sie in einem ersten Schritt mögliche sicherheitspolitische Herausforderungen im Inneren beschreiben. Danach wäre z. B. zu überprüfen, inwiefern ein Einsatz der Bundeswehr ein verhältnismäßiges und wirksames Mittel in Bezug auf diese Herausforderungen darstellt (Sachurteil). Anschließend sollten Sie den Einsatz der Bundeswehr im Inneren anhand der Vorgaben des Grundgesetzes und von Werten wie Freiheit und Sicherheit bewerten (Werturteil). Das abschließende Urteil muss sich schlüssig aus Ihrer Argumentation ergeben. Der Lösungsvorschlag stellt nur eine Möglichkeit dar. Alternativ könnten im Fazit auch die Gefahren für die Freiheit stärker gewichtet werden.

Die aktuell bedeutsamste **Bedrohung der Sicherheit innerhalb von Deutschland** besteht vermutlich in terroristischen Anschlägen. Der Anschlag von Anis Amri am 19. Dezember 2016 auf einen Weihnachtsmarkt in Berlin, bei dem insgesamt zwölf Menschen getötet und 55 weitere zum Teil schwer verletzt wurden, zeigt, dass Terrorismus für Deutschland eine realistische Bedrohung darstellt.

<small>Hinführung</small>

Unter **Terrorismus** versteht man politisch motivierte Gewalttaten auf symbolische Ziele des Gegners. Ziel von Terrorakten ist es weniger, den Gegner militärisch zu schwächen, als eigene Sympathisanten zu mobilisieren. Dies soll zum einen durch das Demonstrieren der eigenen Stärke erreicht werden. Zum anderen soll der Gegner zu Gegenreaktionen provoziert werden, die geeignet sind, sich selbst als Opfer des eigentlichen „Aggressors" darzustellen. Ein Beispiel hierfür ist der Krieg der USA und ihrer Verbündeten in Afghanistan nach den Terroranschlägen vom 11. 9. 2001, der von Islamisten als Feldzug gegen den Islam dargestellt wird und islamistischen Organisationen neue Anhänger bringt. Zudem dienen Anschläge als Kommunikationsstrategie für die eigene Botschaft.

<small>Definition</small>

Die Analyse des Anschlags in Berlin hat zwar gezeigt, dass dieser möglicherweise hätte verhindert werden können, wenn die verschiedenen Sicherheitsbehörden des Bundes und der unterschiedlichen Bundesländer effizienter kooperiert und kommuniziert hätten. Aus diesem Grund kann man fragen, ob ein möglicher Einsatz der Bundeswehr im Inneren ein **verhältnismäßiges Mittel** darstellt, um die Sicherheit zu gewährleisten. Allerdings erscheint es vor allem sinnvoll, die Zusammenarbeit der Sicherheitsbehörden zu stärken und zu optimieren, damit in Zukunft geplante Terroranschläge rechtzeitig erkannt und verhindert werden können. Ein Einsatz von schwer bewaffneten Soldaten innerhalb von Deutschland würde die **Dramatik von Medienbildern** zudem noch verstärken. Dies könnte den Terroristen im Sinne der Bedeutung von Terrorismus als Medienstrategie sogar in die Karten spielen. Ein Einsatz der Bundeswehr wäre entsprechend **unwirksam**.

<small>Auseinandersetzung mit dem Aspekt: Einsatz der Bundeswehr im Inneren bei Terroranschlägen</small>

Dieser wäre nur berechtigt, wenn sowohl die Landespolizei als auch die Bundespolizei mit ihren Mitteln nicht in der Lage wären, die Bedrohung abzuwenden. Ob dies bei Terroranschlägen der Fall ist, ist aus meiner Sicht ungewiss, da Terroristen zumeist in kleinen Gruppen und ohne schwere Bewaffnung agieren. So hätte auch der Anschlag in Berlin, bei dem als Tatwaffe ein gestohlener LKW eingesetzt wurde, durch die Polizei verhindert werden können. Ein Fall, in dem die Polizei tatsächlich nicht in der Lage wäre, Terroristen aufzuhalten, wäre ein Anschlag mit einem entführten Flugzeug. Da das BVerfG den Abschuss von entführten Flugzeugen aber strikt verboten hat, darf in diesem Fall auch die Bundeswehr nicht aktiv

werden. Auch hier wäre die Möglichkeit eines Einsatzes der Bundeswehr im Inneren also **nicht wirksam**.
Das **Grundgesetz** regelt Bundeswehreinsätze in **Art. 87a. In Abs. 2** steht, dass die Bundeswehr außer zur Verteidigung nur eingesetzt werden darf, wenn es das Grundgesetz ausdrücklich zulässt. Eine Ausnahme ist laut Art. 87a Abs. 4 GG gegeben, wenn eine „Gefahr für den Bestand oder die freiheitliche demokratische Grundordnung des Bundes oder eines Landes" besteht. In diesem Fall darf die Bundeswehr die Polizei beim Schutz ziviler Objekte und bei der Bekämpfung von organisierten und militärisch bewaffneten Aufständischen unterstützen. Zu fragen ist hier, ob diese Ausnahme auf Terroranschläge zutrifft. Eine zweite Ausnahme ist in **Art. 35 GG** zu finden. Hier geht es, neben der Hilfe bei Naturkatastrophen, um Amtshilfe in Situationen, in denen die Polizei allein ihre Aufgaben nicht erfüllen könnte. Nach bisheriger Rechtsauffassung dürfen dabei aber nur Mittel eingesetzt werden, die die Polizeigesetze zulassen.

Bundeswehr im Grundgesetz

Wenn man den gesellschaftlichen Grundwert **Sicherheit** als Kriterium zugrunde legt, dann ist es die Aufgabe des Staates, seine Bewohner vor möglichen Bedrohungen zu schützen. Sollte die Polizei dazu nicht in der Lage sein, wäre es notwendig, alle weiteren Möglichkeiten zu nutzen, um dieses Ziel zu erreichen. Dies würde also für einen bewaffneten Einsatz der Bundeswehr im Inneren sprechen. In einem Interview zur Vorratsdatenspeicherung hat Wolfgang Schäuble, der damals noch Innenminister war, betont, dass Sicherheit eine Bedingung für Freiheit ist. Dies würde das Argument noch unterstützen, da es sich bei **Freiheit** um einen weiteren zentralen Grundwert in unserer Gesellschaft handelt. Gerade die deutsche Geschichte hat aber gezeigt, dass ein Bundeswehreinsatz im Inneren auch zur Einschränkung der Freiheit missbraucht werden kann. Angesichts der heute etablierten demokratischen Strukturen ist diese Gefahr aber vermutlich weniger von Bedeutung als in der ersten Hälfte des letzten Jahrhunderts.

Grundwerte

Zwar lässt die aktuelle Sicherheitslage innerhalb Deutschlands einen bewaffneten Einsatz der Bundeswehr im Inneren noch nicht zwingend als notwendig erscheinen, doch kann dies für die Zukunft niemand sicher voraussagen. Da Sicherheit zum einen ein wichtiger Grundwert und zum anderen auch Bedingung für Freiheit ist, muss der Staat aus meiner Sicht alles tun, um seine Bürger vor möglichen Gefahren zu schützen. Da das Grundgesetz über Art. 87a und Art. 35 auch die Möglichkeit gibt, die Bundeswehr zur Unterstützung der Polizei einzusetzen, bewerte ich das Urteil des BVerfG positiv.

persönliche Stellungnahme

Niedersachsen Politik-Wirtschaft
Grundlegendes Anforderungsniveau ▪ Übungsaufgabe 3

SOZIALE MARKTWIRTSCHAFT ZWISCHEN ANSPRUCH UND WIRKLICKEIT
(Themen und Inhalte 12/2: Soziale Ungleichheit, Verteilungsgerechtigkeit; 12/1: Partizipation in der Demokratie)

Thema: Soziale Ungleichheit in Deutschland

Aufgabenstellung

1 Fassen Sie die von Marcel Fratzscher aufgeführten Aussagen zur sozialen Ungleichheit in Deutschland und den möglichen Lösungsansätzen zusammen.

2 Erklären Sie, inwiefern soziale Ungleichheit zu einer „Gefahr für die Demokratie" (Z. 35) werden kann.

3 Nehmen Sie Stellung zu dem von Fratzscher aufgezeigten Lösungsvorschlag im Umgang mit sozialer Ungleichheit in Deutschland.

M1 Marcel Fratzscher: Wohlstand für wenige

Das Erhardsche Ziel „Wohlstand für alle" ist heute nurmehr eine Illusion. [...]
Die neue deutsche Marktwirtschaft zeigt ihr wahres Gesicht in einer stark zunehmenden Ungleichheit. In kaum einem Industrieland der Welt sind vor allem Chancen, aber auch zunehmend Vermögen und Einkommen ungleicher verteilt [...].
5 Als Erstes zeigt sich das „Vermögens-Puzzle". Deutschland ist ein reiches Land, mit einem Pro-Kopf-Einkommen, das zu den höchsten der ganzen Welt gehört. Und Deutschland ist Sparweltmeister – in kaum einem Industrieland sparen sowohl Bürger als auch Unternehmen einen so hohen Anteil ihres Einkommens. Das Vermögen vieler Deutscher ist jedoch erheblich niedriger als das ihrer Nachbarn. Es zählt zu den nied-
10 rigsten in ganz Europa und ist weniger als halb so groß wie anderer Europäer.
[...] Gleichzeitig sind die Vermögen höchst ungleich verteilt. In keinem anderen Land der Eurozone ist die Vermögensungleichheit höher. Die ärmere Hälfte unserer Bevölkerung verfügt praktisch über gar kein Nettovermögen. [...] In kaum einem Land in Europa besitzen die reichsten 10 Prozent der Bevölkerung größere Vermögens-
15 werte. [...]
Das zweite Puzzle ist das „Einkommens-Puzzle". [...] Die Schere zwischen hohen und niedrigen Einkommen im Land klafft immer weiter auseinander. Rund die Hälfte der deutschen Arbeitnehmer musste zusehen, wie ihre Löhne in den vergangenen 15 Jahren an Kaufkraft verloren. Die Ungleichheit bei Löhnen, Markteinkommen und
20 verfügbaren Einkommen ist in den vergangenen Jahrzehnten deutlich angestiegen. [...]

Das dritte Puzzle ist das „Mobilitäts-Puzzle". Menschen mit niedrigem Einkommen und einem geringen Vermögen schaffen es ungewöhnlich selten, sich finanziell deutlich zu verbessern und „sozial aufzusteigen". [...] Diese geringe Mobilität wirkt auch über Generationen hinweg: In kaum einem anderen Land beeinflusst die soziale Herkunft das eigene Einkommen so stark wie in Deutschland. In kaum einem anderen Land bleibt Arm so oft arm und Reich so oft reich – über Generationen hinweg. [...]
Aus ökonomischer Perspektive ist Ungleichheit in Einkommen oder Vermögen erst einmal weder gut noch schlecht. [...] Eine Marktwirtschaft muss Erfolg honorieren, so dass Menschen den Lohn für ihre Mühen ernten können. Dies führt zwar zu einer ungleichen Verteilung von Einkommen und Vermögen, setzt jedoch wichtige Anreize für andere, den gleichen oder einen ähnlichen Weg zu gehen, um somit auch den Wohlstand der gesamten Gesellschaft zu vermehren. [...]
Aber jede Demokratie will Chancengleichheit bieten. Ungleichheit wird dann zum sozialen Problem, wenn sie Chancen und soziale Teilhabe einschränkt. Wenn sie dann noch die politische Teilhabe reduziert, wird sie zur Gefahr für die Demokratie selbst. [...]
Deutschlands Problem ist aber nicht, dass der Staat heute nicht genug umverteilt. Er verteilt tendenziell eher zu viel um. Steuern und Abgaben sind außergewöhnlich hoch im internationalen Vergleich. Mehr Umverteilung ist keine Lösung. [...] Die Verteilungspolitik in Deutschland ist sehr ineffizient und schafft es zu selten, der Gesellschaft und Wirtschaft als Ganzes zu nutzen. [...] Die größte Schwäche und das größte Scheitern der deutschen Politik und Gesellschaft [...] ist es, dass wir es nicht schaffen, eine bessere Chancengleichheit für die Menschen zu gewährleisten. [...]
[...] Die Ungleichheit hat in Deutschland bereits heute ein Maß angenommen, das gesellschaftlichen, wirtschaftlichen und finanziellen Schaden anrichtet. Dieser Schaden betrifft nicht „nur" die mit den geringsten Einkommen, Vermögen und Chancen, er verursacht Kosten, die alle tragen müssen. Wenn Menschen nicht die Chance haben, ihre Fähigkeiten und Talente zu entwickeln und einzubringen, entgeht dem ganzen Land ihr hohes Potential für die Wirtschaft und für die Gesellschaft. [...]
Das führt zu zwei zentralen Schlussfolgerungen. Die erste: Ein Bekämpfen der Ungleichheit und ihrer Auswirkungen liegt im Interesse aller, nicht nur einiger weniger. Zweitens: Die fehlende Chancengleichheit ist Deutschlands größtes Problem. Es ist höchst ineffizient und kontraproduktiv, Menschen ihrer Chancen und Möglichkeiten zu berauben, damit der Staat dann über Steuern und Sozialleistungen versucht, einen Teil dieses durch den Raub entstandenen Schadens wieder auszugleichen. [...]
Statt wie so oft in der Ungleichheitsdebatte unser Augenmerk auf eine höhere Umverteilung über Steuern und Sozialleistungen zu legen – etwa mit Reichensteuern, Mütterrenten und Ähnlichem –, benötigen wir in Deutschland ein fundamentales Umdenken: eine Kehrtwende, bei der die Anstrengungen darauf abzielen, die Chancenungleichheit zu minimieren, die Chancen zu maximieren. [...]
Ein viel stärkeres Augenmerk muss auf Maßnahmen gelegt werden, die Menschen Freiheit geben, ihre Talente zu entwickeln und Chancen zu nutzen. [...] Viel mehr Gewicht und Anstrengungen müssen deshalb auf die Förderung und Bildung im frühkindlichen und Primärbereich gelegt werden. Aber auch die Gleichstellung von Mann und Frau muss weiter vorangetrieben werden [...], weil alle profitieren. [...]

Aus: Marcel Fratzscher: Wohlstand für wenige. In: Frankfurter Allgemeine Sonntagszeitung vom 19. 3. 2016; http://www.faz.net/aktuell/wirtschaft/arm-und-reich/fratzscher-mehr-steuern-sind-nicht-die-loesung-gegen-ungleichheit-14121273.html?printPagedArticle=true#pageIndex_2

Anmerkung
Der Autor ist seit 2013 Präsident des Deutschen Instituts für Wirtschaftsforschung (DIW). Bei dem in der Frankfurter Allgemeinen Sonntagszeitung veröffentlichten Artikel handelt es sich um einen Auszug aus seinem Buch „Verteilungskampf".

Hilfsmittel
Grundgesetz für die Bundesrepublik Deutschland
Niedersächsische Verfassung ohne ergänzende Kommentare

Lösungsvorschlag

1 **TIPP** Anforderungsbereich: I, Gewichtung in Prozent: 30

Der Operator „zusammenfassen" verlangt von Ihnen, dass Sie die wesentlichen Aussagen des Textes komprimiert und unkommentiert wiedergeben. Dabei ist es wichtig, dass Sie sich durch die Verwendung von Konjunktiv und indirekter Rede sprachlich vom Text distanzieren sowie Ihre Bearbeitung sinnvoll strukturieren. Achten Sie auch auf die Verwendung der Fachsprache und fügen Sie Zeilenverweise ein.

Der Artikel „Wohlstand für wenige" von Marcel Fratzscher, ein Auszug aus seinem Buch „Verteilungskampf", wurde am 19. 3. 2016 in der Frankfurter Allgemeinen Sonntagszeitung veröffentlicht. In diesem stellt der Autor das Ausmaß der sozialen Ungleichheit in Deutschland, deren Folgen und mögliche Lösungsansätze dar. Aus seiner Sicht ist die in Deutschland **fehlende Chancengleichheit** das zentrale Problem.	**Einleitung** Autor, Quelle, Thema des Textes
Die deutsche Marktwirtschaft zeige ihr „wahres Gesicht in einer **stark zunehmenden Ungleichheit**" (Z. 2 f.). So sei das Vermögen zahlreicher Deutscher im europäischen Vergleich äußerst niedrig. Hinzu komme eine **sehr ungleiche Verteilung der Vermögenswerte** in Deutschland. Während die ärmere Hälfte der Bevölkerung über fast kein Vermögen verfüge, würden die reichsten zehn Prozent der Bevölkerung im europäischen Vergleich ein sehr hohes Vermögen besitzen (vgl. Z. 8 ff.).	**inhaltliche Zusammenfassung** Ungleichheit in Deutschland
Auch die auf dem Markt erzielten **Einkommen** seien **sehr ungleich verteilt**. In den vergangenen 15 Jahren habe die Hälfte der Deutschen Kaufkraftverluste hinnehmen müssen, die Einkommensungleichheit sei in diesem Zeitraum zudem weiter angestiegen (vgl. Z. 16 ff.).	

Darüber hinaus sei die **soziale Mobilität in Deutschland erheblich eingeschränkt**. Menschen mit geringem Einkommen schafften nur selten einen sozialen Aufstieg, dies gelte auch über Generationen hinweg. In kaum einem anderen Land bestimme die soziale Herkunft das Einkommen eines Menschen so stark wie in Deutschland (vgl. Z. 21 ff.).

Aus ökonomischer Perspektive sei **soziale Ungleichheit aber nicht zwangsläufig negativ** zu bewerten, da diese auch als Anreiz für eigene Anstrengungen dienen könne (vgl. Z. 27 ff.). Ungleichheit werde zu einem sozialen Problem, wenn sie zu **Chancenungleichheit** führe (vgl. Z. 33 f.). Dass in Deutschland diese Chancengleichheit nicht gewährleistet werden könne, sei die „**größte Schwäche und das größte Scheitern** der deutschen Politik und Gesellschaft" (Z. 41 f.).   ökonomische Perspektive

Die Ungleichheit in Deutschland habe ein Maß angenommen, das gesellschaftlichen, wirtschaftlichen und finanziellen Schaden anrichte (vgl. Z. 44 f.). Dabei sei die **fehlende Chancengleichheit** das zentrale Problem (vgl. Z. 52).   Schlussfolgerung des Autors

Bei der Bekämpfung der Ungleichheit werde in Deutschland aber häufig eine noch höhere **Umverteilung** von Einkommen und Vermögen als Lösung bevorzugt. Diese sei in Deutschland jedoch ohnehin schon zu hoch und ineffizient (vgl. Z. 52 ff.). Vielmehr müsse die Chancengleichheit durch erhöhte Anstrengungen im Bereich der **frühkindlichen Förderung und im Bildungswesen** gewährleistet werden. Auch die **Gleichstellung von Mann und Frau** müsse – zum Nutzen der gesamten Gesellschaft – gefördert werden (vgl. Z. 62 ff.).   Forderungen

---

2 **TIPP** *Anforderungsbereich: II, Gewichtung in Prozent: 40*

In dieser Aufgabe sollen Sie darstellen, inwiefern sich soziale Ungleichheit negativ auf die Demokratie auswirkt. Dabei ist es wichtig, dass Sie Bedingungen und Ursachen einer möglichen Gefährdung verständlich aufführen. Bei der Bearbeitung bietet es sich zum Beispiel an, den Zusammenhang von sozialem Status und politischem Partizipationsverhalten verständlich zu machen. Auch eine Betrachtung des Einflusses von Lobbyorganisationen auf den politischen Entscheidungsprozess in Deutschland ist ein sinnvoller Lösungsansatz.
In dieser Teilaufgabe erfolgt der Semesterübergriff auf die Themen und Inhalte von 12/1 (Politische Partizipation zwischen Anspruch und Wirklichkeit).

Wie Fratzscher in seinem Aufsatz darstellt, kann soziale Ungleichheit auch zu einer Gefahr für die Demokratie werden. Im Folgenden werden mögliche Erklärungsansätze für diese Aussage vorgestellt.   Überleitung

Das **Grundgesetz** führt unterschiedliche **Formen politischer Partizipation** auf. Art. 20 GG garantiert, dass alle Staatsgewalt in Form von **Wahlen** und Abstimmungen vom Volke ausgeht. Art. 21 GG gewährleistet die Gründung von **Parteien** und verpflichtet diese zu einer demokratischen Struktur. In Art. 8 und 9 GG wird das Recht auf **Versammlungsfreiheit** und **Gründung von Vereinigungen** zugesichert. Das Grundgesetz bietet den Bürger*innen in Deutschland also eine Reihe von Möglichkeiten, am politischen Entscheidungsprozess teilzuhaben. Sie können über Wahlen, die Mitarbeit in Parteien und Verbänden sowie über die Beteiligung an Demonstrationen, Bürgerinitiativen und anderen Formen der politischen Kommunikation politischen Einfluss nehmen.

politische Partizipation

Betrachtet man die aufgeführten Partizipationsmöglichkeiten hinsichtlich der **Bereitschaft verschiedener sozialer Gruppen**, diese auch zu nutzen, kann man eine sehr **unterschiedliche Ausprägung** beobachten. Teilt man die deutsche Bevölkerung nach ihrem Einkommen in Fünftel auf, so erkennt man, dass politisches Engagement bei dem Fünftel mit dem geringsten Einkommen (1. Quintil) durchgängig geringer ausfällt als bei dem reichsten Fünftel (5. Quintil). **Die politische Teilhabe hängt stark vom sozialen Status einer Person ab.** Die Interessen des reicheren Teils der Bevölkerung werden somit im politischen Entscheidungsprozess eher Berücksichtigung finden als die des ärmeren Teils. Mit dem Anspruch einer Demokratie, **politische Gleichheit** zu gewährleisten, ist diese Beobachtung nicht zu vereinbaren. Es kann also durchaus von einer Gefahr für die Demokratie gesprochen werden, wenn ein extremes Maß an sozialer Ungleichheit innerhalb einer Gesellschaft vorherrscht.

Unterschiede je nach sozialem Status

Eine weitere Möglichkeit, eigene Interessen politisch durchzusetzen, besteht darin, einen **Interessenverband** zu gründen oder einem bestehenden Verband beizutreten. Verbände fassen politische Interessen zusammen und bringen diese in den politischen Prozess mit dem Ziel ein, sie möglichst zu verwirklichen. Kritisiert wird neben der eingeschränkten Transparenz des Verbandseinflusses auf den Entscheidungsprozess vor allem, dass unterschiedliche Interessengruppen **ungleiche Chancen** haben, ihre Interessen in den politischen Prozess einzubringen. So ist es beispielsweise für mächtige Wirtschaftsverbände einfacher, Einfluss zu nehmen, als für Verbände mit einer nicht vergleichbaren finanziellen Ausstattung. Zudem lassen sich breite Interessen der Allgemeinheit (z. B. Verbraucherinteressen) weniger gut organisieren als spezifische Interessen (z. B. der Pharmaindustrie). Auch hier lässt sich schlussfolgern, dass eine Gefahr für die Demokratie besteht, wenn bestimmte Interessen **effizienter** durchgesetzt werden können als andere und diese nicht am Gemeinwohl orientiert, sondern – unter anderem – auf größere Einflussmöglichkeiten zurückzuführen sind.

Unterschiede bei der Möglichkeit, Interessen einzubringen

Neben den bereits genannten Punkten kann die dargestellte politische Ungleichheit in Verbindung mit einem aus der sozialen Ungleichheit resultierenden Ungerechtigkeitsgefühl von breiten Teilen der Bevölkerung auch zu einer **politischen Radikalisierung** führen. Ein Beispiel für diese Gefahr ist das Erstarken radikaler Bewegungen wie Pegida und populistischer Parteien wie der AfD. Allerdings ist einzuschränken, dass sich diese nicht ausschließlich aus unteren sozialen Schichten, sondern vor allem aus der Mittelschicht speisen. Auch dies kann aber auf **Abstiegsängste** und **gefühlte politische Ungerechtigkeit** zurückgehen.

mögliche Folge: Erstarken populistischer Parteien

Insgesamt zeigt sich, dass aus sozialer Ungleichheit durchaus eine Gefahr für die Demokratie entstehen kann. Insbesondere dann, wenn soziale Ungleichheit zu politischer Ungleichheit und letztlich zu einer Radikalisierung führt.

Fazit: Gefahr für die Demokratie

3 **TIPP** *Anforderungsbereich: III, Gewichtung in Prozent: 30*

Der Operator „Stellung nehmen" verlangt von Ihnen, dass Sie zu einer Problemstellung eine reflektierte und differenzierte Bewertung vornehmen. In dieser Teilaufgabe sollen Sie überprüfen, inwiefern der Vorschlag von Fratzscher den Kategorien Effizienz, Legitimität und Grundwerte entspricht. Um dies zu überprüfen, benötigen Sie geeignete Kriterien. Ihre eigene Position muss abschließend deutlich werden.

In dem vorliegenden Aufsatz stellt Marcel Fratzscher soziale Ungleichheit in Deutschland und deren Folgen als politisches Problem dar. Als Lösung schlägt er vor, die Chancengleichheit in Deutschland durch einen Ausbau der **Förderung** und der **Bildung im frühkindlichen Bereich** zu gewährleisten. Seiner Einschätzung nach sei das Problem durch eine weitere Umverteilung von Steuern und staatlichen Leistungen nicht zu lösen. Zudem fordert er ein Vorantreiben der **Gleichstellung von Mann und Frau**. Da er bei dem letztgenannten Punkt eher unspezifisch bleibt, beschränken sich die folgenden Ausführungen auf den ersten Vorschlag.

Forderungen des Autors

Laut Fratzscher ist die **soziale Mobilität** in Deutschland stark eingeschränkt, Armut vererbt sich also teilweise von Generation zu Generation. Tatsächlich wird am **deutschen Bildungssystem** häufig kritisiert, dass es Kinder aus Akademikerfamilien gegenüber solchen aus sogenannten bildungsfernen Schichten bevorzugt. Bei gleicher individueller Begabung hat ein **Akademikerkind** eine deutlich **höhere Chance, die Schule mit dem Abitur abzuschließen**, als ein Kind aus einer bildungsfernen Familie. Als Erklärung für dieses Phänomen wird unter anderem angegeben, dass Kinder aus bildungsnahen Familien zu Hause besser gefördert werden können. Dieses **Problem**

Bildungserfolg abhängig von Herkunft

könnte durch eine **gezielte Förderung** im frühkindlichen Alter und durch **Investitionen in frühkindliche Bildung** wirksam bekämpft werden. In Deutschland wird – wie Fratzscher andeutet – bereits jetzt ein hoher Aufwand an Umverteilung betrieben, der aber die Chancenungleichheit nicht zu lösen scheint. Wenn man diese Aussage zugrunde legt, kann unterstellt werden, dass die finanziellen Mittel, die für die Umverteilung bereitgestellt werden, besser im Bereich der frühkindlichen Förderung und Bildung eingesetzt wären. bisherige Umverteilung nicht wirksam

Betrachtet man die **politische Durchsetzbarkeit** des Vorschlags, bleibt die Frage, inwiefern eine Reduzierung der Umverteilung zugunsten eines Ausbaus von frühkindlichen Angeboten umsetzbar wäre. Bisherige Empfänger von Transferzahlungen und deren politische Interessenvertretungen würden entsprechenden Einschnitten nicht tatenlos zusehen. Vor dem Hintergrund, dass sich politische Entscheidungsträger immer auch an den nächsten Wahlen orientieren, erscheint eine Umsetzung des Vorschlags unwahrscheinlich. Zudem dauert es lange, bis Investitionen in Bildung den gewünschten Ertrag bringen, das Kriterium der **Schnelligkeit** ist folglich ebenfalls nicht erfüllt. Effizienz

Bezogen auf die **Kategorie „Effizienz"** kann also festgehalten werden, dass der Vorschlag von Fratzscher zwar wirksam und kosteneffizient erscheint. Dessen politische Durchsetzbarkeit und Schnelligkeit im Hinblick auf die Lösung des Problems sind jedoch kritisch einzuschätzen. Zwischenfazit

Aus **Art. 1 und 3 GG** kann abgeleitet werden, dass jeder Mensch ein Recht darauf hat, individuell und entsprechend seiner Möglichkeiten gefördert und nicht aufgrund seiner Herkunft benachteiligt zu werden. Demnach wären **Investitionen in frühkindliche Bildung** mit dem Ziel der Erhöhung der Chancengleichheit nicht nur **verfassungskonform**, sondern auch eine Pflicht des Staates. Politische Gleichheit wird durch soziale Ungleichheit eingeschränkt, da sich die Menschen abhängig von ihrem sozialen Status und ihren Einkommensverhältnissen unterschiedlich stark politisch engagieren. Eine Erhöhung der Chancengleichheit durch die Realisierung von Fratzschers Vorschlag würde also auch die **Partizipationschancen** von breiten Teilen der Bevölkerung steigern. Legitimität

Als Fazit für die **Kategorie „Legitimität"** kann also festgehalten werden, dass eine Umsetzung nicht nur verfassungskonform, sondern auch durch die Verfassung geboten ist. Zudem wird die Chance auf politische Partizipation erhöht, was die Legitimität des politischen Systems weiter steigern würde. Zwischenfazit

Fratzschers Vorschlag liegt eine Orientierung an dem Gerechtigkeitsprinzip der **Chancengleichheit** zugrunde. Diese kann durch seinen Vorschlag sicher verbessert werden. Gleichzeitig wird auch Grundwerte die **Gerechtigkeit des Leistungsprinzips** betont. Wenn ungleiche Startchancen von Kindern durch gezielte Förderung ausgeglichen würden, würde eine ungleiche Verteilung ausschließlich auf die eigene Leistung zurückgeführt werden können und nicht mehr auf die soziale Herkunft. Dies könnte die **Akzeptanz des politischen und ökonomischen Systems** und die **gesellschaftliche Wohlfahrt** durch entsprechende Anreize erhöhen. Langfristig könnten von dem Vorschlag also alle profitieren, wie Fratzscher in seinem Text auch betont. Bezogen auf den Wert der Gerechtigkeit kann aber kritisiert werden, dass eine geringere gesellschaftliche Umverteilung auch zulasten ohnehin sozial Benachteiligter gehen würde. Aus der Perspektive der **Bedarfsgerechtigkeit** wäre dies negativ zu beurteilen.

Wenn die soziale Stellung durch die soziale Herkunft vorgeprägt ist, so schränkt das auch die **Freiheit** des Individuums ein. Denn die Grenzen des eigenen Handelns ergeben sich nicht durch die eigene Begabung, sondern durch die gesellschaftliche Stellung der Eltern. Eine Steigerung der Chancengleichheit wäre also auch geeignet, die Freiheit des Einzelnen zu stärken.

Für die **Kategorie „Grundwerte"** kann abschließend gesagt werden, dass die Gerechtigkeit des gesellschaftlichen Systems unter den Perspektiven Chancengleichheit und Leistungsprinzip erhöht werden würde. Einschränkungen sind unter der Perspektive der Bedarfsgerechtigkeit zu sehen. Gleichzeitig kann die Freiheit des Individuums durch die Umsetzung des Vorschlags Fratzschers gesteigert werden. *Zwischenfazit*

Insgesamt lässt sich also festhalten, dass der **Vorschlag von Marcel Fratzscher** weitgehend **effizient** und **legitim** ist und **zentrale Grundwerte** berücksichtigt. Ich spreche mich somit für die Realisierung einer Ausweitung der Anstrengungen im Bereich der frühkindlichen Förderung und Bildung aus; auch wenn ich die Grenzen der politischen Durchsetzbarkeit sehe. Zudem dürfen solche Maßnahmen nicht auf Kosten von aktuell sozial Benachteiligten gehen. *abschließendes zusammenfassendes Urteil*

Niedersachsen Politik-Wirtschaft
Grundlegendes Anforderungsniveau ▪ Übungsaufgabe 4

SOZIALE MARKTWIRTSCHAFT ZWISCHEN ANSPRUCH UND WIRKLICKEIT
(Themen und Inhalte 12/2: Prinzipien der Sozialen Marktwirtschaft, Markt und Staat in der Sozialen Marktwirtschaft, Umweltprobleme; 13/2: Leitbilder der europäischen Außenhandelspolitik, Möglichkeiten und Grenzen von Handelsregimen)

Thema: Ökologie und Marktwirtschaft

Aufgabenstellung

1 Fassen Sie die in M 1 dargestellten Maßnahmen zur Krisenbewältigung zusammen.

2 Erläutern Sie unter Einbezug des Materials Möglichkeiten und Grenzen der ökologischen Ausrichtung der Sozialen Marktwirtschaft.

3 Nehmen Sie unter Berücksichtigung des vom Autor definierten ROI (vgl. Z. 51 f.) Stellung zur Einführung nationaler Umweltauflagen im Rahmen des internationalen Handelssystems.

M 1 Roman Zitzelsberger: Die Zukunft ermöglichen

[...] Forderungen zur Ankurbelung der Wirtschaft hört man dieser Tage [*angesichts der Corona-Krise*] viele. Was früher geholfen hat, tut es vielleicht wieder, insbesondere die Abwrackprämie und diverse Steuersenkungen werden derzeit wiederbelebt. [...] Alles, was bisher unternommen wurde, waren nur Sofortmaßnahmen, um Einkommen
5 und Beschäftigung unmittelbar abzusichern. Wir brauchen zusätzlich und zeitnah einen kräftigen Nachfrageimpuls, um die Kapazitäten wieder auszulasten, Wirtschaftsstrukturen zu stabilisieren sowie Wachstum und Beschäftigung anzukurbeln. [...]
Bereits vor Ausbruch der Pandemie haben vor allem exportorientierte Branchen wie der Maschinen- oder Fahrzeugbau unter einer konjunkturellen Abkühlung gelitten.
10 Parallel dazu stehen wir bereits mitten in der Transformation der Wirtschaft hin zu mehr digitaler Vernetzung und weniger CO2-Ausstoß. Beides betrifft die erwähnten Kernindustrien, aber auch andere Branchen wie Stahl, Chemie, Beton, Landwirtschaft, Logistik usw. [...] In diese Zeit platzt eine Krise, die sich deutlich von anderen zuvor unterscheidet: Sie ist tiefer, kam quasi über Nacht und betrifft die gesamte Wirtschaft
15 über alle Branchen hinweg. [...] Es gibt [*weltweit*] keine Region, deren Dynamik uns auf absehbare Zeit nach oben zieht. [...] Was also muss ein Konjunkturprogramm vor diesem Hintergrund leisten? Kurz gesagt: Mit einer entschiedenen Orientierung an ökonomischer, ökologischer und sozialer Nachhaltigkeit geht es um die Stimulierung von Konsum und Investitionen. [...] Ziel muss sein, den jetzt notwendigen
20 konjunkturellen Impuls mit dem Wandel zu einer klimagerechten Industrieproduktion

[...] zusammenzubringen. [...] Um eine klimaneutrale Produktion in den verschiedenen Branchen zu verwirklichen, kommt dem Maschinen- und Anlagenbau als Industrieausrüster eine zentrale Schlüsselfunktion zu. Keine Branche kann im Gesamtkontext industrieller Produktion einen größeren Beitrag leisten, um wirtschaftliche Prosperität und einen ökologischen Umbau der Industrieproduktion zu forcieren. Allerdings sieht sich diese Branche umfangreichen Auftragseinbrüchen und drohenden Liquiditätsproblemen gegenüber, die dringend gelöst werden müssen – auch mit vorübergehenden Staatsbeteiligungen und einem milliardenschweren Sofortprogramm für klimaneutrale Produktionsanlagen, die einer CO_2-freien Produktion in allen Industriebranchen zum Durchbruch verhelfen sollen. Ob es einem passt oder nicht: Erfolgreiche Klimapolitik und De-Industrialisierung schließen sich aus. Wer statt ökologischer Modernisierung auf einen Wandel der Lebensstile setzt, verkennt den Charakter der Klimakrise.

[...] Auch in der „Nach-Corona-Zeit" steht die Transformation der Autoindustrie [...] ganz oben auf der Agenda. Auch wenn die Branche finanziell gestärkt aus den jüngsten Boomjahren kommt, erfordern Antriebswechsel und Digitalisierung massive Investitionen und es ist zu befürchten, dass angesichts von Nachfrage- und Absatzeinbrüchen wegen Corona wichtige Zukunftsinvestitionen und die Orientierung auf klimagerechte Mobilität aus dem Blick geraten. [...] Eine gezielte Förderprämie für Pkw, um besonders stark CO_2-emittierende Fahrzeuge von der Straße zu bekommen, kann dabei einen wirksamen Beitrag zum Klimaschutz leisten. Die genauen Bedingungen eines Kaufanreizes müssen entlang der Stoßrichtung „je höher die CO_2-Einsparung, desto höher die Förderprämie" entwickelt werden. Große Einsparungen klimaschädlicher CO_2-Emissionen lassen sich durch mehr Elektromobile erreichen. Um befürchteten Engpässen bei der Ladeinfrastruktur entgegenzuwirken, ist ein forcierter Ausbau von Ladesäulen erforderlich. [...] Fazit: Der Staat ist in dieser Krise stärker gefordert als je zuvor. [...] Vor dem Hintergrund der dafür notwendigen Steuermittel ist es nicht nur legitim, sondern geradezu geboten, die Maßnahmen an dem gesellschaftlich besten Return on Investment (ROI) auszurichten. Dabei geht es uns gerade nicht, wie die sprachliche Anleihe aus der Betriebswirtschaftslehre vielleicht vermuten lässt, um die Mehrung hoher Einkommen und Vermögen. Unser ROI zielt auf den Erhalt und Ausbau von Arbeitsplätzen, Innovationskraft und gesellschaftlichen Zusammenhalt.

Die beschlossenen Sofortmaßnahmen stellen in Kombination mit den hier skizzierten Schritten eine extreme Belastung der öffentlichen Haushalte dar, die zeitgleich unter hohen Steuerausfällen leiden. Vor diesem Hintergrund ist eine Debatte um eine gerechte Aufteilung der Krisenlasten unumgänglich – zwischen Bund, Land und Kommune wie auch mit Blick auf die Verteilung von Einkommen und Vermögen. Die Einkommen und vor allem die Vermögen im Land sind extrem ungleich verteilt. Deshalb gilt die klare Zielrichtung: Starke Schultern können und müssen mehr tragen.

Bald werden wir uns fragen: [...] [I]st es uns gelungen, die ohnehin notwendigen Reformschritte kräftig anzuschieben, um unsere Wirtschaft sozialer, ökologischer und demokratischer zu machen? Die Chancen [...] stehen nicht schlecht. [...] Die sich bereits vollziehende Transformation der Industrie darf gerade jetzt nicht ausgebremst werden. Sondern muss mehr denn je mit ökologischen und sozialen Zielen verknüpft werden.

Roman Zitzelsberger: Gastbeitrag: Die Zukunft ermöglichen, der Freitag vom 28.04.2020,
https://www.freitag.de/autoren/der-freitag/die-zukunft-ermoeglichen

Anmerkung
Roman Zitzelsberger begann 1984 im damaligen Daimler-Benz-Werk in Gaggenau eine Ausbildung zum Maschinenschlosser. Er wurde Vertrauensmann und Jugendvertreter für die IG Metall, 1989 dann Gewerkschaftssekretär in Gaggenau. Seit 2013 ist er Bezirksleiter der Gewerkschaft in Baden-Württemberg.

Hilfsmittel
Grundgesetz für die Bundesrepublik Deutschland
Niedersächsische Verfassung ohne ergänzende Kommentare

Lösungsvorschlag

1 **TIPP** *Anforderungsbereich: I, Gewichtung in Prozent: 30*

Der Operator „zusammenfassen" erfordert von Ihnen eine inhaltliche Straffung. Sie müssen zeigen, dass Sie den Inhalt des Textes nachvollzogen haben und die Kerninhalte distanziert und deutlich verknappt darlegen können. Vermeiden Sie unbedingt wörtliche Zitate, wobei Fachbegriffe keine solchen darstellen. Verwenden Sie Zeilenangaben sowie sprachliche Mittel der Distanzierung (indirekte Rede, Konjunktiv I). Die geforderte Raffung erreichen Sie vor allem durch das Weglassen von Passagen und Inhalten, die von der Fragestellung nicht erfasst werden. Es geht also nicht um Vollständigkeit, sondern um Funktionalität.

In seinem Gastbeitrag mit dem Titel „Die Zukunft ermöglichen" in der Wochenzeitung *der Freitag* vom 28.04.2020 geht der Autor Roman Zitzelsberger, Bezirksvorsitzender der IG Metall in Baden-Württemberg, auf die seiner Meinung nach notwendigen **konjunkturellen Maßnahmen** zur Bekämpfung der ökonomischen Folgen der Corona-Pandemie ein, die gleichzeitig die Kriterien **ökonomischer, ökologischer** und **sozialer Nachhaltigkeit** erfüllen sollen. Zitzelsberger sieht angesichts der bereits vor der Krise bestehenden Herausforderungen durch die **Digitalisierung** und die notwendige **Reduzierung des CO2-Ausstoßes** den Staat gefordert, nach den Sofortmaßnahmen gegen die negativen wirtschaftlichen Folgen der Corona-Krise jetzt auch einen starken konjunkturellen Impuls zu setzen, der im Einklang mit einer **klimagerechten Industrieproduktion** steht (vgl. Z. 19 ff.). Ein massiver **ökonomischer Einbruch** (vgl. Z. 26 ff., 35 ff.) sowie die teilweise geforderte **Deindustrialisierung** würden aus seiner Sicht den notwendigen Transformationsprozess unmöglich machen (vgl. Z. 30 f.).
Er sieht den Staat in der Pflicht, tätig zu werden. **Ziel** müsse es sein, durch die Ausrichtung auf **Nachhaltigkeit** in allen Bereichen der

bibliografische Angaben

Thema/Inhalt des Textes

Herausforderungen: Digitalisierung und Umweltschutz

Notwendigkeit von Staatshilfen

Gesellschaft den **privaten Konsum** sowie die **Investitionstätigkeit** v. a. der **Kernindustrien** zu stärken (vgl. Z. 17 ff.). Zentrales Kriterium für die Angemessenheit der konjunkturellen Maßnahmen sei die Ausrichtung an einem **gesellschaftlichen Return on Investment**, wie er es in Anlehnung an die betriebswirtschaftliche Kennzahl nennt. Die **Förderung von Arbeitsplätzen**, der **Innovationskraft** sowie des **gesellschaftlichen Zusammenhalts** muss demnach Zielrichtung und Grundlage der Ausgestaltung der Hilfsmaßnahmen sein (vgl. Z. 47 ff.).

Kriterien für die Maßnahmen: ROI

Konkret sieht Zitzelsberger vor allem die Förderung des Maschinen- und Anlagebaus als **Industrieausrüster** sowie die Förderung der **Automobilindustrie** als zentral an. Ersterer habe mit einem drastischen Auftragsrückgang sowie mit Liquiditätsengpässen zu kämpfen. Er fordert **zeitweilige Staatsbeteiligungen** und **Milliardenhilfen** für die Entwicklung und den Absatz **klimaneutraler Produktionsanlagen**. Diese würden **Grundlage** für die Gewährleistung der Klimaneutralität in anderen Industriebranchen (vgl. Z. 26 ff.).

förderwürdige Branchen

Produktionsgüter als Grundlage der CO_2-Neutralität

Auch die Automobilindustrie solle Förderung in Form einer Nachfragestimulierung durch **Kaufanreize** erhalten. Ziel müsse es sein, die CO2-Emissionen durch die **Förderung der Elektromobilität** zu senken (vgl. Z. 39 ff.). Dazu müsse der Staat auch den Ausbau der Ladestationeninfrastruktur verstärkt vorantreiben (vgl. Z. 44 ff.).

Förderung der Elektromobilität und Ladeinfrastruktur

Diese Maßnahmen bei gleichzeitigem Steuerausfall zu finanzieren, stelle eine extreme **Belastung der öffentlichen Haushalte** dar. Die Lasten müssten fair zwischen Bund, Ländern und Gemeinden verteilt werden. Auch die starke **Ungleichheit der Vermögens- und Einkommensverteilung** solle bei der Finanzierung berücksichtigt werden und die Belastung der privaten Haushalte an die Leistungsfähigkeit gekoppelt sein (vgl. Z. 53 ff.).

Finanzierung

fairer Lastenausgleich

2 **TIPP** *Anforderungsbereich: II, Gewichtung in Prozent: 30*

Der Operator „erläutern" fordert eine Erklärung mit zugehörigen Beispielen zur Verdeutlichung. Wichtig ist, dass Sie genau auf die inhaltliche Ausrichtung der Aufgabenstellung achten. Für die Bearbeitung bietet es sich hier an, dass Sie zunächst auf das Modell der Sozialen Marktwirtschaft eingehen und dann den Schutz der natürlichen Umwelt darin verorten. Hiervon ausgehend können Sie Möglichkeiten und Grenzen darlegen. Stellen Sie relevante Bezüge zum Text her und arbeiten Sie auch hier mit Zeilenangaben.

Der Autor fordert in seinem Artikel eine umfassende und wirksame konjunkturelle Unterstützung der Wirtschaft bis hin zu einer zeitweiligen Staatsbeteiligung an Wirtschaftsunternehmen (vgl. Z. 26 ff.). Ziel sei es, die Gesellschaft und vor allem die Ökonomie zukunftsfähig und nachhaltig zu gestalten (vgl. Z. 17 ff.).	relevante Textbezüge
Im Kontext des Systems der Sozialen Marktwirtschaft ist eine derartige Forderung durchaus heikel, da es sich bei diesen Maßnahmen um staatliche Eingriffe in den **Marktprozess** handelt. Eine der zentralen Grundlagen der Sozialen Marktwirtschaft ist das möglichst freie Spiel (Wettbewerb und Konkurrenz) von Angebot und Nachfrage. Laut Adam Smith garantiert dies den effizienten Umgang mit den knappen Produktionsfaktoren. Die **Allokation** wird über den **Marktpreis** erreicht.	Modell der Sozialen Marktwirtschaft: Grundlagen
Greift der Staat durch das Bereitstellen von Finanzhilfen in den Marktprozess ein, werden ggf. nichteffiziente Produktionsweisen künstlich aufrechterhalten und Innovationen verhindert.	Beispiel: Finanzhilfen und Fehlanreize
Allerdings hat der Staat entsprechend dem **Sozialstaatsgebot** im Grundgesetz die Aufgabe, für vergleichbare, menschenwürdige Lebensgrundlagen zu sorgen. Außerdem hat auch der **Schutz der natürlichen Lebensgrundlagen** Eingang ins Grundgesetz gefunden (Art. 20a GG).	Sozialstaatsgebot
Zentrales Kriterium für notwendige staatliche Eingriffe ist die **Markt- und Wettbewerbskonformität der Maßnahmen**. Zitzelsberger sieht angesichts der wirtschaftlichen Krise, die die Corona-Pandemie ausgelöst hat, einen dringenden Bedarf staatlicher Eingriffe (vgl. z. B. Z. 4 ff.).	Marktkonformität
Der Autor fordert, die Maßnahmen am Kriterium der **Nachhaltigkeit** auszurichten (vgl. Z. 17 ff.). Das Prinzip der ökologischen Nachhaltigkeit verlangt, dass die Umwelt nur in dem Umfang belastet werden darf, in dem sie sich auch wieder regenerieren kann. Der	Nachhaltigkeitskriterium
Schutz der natürlichen Umwelt ist neben der **gerechten Einkommens- und Vermögensverteilung** eines der zwei „neuen" wirtschaftspolitischen Ziele. Daneben stehen gemäß dem **Stabilitätsgesetz von 1967** die Ziele eines angemessenes Wirtschaftswachstums, der Preisniveaustabilität, der Vollbeschäftigung sowie des außenwirtschaftlichen Gleichgewichts. Diese Ziele können sich wechselseitig beeinflussen,	Verortung im System wirtschaftspolitischer Ziele
was durch das sogenannte „**Magische Vier-/Sechseck**" symbolisiert wird.	Magisches Sechseck
Der **Schutz der natürlichen Umwelt** ist ein anerkanntes wirtschaftspolitisches Ziel. Hier setzt der Autor an und verbindet es mit dem Ziel des **wirtschaftlichen Wachstums**.	Wachstum und Umweltschutz
Hinsichtlich der Umweltpolitik kommt dem Staat eine zentrale Funktion zu, da es hier vor allem um die **Internalisierung externer Effekte** geht. Ein Beispiel: Luft ist ein öffentliches Gut, niemand kann von dessen Nutzung ausgeschlossen werden. Wenn ein Industrieunternehmen Treibhausgase wie CO_2 ausstößt, fallen ihm selbst keine Kosten an, der Allgemeinheit, z. B. durch sauren Regen, aber sehr wohl. Somit	Marktversagen: externe Effekte und öffentliche Güter

ist für das Unternehmen der falsche Anreiz gesetzt, die Umwelt stärker als angemessen zu belasten. Der Markt kann hier selbst keine Abhilfe schaffen (**Marktversagen**). Dadurch notwendige staatliche Eingriffe müssen jedoch dem Kriterium der **Marktkonformität** genügen.

Die Eingriffe können struktur-, konjunktur- und ordnungspolitisch ausgerichtet sein. Im Kontext der **Strukturpolitik** bemüht sich der Staat, die globale volkswirtschaftliche Entwicklung zu steuern, indem z. B., wie vom Autor gefordert, der Industriesektor durch finanzielle Zuschüsse dazu befähigt wird, eine Anpassung an die aktuellen Transformationsprozesse vorzunehmen sowie CO_2-Emissionen einzusparen (vgl. Z. 21 ff.). Im Rahmen der **Ordnungspolitik** ist der Staat vor allem für die Rahmengesetzgebung und damit für die grundsätzliche Ausgestaltung des Marktgeschehens verantwortlich. Um das wirtschaftspolitische Ziel des Schutzes der natürlichen Grundlagen zu realisieren, setzt der Staat Grenzen und Regeln etwa für CO_2-Emissionen. So kann er mit dem Ziel, externe Effekte zu minimieren und das Wettbewerbsprinzip durch den Abbau einseitiger Vorteilsnahme zu stützen, eine CO_2-Steuer erheben und Umweltauflagen festsetzen. Auch der vom Autor geforderte Ausbau der Lade-Infrastruktur für die Förderung der E-Mobilität (vgl. Z. 44 ff.) trägt Züge wirtschaftspolitischer Ordnungspolitik. Im Rahmen der **Konjunkturpolitik** stehen vor allem kurzfristig wirksame Hilfen zur Stützung der Konjunktur im Mittelpunkt. Der Autor fordert etwa eine Prämie für den Kauf klimafreundlicher Pkw, um den Automobilsektor zu stützen und gleichzeitig die Transformation der Autoindustrie zu fördern (vgl. Z. 34 ff.).

Grenzen dieser staatlichen Eingriffe sind, wie bereits erwähnt, vor allem durch das **Wettbewerbs- und Marktkonformitätsprinzip** gegeben. Der Marktmechanismus muss gewährleistet bleiben, da ansonsten **hohe gesellschaftliche Kosten** entstünden und die **Fehlallokation** der Ressourcen verstärkt würde.

Strategien des Staates: Beispiele mit Textbezug

allgemeine Grenzen für Markteingriffe

---

3 🛈 **TIPP** *Anforderungsbereich: III, Gewichtung in Prozent: 40*

Der Operator „Stellung nehmen" fordert von Ihnen sowohl eine Sach- als auch eine Werturteilsbildung. Achten Sie auf eine normative Sprache, d. h. Beschreibungen dienen als Beispiele und Belege, müssen aber wertend eingebettet sein. Die Kategorien der politischen Urteilsbildung ergeben für Ihre Bearbeitung eine gute Strukturierungsmöglichkeit. Gehen Sie zunächst auf die Sachurteilsebene. Danach formulieren Sie das Werturteil. Wichtig ist jeweils, dass Sie aus verschiedenen Perspektiven und kontrovers argumentieren. Generell sollten Sie eher wenige Aspekte betrachten, diese dafür aber intensiv.

Nationale Umweltschutzauflagen stellen in internationalen Handelsregimen ein **nichttarifäres Handelshemmnis** dar. Sie setzen die Einhaltung von Auflagen und Standards als **Markteintrittsbarriere** und schließen diejenigen Produkte und Anbieter von einem bestimmten Markt aus, die diese Anforderungen nicht erfüllen können. Damit stellen sich die Fragen, inwiefern nationale Umweltauflagen mit den **Regeln der World Trade Organization** vereinbar sind und welche Bedeutung solche Regelungen für den nationalen **Unternehmensstandort** haben. — theoretische Charakterisierung / WTO und Unternehmensstandort

Die **multilaterale WTO** soll vor allem den **freien Handel** zwischen Staaten erleichtern und regeln. Sie bietet außerdem die Möglichkeit, Handelsstreitigkeiten friedlich innerhalb eines geregelten Schlichtungsverfahrens beizulegen. Grundlage dieser Institution ist das **Freihandelsparadigma**, demzufolge der Freihandel in einem System globaler Arbeitsteilung durch Spezialisierung der Allgemeinheit den höchsten Nutzen erbringt. Entsprechend ist der **Abbau** von tarifären (Zöllen) sowie nichttarifären **Handelsbeschränkungen** (z. B. ungleiche Umweltauflagen) ein wesentliches Ziel der WTO. — Rolle der WTO / Freihandelsparadigma

Durch nationale Umweltauflagen als nichttarifäre Handelshemmnisse steigen aufgrund des **eingeschränkten Angebots** und ggf. **erhöhter Produktionskosten** die innerstaatlichen Preise der angebotenen Produkte, die unter solche Regelungen fallen. Dabei **gewinnen** diejenigen Unternehmen, die die Auflagen erfüllen können und gleichzeitig durch die höheren Barrieren vor der Konkurrenz geschützt werden. Es **verlieren** demgegenüber die Unternehmen, die die Auflagen nicht erfüllen können. Sie werden sich jedoch um **Innovation** bemühen. Die Konsumenten werden einerseits mit **höheren Preisen** konfrontiert, profitieren andererseits aber auch von **verbesserten Umweltbedingungen**. — Folgen nationaler Umweltauflagen

Bei der verpflichtenden Ausrichtung der Produktion und des Absatzes auf Nachhaltigkeit müssen die **ökonomischen und sozialen Folgen** berücksichtigt werden. Da sich heute schon zeigt, dass die Kosten der Bewältigung der negativen Auswirkungen des Klimawandels sehr hoch sein werden, erscheinen Maßnahmen, die effizient die Nachhaltigkeit fördern, gerechtfertigt. Bedingung ist aber, dass der **Marktmechanismus** weitgehend erhalten bleibt und möglichst wenige Menschen und Unternehmen vom Markt ausgeschlossen werden. Daher ist dem Autor explizit zuzustimmen, wenn er als Kriterien für Maßnahmen im Rahmen des von ihm definierten **ROI** die **Innovationskraft**, den **Arbeitsplatzerhalt** und die **Förderung des gesellschaftlichen Zusammenhalts** ausgibt (vgl. Z. 51 f.). Um Arbeitsplätze zu erhalten und stabile Preise zu gewährleisten, müssen die Unternehmen bei der Umrüstung auf eine umweltfreundlichere Produktion unterstützt werden, sodass sie zugleich über die finanzielle Grundlage für Innovationen verfügen. Darüber hinaus sind auch — Sachurteil

Maßnahmen, die nachhaltigkeitsorientiert den Konsum ankurbeln (z. B. Förderprämie für umweltfreundliche Pkw), sinnvoll und stehen gleichzeitig im Einklang mit dem Freihandelsparadigma

Im **Pariser Abkommen** zur Reduktion der Treibhausgase haben sich die meisten Staaten dazu verpflichtet, ihre CO2-Emission drastisch zu reduzieren. Deutschland bzw. alle am EU-Binnenmarkt beteiligten Staaten haben dieses Abkommen ratifiziert und die EU-Kommission plant ebenfalls eine stärkere Ausrichtung an Nachhaltigkeitskriterien. Der Schutz der natürlichen Umwelt unter der Perspektive der Nachhaltigkeit ist ein allgemein weitgehend anerkanntes **gesellschaftliches Ziel**. Daher erscheint es **legitim**, dass Umweltschutzauflagen zur Zielerreichung eingeführt und durchgesetzt werden, zumal die **Freiheitsrechte** grundsätzlich hinnehmbar eingeschränkt werden. Allerdings müssen die Auflagen so **realistisch** und **transparent** ausgestaltet sein, dass die einheimische Industrie die Standards im Sinne des gesellschaftlichen ROI erfüllen kann und die ausländische Konkurrenz eine **gleiche Marktchance** erhält, wenn sie den Auflagen gerecht wird.

Aspekt der Legalität

Legitimität

Die Einführung nationaler Umweltauflagen mit entsprechenden staatlichen Begleitmaßnahmen erscheint **insgesamt legitim und effizient**. Aufgrund der Wichtigkeit und der internationalen Bedeutung des Klima- und des Artenschutzes sollte auch die WTO einer solchen Auflagenpolitik zustimmen. Davon unbenommen gilt es aber, weitere ökonomische Instrumente, wie etwa eine **CO2-Steuer** oder den **Zertifikatehandel**, mit in den Blick zu nehmen.

Werturteil und Fazit

Forderung

Niedersachsen Politik-Wirtschaft
Grundlegendes Anforderungsniveau ▪ Übungsaufgabe 5

FRIEDENSSICHERUNG ALS NATIONALE UND INTERNATIONALE HERAUSFORDERUNG
(Themen und Inhalte 13/1: Erscheinungsformen internationaler Konflikte und Kriege, Herausforderungen der Konfliktbewältigung; 12/1: Verfassungsorgane und politische Akteure)

Thema: Macht der Illiberalen in der Weltpolitik

Aufgabenstellung

1 Fassen Sie die Aussagen des Autors zur zunehmenden Macht der Illiberalen in der Weltpolitik zusammen.

2 Der Autor spricht von der „illiberale[n] Versuchung" (Z. 49, 53). Charakterisieren Sie davon ausgehend das deutsche Modell zur Machtkontrolle der Politik.

3 Erörtern Sie unter Berücksichtigung globaler Herausforderungen die Erfolgsaussichten einer „Allianz der Multilateralisten" (Z. 58).

M1   Stefan Kornelius: Das Faustrecht der Illiberalen

Die liberale Weltordnung ist in ernster Gefahr. Rohheit ist die neue Norm, Regeln sind von gestern.

[…] Versammelt [*zum Libyen-Gipfel*] im Bundeskanzleramt um die Hausherrin Angela Merkel waren da also: der französische Präsident, der britische Premierminister, der amerikanische Außenminister auf der einen Seite. Und auf der anderen Seite, ebenfalls angereist: der Präsident Russlands, der Präsident Ägyptens, der Präsident der Türkei und, angedockt über Telefonleitungen und vertreten durch seinen Außenminister, der Emir der Vereinigten Arabischen Emirate.

Die Herren und die eine Dame verband nicht nur das Interesse am Bürgerkrieg in Libyen, sie trugen vor allem einen Machtkampf um die Weltordnung aus, um die Vorherrschaft einer politischen Idee – ihrer Idee. Denn wenn es an einem mangelt in der Weltpolitik des Jahres 2020, dann ist es Ordnung und Klarheit.

[…] Die Berliner Konferenz war der verzweifelte Versuch, diesem Krieg in Libyen […] ein geordnetes System von Verhandlungen, Interessensausgleich und möglicherweise gar einen Friedensvertrag überzustülpen. Dazu kam es nicht, weil Libyen ein zu attraktives Ziel abgibt für die neuen Mächte, die sich anschicken, die Welt unter sich aufzuteilen: die Autokraten und Potentaten, die Illiberalen und Regelbrecher, die Tagesgewinnler und Unberechenbaren. […]

Die Autoritären sind die neuen Mächtigen im Welttheater. Ihre Feinde sind die Liberalen, die Demokraten, die sich an Regeln halten. Aber die Autoritären haben Konjunktur, der Erfolg macht sie gierig. Seit vielen Jahren schon haben sie ihre Methoden getestet und verfeinert. Sie zeichnen sich aus durch ein exzellentes Machtgespür. Sie wittern Schwächen und spielen mit den Schwachen. Sie bestimmen über die Wahrheit und sprechen ihren Gegnern die Wahrhaftigkeit ab. Sie sind Meister der Überrumpelung und des Regelbruchs. Und sie beherrschen die neuen Technologien: Manipulation und Lüge, Umdeutung der Realität, die Ein-Mann-Kommunikation, die Aufwiegelung, die Kontrolle ihrer Unterlinge. Ihre Gegner sind mundtot, und ihre Anhänger wiegen sich im Gefühl der Stärke. „Autoritarismus ist als geopolitische Macht zurückgekehrt", schreibt der stets scharfsinnige amerikanische Publizist Robert Kagan.

Gegner des Autoritarismus ist die liberale Weltordnung. Alles, was an geopolitischer Verunsicherung, an Instabilität und handfesten Krisen anbrandet, lässt sich auf die Rivalität der illiberalen und der liberalen Welt zurückführen.

Illiberal, das sind Systeme, die Demokratie beschneiden oder gar komplett ignorieren, die zentral gesteuert sind, die autoritäre Methoden der Kontrolle und der Gleichschaltung einsetzen, die unterdrücken und der Freiheit die Luft zum Atmen rauben. Illiberal, das sind China, die Türkei, Russland, Ägypten, Venezuela, die Philippinen, der Großteil der arabischen Welt und Iran. Es sind aber auch zusehends Ungarn und Polen. Es sind die nach Illiberalität strebenden Parteien im Herzen der EU – in Deutschland die AfD, in Frankreich das Rassemblement National, die Lega in Italien. […] Die Liste endet hier nicht. […] Die größte Unsicherheit im Weltordnungstheater 2020 verursachen tatsächlich die USA und ihr Präsident Donald Trump, die mal diese, mal jene Seite im Kampf um die Freiheit einnehmen. […]

Die illiberalen Monster entpuppen sich bei genauer Betrachtung als Scheinriesen, als aufgepumpte Machtzwerge, misstrauisch und instabil. […] Proteste in Russland, Iran und Venezuela, die Allianz der Visegrad-Hauptstädter gegen ihre nationalen Regierungen, die Sardinen-Bewegung in Italien und natürlich das Impeachment gegen Donald Trump – von Iran bis Istanbul begehrt das Volk auf gegen die Allmächtigen, deren Machtgewinn sich eben nicht übersetzt in Volkszufriedenheit.

[…] Entschieden ist der Kampf also nicht. Die illiberale Versuchung ist groß, gerade für Konservative, die den Staatsauftrag Sicherheit im Zweifel mit der eisernen Faust einlösen wollen. Illiberalität ist der Preis für Sicherheit, als Zugabe gibt es Identität im Mäntelchen der heilen Familie, der Nation, immer mehr auch in der Religion. […] Bisher schien das deutsche System gefeit vor der illiberalen Versuchung. Aber die Zerrissenheit besonders der Konservativen war zumindest messbar, etwa an der Sympathie für oder in der Ablehnung von Wladimir Putin.

Die sanfte Macht der Europäischen Union, ihre Anziehungskraft als demokratisches und ökonomisches Erfolgsmodell – sie steht derweil unter Quarantäne. Auch Kunstschöpfungen wie eine „Allianz der Multilateralisten" verzeichnen nicht gerade Zuspruch. Den Freunden einer regelbasierten Ordnung fehlt zum Erfolg der Erfolg. Stattdessen können die Illiberalen jeden Regelbruch als Triumph verbuchen – so sehen Sieger aus. […] Sanft – das war einmal. Das Faustrecht, Werkzeug der Illiberalen, ist zurückgekehrt. Die Welt ordnet sich neu.

Stefan Kornelius: Das Faustrecht der Illiberalen, Süddeutsche Zeitung vom 16. 02. 2020,
https://www.sueddeutsche.de/politik/weltordnung-demokratie-sicherheitskonferenz-1.4791984

Anmerkung
Stefan Kornelius ist als Journalist und Publizist Leiter des außenpolitischen Ressorts bei der Süddeutschen Zeitung.

Hilfsmittel
Grundgesetz für die Bundesrepublik Deutschland
Niedersächsische Verfassung ohne ergänzende Kommentare

Lösungsvorschlag

1 **TIPP** *Anforderungsbereich: I, Gewichtung in Prozent: 25*

Der Operator „zusammenfassen" fordert von Ihnen eine stringente, an den Vorgaben der Aufgabenstellung orientierte stark geraffte Darlegung der relevanten Textpassagen. Genauso wichtig wie das Anführen der relevanten Passagen ist es, unpassende Aspekte wegzulassen. Bei dieser Aufgabenstellung bietet es sich an, nicht chronologisch zu verfahren. Damit zeigen Sie, dass Sie den Text verstanden haben. Achten Sie unbedingt auf eine distanzierte Sprache mit der Verwendung der indirekten Rede und des Konjunktivs I.

In seinem normativen Artikel „Das Faustrecht der Illiberalen" bewertet der Journalist Stefan Kornelius in der Süddeutschen Zeitung vom 16. 2. 2020 den aus seiner Sicht stattfindenden Kampf des **liberalen Systems** mit den **neuen illiberalen Mächten** um die Neuordnung der Welt.	bibliografische Angabe: Titel, Erscheinungsort, Autor, Inhalt
Mit Bezug auf den amerikanischen Politologen Robert Kagan sieht der Autor die **Rückkehr des Autoritären in die Weltpolitik** (vgl. Z. 28 f.). Kornelius konstatiert dabei, dass der **Kampf um die Weltordnung** zwischen den neuen autoritären, illiberalen Mächten und den demokratischen, sich an Regeln haltenden liberalen Mächten stattfinde (vgl. Z. 19 f.).	Grundkonflikt: Liberale gegen Illiberale
Zu den **illiberalen Mächten** zählt er unter anderen Russland, den Großteil der arabischen Welt, den Iran, aber auch französische, italienische und deutsche Parteien, die nach Illiberalität streben (vgl. Z. 33 ff.). Die bestehenden Mächte hätten jahrelang ihre Methoden perfektioniert. Kornelius schreibt ihnen bei ihrer Strategie einen **großen Erfolg** zu, wohingegen die **liberalen Kräfte mangels Erfolgen** an Strahlkraft verlören (vgl. Z. 20 f., 56 ff.).	Akteure: Staaten und Parteien
Die autoritären und illiberalen Systeme überrumpeln, so der Autor, ihre Gegner und brechen Regeln. Sie nutzten neue Technologien, um	Methoden der Illiberalen

35

den Gegnern die Wahrhaftigkeit ab- und sich selbst die Wahrheit zuzuschreiben sowie um Steuerung und Kontrolle ihrer „Unterlinge" (Z. 27) auszuüben (vgl. Z. 24 ff.). Der Autor sieht vor allem die **Einschränkung der Demokratie und der Freiheit** sowie das **Unterdrücken der Gegner** als zentrale Merkmale autoritärer Systeme. Unterstützer fühlten sich dadurch gestärkt (vgl. Z. 27 f.). Illiberalität verführe, denn sie verspreche **Sicherheit** und **Identität**. Zudem würden auch **religiöse Bezüge** hergestellt, um die eigene Macht abzusichern (vgl. Z. 51 f.).
Zwar sei Deutschland bisher nicht anfällig für die illiberalen Ideen (vgl. Z. 53), dennoch stellt Kornelius fest, dass vor allem die Konservativen, die den Wert der Sicherheit betonten, in die **Versuchung der Illiberalität** gerieten (vgl. Z. 49 ff.). Bezug auf Deutschland

Kornelius beurteilt die illiberalen Systeme dennoch als bloße „Scheinriesen" (Z. 43), da der Machtzuwachs dieser Staaten nicht mit der inneren Volkszufriedenheit korrespondiere. Die Systeme seien in der Folge **instabil** (vgl. Z. 43 ff.). Gleichzeitig sieht er dennoch einen deutlichen **Machtzuwachs der Illiberalen** gegenüber den liberalen Mächten (vgl. Z. 59 ff.). Fazit

---

2 **TIPP** *Anforderungsbereich: II, Gewichtung in Prozent: 35*

Der Operator „charakterisieren" fordert hier von Ihnen, dass Sie die Eigenheiten und Grundlagen des politischen Systems der Bundesrepublik Deutschland hinsichtlich des Aspekts der Machtkontrolle darlegen. Sie sollten sich dabei um Textnähe bemühen. Wichtig ist zudem, dass Sie keine eigenen Wertungen abgeben, aber deutlich über die Informationen im Text hinausgehen. Achten Sie auf eine klare Strukturierung und begrenzen Sie sich auf wesentliche Aspekte, die Sie genauer ausführen. Diese Teilaufgabe beinhaltet den Semesterübergriff zum ersten Semester: Politische Partizipation zwischen Anspruch und Wirklichkeit.

Die illiberale Versuchung der deutschen Konservative, wie der Autor es ausdrückt (vgl. Z. 49 ff.), besteht darin, die **exekutiven Kompetenzen** auf Kosten der anderen Verfassungsorgane massiv zu **stärken** und **auszubauen**. Einem solchen Machtzuwachs sind im politischen System der Bundesrepublik Deutschland jedoch deutliche Grenzen gesetzt. Grundannahme: Steigerung der Machtbefugnisse der Exekutive

Zunächst liegt dem deutschen politischen System ein **pluralistisch-repräsentatives Demokratiemodell** zugrunde. Demokratietheoretisch geht z. B. Ernst Fraenkel von einem **regelgebundenen Wettkampf** unterschiedlicher gesellschaftlicher Gruppen um **Macht auf Zeit** aus. Dabei müsse ein *common sense* anerkannt sein, wobei vor allem **Minderheitenrechte geschützt** werden und das **Gemeinwohl** nicht von vornherein feststeht. demokratietheoretische Grundlage: Pluralismustheorie

Abgebildet wird dieser Ansatz auch im **Grundgesetz**. So werden hier grundlegende Prinzipien und Rechte, die für eine demokratische Kultur entscheidend sind (z. B. Art. 1, 2, 5, 20 GG), dem **Zugriff des Staates entzogen**. Zudem kann die bestehende politische Ordnung **nicht abgeschafft** werden (vgl. Art.79 III GG). Das **Bundesverfassungsgericht** wacht über die Einhaltung der Verfassung. Der Autor zeigt sich besorgt, wenn er schreibt, dass Ansätze der programmatischen Versuchung der Illiberalen vor allem in konservativen Kreisen durchaus erkennbar seien. Diese betonten vor allem den Wert der Sicherheit (vgl. Z. 49 ff.). Das Erstarken der AfD, die illiberale Ansichten propagiert, verdeutlicht die bestehende Herausforderung für das deutsche politische System.

Grundlage der liberalen Demokratie ist das Prinzip der **Gewaltenteilung**. Judikative (rechtsprechende Gewalt; Bundesverfassungsgericht), Legislative (gesetzgebende Gewalt; Bundestag, Bundesrat) sowie Exekutive (ausführende Gewalt; Regierung, Bundespräsident) wirken gemäß Grundgesetz getrennt voneinander (Verfassungsnorm), um sich gegenseitig zu kontrollieren. Zu unterscheiden sind die **horizontale** und die **vertikale Gewaltenteilung**. Auf **horizontaler Ebene** ist in Deutschland vor allem die Judikative weitgehend unabhängig, wohingegen zwischen der Regierung und den Koalitionsparteien im Bundestag in der Verfassungswirklichkeit von einer **Gewaltenverschränkung** gesprochen wird. Der Regierung steht die **Opposition** im Bundestag gegenüber, die mittels öffentlicher Kritik sowie kleiner und großer Anfragen und bei schwerwiegenderen Verfehlungen auch in Untersuchungsausschüssen Fehler und Regelbrüche der Regierung offenlegen kann. Diese Rechte können nicht ohne Weiteres beschnitten werden, sodass ein „Durchregieren" der Exekutiven deutlich erschwert ist. Verstärkt wird die Kontrolle auch durch die **politische Kultur**, die sehr lebhaft ist (z. B. „Corona-Proteste") und weitgehend die Werte des Grundgesetzes teilt.

Auf der Ebene der **vertikalen Gewaltenteilung** ist die Bundesregierung in sehr vielen Fällen auf die **Zusammenarbeit mit den Bundesländern** angewiesen, weil diese über die entsprechenden politischen Kompetenzen verfügen (Inneres und Bildung) oder die entsprechende Verwaltungsinfrastruktur haben. Gesetze können kaum gegen die Interessen der Bundesländer beschlossen werden. Hier wirken über die Landesvertretungen im Bundesrat ebenfalls die Oppositionsparteien des Bundestags mit.

Der Autor sieht als ein Instrument der Politik der Illiberalen die **Manipulation der Öffentlichkeit** (vgl. Z. 25 ff.). In Deutschland existiert eine sehr **vielfältige Medienlandschaft**. Journalisten informieren die Bevölkerung über aktuelle Entwicklungen und kontrollieren und kritisieren politische Akteure. Zwar sind die finanziellen Zwän-

ge der Medienhäuser größer geworden, dennoch ist die Presse weitgehend unabhängig. So bildet sich auch hier das politische Spektrum ab. Eine massive Ausweitung exekutiver Befugnisse würde publik gemacht und kritisiert werden. Von einer Gleichschaltung der Medien kann entsprechend nicht die Rede sein.
Insgesamt ist die Macht der Exekutive in Deutschland durch zahlreiche **Vetospieler** stark begrenzt und eine Ausweitung der exekutiven Befugnisse höchstens **temporär** möglich (z. B. Flüchtlingskrise 2014; Corona-Krise 2020). Die dabei ergriffenen Maßnahmen müssen im Nachhinein einer politischen und einer juristischen Prüfung standhalten. Dies gilt es seitens der **rational denkenden politischen Akteure** bereits im Vorhinein zu berücksichtigen. Die Bundesländer, die Opposition im Bundestag sowie die Zivilgesellschaft würden die Exekutive zur Rechenschaft ziehen und gegebenenfalls – auch im Sinne Fraenkels – bei der nächsten Wahl abwählen.

Zusammenfassung

3 **TIPP** *Anforderungsbereich: III, Gewichtung in Prozent: 40*

Der Operator „erörtern" fordert von Ihnen eine abwägende Pro-und-Kontra-Debatte, bei der am Ende ein auf den Argumenten beruhendes eigenes Sach- und Werturteil stehen muss. Halten Sie sich an die Kriterien der politischen Urteilsbildung. Durch diese erhält Ihre Argumentation eine nachvollziehbare Strukturierung (Effizienz, Legitimität jeweils unter unterschiedlicher Perspektive). Wichtig sind zudem der Textbezug und die Orientierung an der Aufgabenstellung. Sie sollten zu Beginn Begriffe definieren und Hintergründe klären, sodass Sie darauf aufbauend Ihre eigene Erörterung und Urteilsbildung entwickeln können.

Der Autor sieht vor allem die illiberalen Mächte, trotz innenpolitischer Probleme, hinsichtlich der neuen Weltordnung auf dem Siegeszug. Demgegenüber fehle den liberalen Demokratien der Erfolg. Kornelius zeigt sich skeptisch, was die **Erfolgsaussichten** der „**Allianz der Multilateralisten**" (Z. 58) angeht.
Bei diesem Zusammenschluss der Multilateralisten, der maßgeblich auch von Deutschland organisiert wird, handelt es sich um einen losen Kreis von ca. 50 teilweise sehr verschiedenen Staaten. Dabei ist eine feste Institutionalisierung nicht vorgesehen. Vielmehr geht es um **Koordination** und **Interessenartikulation** der zur **multilateralen Zusammenarbeit Willigen**. Allerdings ist nicht ganz klar, was jeweils unter multilateral verstanden wird. Auf der rein technischen Ebene handelt es sich um eine Verbindung von mindestens drei Partnern. Wenn der Autor aber von multilateraler Weltordnung im Sinne einer „**regelbasierten Ordnung**" (Z. 59) spricht, meint er den **Multilateralismus westlich-liberaler Prägung**, wie er nach 1945 und verstärkt nach 1989 vor allem auch von den USA etabliert wurde.

Textbezug gemäß Aufgabenstellung

Begriffsklärung

grundlegende Werte der liberalen Weltordnung

Hierbei geht es um **Menschenrechte, Kooperation** und **demokratische Werte**, die es in einer multilateralen Weltordnung zu realisieren gilt. Theoretischer Hintergrund ist vor allem der **Institutionalismus**, der davon ausgeht, dass durch internationale Kooperation Vorurteile abgebaut werden können und so das bestehende **Sicherheitsdilemma** in eine **Win-win-Situation** umgewandelt werden kann. Durch **langfristige Kooperation** gewinnen die Akteure mehr, als sie durch die **Abgabe von Souveränität** einbüßen. Hintergrund ist das **anarchische** internationale System. Die Staaten genießen nach innen und außen Souveränität, was auch durch die **Charta der UN** kodifiziert ist. Jeder Staat kann frei über die Durchsetzung seiner Interessen entscheiden. Vor diesem Hintergrund wollen gerade Russland und China als Gegenparts zu den USA sich nicht in eine westlich geprägte institutionelle Infrastruktur einbinden lassen.

<small>theoretischer Hintergrund: Institutionalismus</small>

<small>Anarchie</small>

<small>aktuelle Bezüge: Russland und China</small>

Angesichts dieser Grundannahme stellt sich die Frage nach der **Macht im internationalen System**. Joseph Nye unterscheidet hier zwischen *hard power* (Militär, Wirtschaftskraft, Bevölkerung) und *soft power* (z. B. Werte, Lebensart und -standard). Er selbst plädiert für eine Mittelform, die er *smart power* nennt. Hierbei geht es darum, *hard power* und *soft power* situationsangemessen einzusetzen, um damit bestmöglich die eigenen Ziele zu verwirklichen. Die Machtmittel sind **unterschiedlich verteilt**, sodass die **Großmächte** ihre Interessen einfacher durchsetzen können als etwa Deutschland. Daraus folgen wiederum unterschiedliche **Interessenslagen**.

<small>Machtverteilung</small>

Die **zentrale Herausforderung** für die Allianz der Multilateralisten besteht daher vor allem darin, die Großmächte von der **Sinnhaftigkeit einer regelbasierten, international kooperativen Weltordnung** zu überzeugen. Dass das nicht hoffnungslos ist, wird durch das Fortbestehen der UN deutlich. Aus der Sicht der Großmächte lassen sich jedoch **kurzfristig** durch asymmetrische, bilaterale Vereinbarungen eigene Interessen zeitsparend und entsprechend der Machtdivergenz vorteilhaft durchsetzen. Entsprechend ist eine solche Strategie für sie effizient. Da es aber mehrere Großmächte gibt, ist es fraglich, ob sich diese Strategie in jedem Fall durchsetzen lässt. Daher müsste die Aufmerksamkeit vor allem auf den **langfristigen Nutzen einer multilateralen Ordnung** gelenkt werden. Zum Beispiel profitieren auch die großen Industriemächte von niedrigen Zöllen und dem Abbau weiterer Handelshemmnisse. Die **Handelstheorie** weist hier deutliche **Wohlfahrtsgewinne** für die Beteiligten aus, wobei auch hier Größe und Machtmittel relevant sind.

<small>Herausforderung für die Allianz</small>

<small>Ebene der Effizienz</small>

<small>Handelspolitik als Beispiel</small>

Zentral ist auf der **Ebene der Effizienz** die Verdeutlichung des **mittel- und langfristigen Nutzens** einer multilateralen Strategie gegenüber kurzfristigen Gewinnen.

<small>Zwischenfazit</small>

Daran schließen sich auf der **Ebene der Legitimität** die Fragen nach dem globalen Zusammenhalt, der Verlässlichkeit und der Rücksichtnahme auf **zentrale Grundwerte** an. Es bestehen aktuell mit dem Klimawandel und der Corona-Pandemie **globale Herausforderungen**, die nur **multilateral** sinnvoll angegangen und gelöst bzw. eingehegt werden können. Entscheidungen, die auf einer möglichst **breiten Zustimmung** basieren, haben einen höheren Anspruch auf **Legitimität und Anerkennung** als etwa bilaterale Abkommen, die zusätzlich nur eine sehr begrenzte **Reichweite** haben. Allerdings fallen die Kosten von z. B. CO_2-Emissionen selten beim Verursacher direkt an, sodass die Ablehnung von Verantwortung gerade durch illiberale, sich der Verantwortung verweigernde Staaten möglich ist. — Ebene der Legitimität

Eine demokratisch-liberale, grundsätzlich auf der Anerkennung der Menschenrechte bestehende **multilaterale Zusammenarbeit** wird sich angesichts der **neuen Unübersichtlichkeit** mit den „neuen Mächte[n]" (Z. 16) kaum durchsetzen lassen. Hier ist **gegenseitige Kompromissbereitschaft** nötig, wobei „der" Westen grundsätzlich nicht von seinen Werten Abstand nehmen sollte. Wichtiger erscheint aber zunächst die **Einhaltung dieser Werte** durch die westlichen Staaten selbst, um hier **Integrität** zurückzugewinnen und dann vielleicht mittelfristig eine funktionierende, **stabile Alternative** zu der überbordenden Exekutive der Illiberalen zu bilden. Dabei kann die Allianz der Multilateralisten ein guter Ansatz sein. — Fazit

Niedersachsen Politik-Wirtschaft
Erhöhtes Anforderungsniveau ▪ Übungsaufgabe 6

SOZIALE MARKTWIRTSCHAFT ZWISCHEN ANSPRUCH UND WIRKLICHKEIT
(Themen und Inhalte 12/2: Markt und Staat in der Sozialen Marktwirtschaft, Umweltprobleme, umweltpolitische Instrumente; 13/1: Ursachen internationaler Konflikte; 13/2: weltwirtschaftliche Verflechtung)

Thema: Klimawandel und Umweltpolitik

Aufgabenstellung

1 Fassen Sie Reinhard Loskes Überlegungen zur globalen Wachstumspolitik in eigenen Worten zusammen.

2 Erläutern Sie mit Bezug zum Text die (globale) Bedeutung von Umwelt- und Energiefragen sowie die damit verbundenen Herausforderungen und Probleme.

3 Vergleichen Sie Loskes Sicht des Verhältnisses von Ökonomie und Ökologie mit den Vorstellungen einer marktwirtschaftlich orientierten Umweltpolitik. Beziehen Sie dabei die Möglichkeiten und Instrumente der umweltpolitischen Steuerung mit ein.

4 Erörtern Sie – auch vor dem Hintergrund der Corona-Krise – die Möglichkeiten der politischen Umsetzung des von Loske propagierten Wirtschafts- und Gesellschaftsmodells.

M1   Kapitalismus-Kritik: „Nur arme Staaten sollten wachsen"

[…] **Loske:** Wir müssen uns vom Irrglauben befreien, alle Probleme durch ewiges Wirtschaftswachstum lösen zu können. Natürlich gibt es Grundbedürfnisse wie Ernährung, Behausung oder Gesundheit, die müssen erfüllt sein – aber darüber hinaus erhöht materieller Wohlstand die Zufriedenheit kaum oder gar nicht. Deswegen lautet in In-
5 dustriegesellschaften das Ziel vieler Menschen inzwischen nicht mehr „immer mehr". „Zeitwohlstand" gewinnt an Bedeutung, „Güterwohlstand" verliert.
SPIEGEL ONLINE: In Entwicklungsländern ist das anders. Könnte Wirtschaftswachstum in bitterarmen Staaten nicht viele Menschenleben retten?
Loske: Natürlich, diese Ungleichverteilung des Wohlstandes ist ja gerade das Pro-
10 blem. Aber es klingt ziemlich zynisch[1] zu sagen: „Wir müssen wachsen, damit Entwicklungsländer auch wachsen können." Dieser erhoffte „Trickle-down-Effekt[2]" ist empirisch kaum messbar, es leben ja noch immer sehr viele Menschen in sehr schlechten Verhältnissen. […] Nur arme Staaten sollten noch ökonomisch wachsen. Aber sie sollten direkt den Weg der nachhaltigen Entwicklung einschlagen und unsere Fehler

der vergangenen Jahrzehnte vermeiden. Das heißt: erneuerbare Energien von Anfang an und ein Abrücken vom Export- und Freihandelsmantra[3]. Denn ohne einen robusten Binnenmarkt werden vor allem die ärmsten Bevölkerungsschichten die Verlierer sein.

SPIEGEL ONLINE: Allerdings lehnen Schwellenländer wie China solche Forderungen nach einer gemäßigten Wirtschaftspolitik ab – für sie ist das Kolonialismus im grünen Gewand.

Loske: Bislang schon, aber die Stimmung scheint selbst in China zu kippen, da Luft und Wasser dort enorm verschmutzt sind. In der Gesellschaft gibt es Widerstände gegen diesen Kurs des rücksichtslosen Wachstums – und auch die Staatsführung scheint das langsam zu verstehen und nach Alternativen zu suchen.

SPIEGEL ONLINE: Eine Alternative ist die sogenannte Green Economy, die Wirtschaftswachstum und Umweltschutz in Einklang bringen will – indem etwa Kohle und Erdöl durch Windkraft und Biomasse ersetzt werden.

Loske: Technik allein führt sicherlich nicht ans Ziel, weil wir beispielsweise immer sparsamere Autos haben – aber auch immer mehr. Die Wachstumseffekte fressen die Effizienzgewinne wieder auf, weshalb man auch vom „Rebound-Effekt" redet, vom Rückschlageffekt. Schon der Übergang von der Industrie- zur Dienstleistungsgesellschaft und die anschließende Digitalisierung haben die negative Klimabilanz unserer Ökonomien kaum verändert. Natürlich ist vor allem für Unternehmen ressourcensparende Technik ein guter Weg. Wer aber alles auf diese Karte setzt, scheitert.

SPIEGEL ONLINE: Was müssen die Industriestaaten stattdessen ändern?

Loske: Sie müssen Ressourcen, Energie und Flächen viel sparsamer und intelligenter verwenden, allein der CO2-Ausstoß muss bis zum Jahr 2050 um 80 bis 95 Prozent sinken. Nur dann lässt sich der Temperaturanstieg weltweit auf maximal zwei Grad begrenzen – und selbst dieses Szenario ist noch mit großen Risiken verbunden. [...] Ich sehe drei große Kräfte am Werk: Einerseits das Leiden an den Verhältnissen, wenn die Lage also so schlimm ist, dass sie ohne Veränderungen nicht auszuhalten ist. Außerdem den Zwang, etwa durch Umweltkatastrophen oder politische Regulierung. Und schließlich die Entwicklung von gesellschaftlichen und ökonomischen Alternativen. Die Politik kann und muss zeigen, dass eine andere Welt möglich ist – auch wenn es am Ende des Tages durchaus sein kann, dass alle drei Wirkmächte ihren Anteil am Wandel haben werden: das Leiden, der Zwang und die Entwicklung von Alternativen.

SPIEGEL ONLINE: Vieles ist ja schon geschehen: Deutschland hat die Energiewende und den Atomausstieg beschlossen [...].

Loske: So optimistisch bin ich nicht. Wir waren an ähnlichen Punkten ja schon mal: Um 1990 entstanden der Weltklimarat und die Klimarahmenkonvention, aber das Ende der bipolaren Welt und der Siegeszug des Neoliberalismus machten die Hoffnungen auf einen Wandel zunichte. Ähnliches geschah um 2007, als Al Gore den Friedensnobelpreis erhielt und Angela Merkel sich als Klimakanzlerin gab – doch dann kam die Finanzkrise und fegte den Klimaschutz erneut von der Tagesordnung. Im Ergebnis sind die klimaschädlichen Emissionen seit 1990 um mehr als fünfzig Prozent gestiegen. [...] Die Internationale Organisation für Migration rechnet in den nächsten Jahrzehnten mit 200 Millionen Klimaflüchtlingen. Wenn der Klimawandel also eskaliert, wird es gewaltige Flüchtlingsbewegungen geben [...].

SPIEGEL ONLINE: In der Vergangenheit brauchte es allerdings große Unglücke,
um die Debatte voranzutreiben: Vor allem die AKW-Explosionen in Tschernobyl und
Fukushima schoben die Idee einer nachhaltigen, umweltfreundlichen Politik an. Brauchen wir eine neue Katastrophe?

Loske: Diese Denke ist beim Klimaschutz falsch, denn jenseits bestimmter Schwellen
ist er irreversibel, unumkehrbar. Wenn wir also bis zur großen Katastrophe warten, ist
es schon zu spät. Wir sollten *jetzt* aus Einsicht handeln, statt auf große Unglücke zu
warten. Deshalb gehört Nachhaltigkeit als Grundrecht ins Grundgesetz – und eine ökologisch-soziale Marktwirtschaft muss den Kapitalismus ersetzen.

DER SPIEGEL, 01.12.2015, https://www.spiegel.de/wirtschaft/soziales/reinhard-loske-ueberwachstum-nur-arme-staaten-sollten-wachsen-a-1063567.html. Ein Interview von Peter Maxwill.

Anmerkung
Reinhard Loske, Jahrgang 1959, war 2013 bis 2019 Professor für Politik, Nachhaltigkeit und
Transformationsdynamik an der Universität Witten/Herdecke. Zuvor forschte er zwischen 1992 und
1998 am Wuppertal Institut für Klima, Umwelt, Energie, saß für die Grünen neun Jahre lang im
Bundestag und war von 2007 bis 2011 Umweltsenator in Bremen. Seit 2019 ist Loske Präsident der
Cusanus Hochschule in Bernkastel-Kues und Professor für Nachhaltigkeit und
Gesellschaftsgestaltung am dortigen Institut für Ökonomie.

Worterklärungen
1 *zynisch*: auf grausame, den Anstand beleidigende Weise spöttisch
2 *Trickle-down-Effekt*: angenommener Effekt, dass Wirtschaftswachstum und Wohlstand der
Reichen zwangsläufig durch Konsum und Investitionen zu den ärmeren Schichten der Gesellschaft
durchsickern
3 *Freihandelsmantra*: formelhaft vorgetragene (positive) Überzeugung zum Freihandel

Hilfsmittel
Grundgesetz für die Bundesrepublik Deutschland
Niedersächsische Verfassung ohne ergänzende Kommentare

Lösungsvorschlag

1 **TIPP** *Anforderungsbereich: I, Gewichtung in Prozent: 15*

Sie sollen die Aussagen des Autors in einem zusammenhängenden Text sach- und sinngerecht, komprimiert, strukturiert und unkommentiert darstellen. Dabei ist auf die nötige sprachliche Distanz zu achten.

Der Nachhaltigkeitsforscher Reinhard Loske sieht in einem bei Spiegel Online am 01.12.2015 veröffentlichten Interview („Nur arme Staaten sollten wachsen") das **Ende** der weltweit auf **Wachstum fixierten Politik** und fordert, den Kapitalismus durch eine **öko-soziale Marktwirtschaft** zu ersetzen. *(Quelle, Inhaltszusammenfassung)*

Loske erwartet nach Einschätzung der Internationalen Organisation für Migration, dass künftig der Klimawandel 200 Millionen Menschen in die **Flucht** treiben werde (vgl. Z. 56 ff.). Daher müsse die globale Wirtschaft schnellstmöglich neu ökologisch ausgerichtet werden. Trotz **bestehender Widerstände** gegen eine veränderte, gemäßigte Wirtschaftspolitik gebe es z. B. in China angesichts gravierender Umweltbelastungen bereits ein vorsichtiges Einlenken. Loske kritisiert die Vorstellung, dass sich das Wachstum in den industrialisierten Ländern positiv auf die Entwicklungsländer auswirke (vgl. Z. 10 ff.). Nur noch diese **sollten wachsen** und dabei **erneuerbare Energien** nutzen und ihren **Binnenmarkt stärken** (vgl. Z. 13 ff.). *(Forderung nach einer ökologischen Neuausrichtung)* *(Wachstumskritik)*

Vorbehalte äußert Loske gegenüber den Möglichkeiten einer primär technikorientierten, ressourcenschonenden Ökonomie („**Green Economy**") wegen des „Rebound-Effekt[s]" (Z. 30), der durch die gleichzeitig wirkende Wachstumsdynamik kaum Umwelt- und Energieeffekte bedeute (vgl. Z. 28 ff.). Auch die vermeintlichen Fortschritte der **globalen Klimapolitik seit 1990** zieht er in Zweifel. Wegen zahlreicher weltpolitischer Einflüsse seien nicht genügend positive Wirkungen entfaltet worden, was sich an der Zunahme klimaschädlicher Emissionen um mehr als 50 Prozent zeige (vgl. Z. 54 ff.). Folglich müsse in den Industrieländern durch **Energieeffizienz und Wachstumsverzicht** der CO2-Ausstoß bis 2050 um 80–95 Prozent gesenkt werden (vgl. Z. 36 ff.). *(„Green Economy" und „Rebound-Effekt")* *(Misserfolg globaler Klimapolitik)*

Loske verweist auf „drei große Kräfte" (Z. 40) für eine ökologischsoziale Wende: **unerträgliche Zustände**, einen **Zwang** u. a. durch **staatliche Regulierung** sowie effektive **Alternativen** (vgl. Z. 40 ff.). Aufgrund der Gefahr irreversibler Umweltschäden müsse eine an Nachhaltigkeit orientierte ökonomische und gesellschaftliche Veränderung unverzüglich eingeleitet werden. Dazu fordert er, im Grundgesetz das **Grundrecht auf Nachhaltigkeit** festzuschreiben (vgl. Z. 66 f.). *(Voraussetzungen für eine ökologischsoziale Wende)*

2 **TIPP** *Anforderungsbereich: II, Gewichtung in Prozent: 25*

Sie sollen – mit Textbezug und auf Grundlage Ihrer Kenntnis der Energie- und Umweltproblematik – relevante Sachverhalte/Zusammenhänge (Energie/Klima) und damit verbundene Herausforderungen und Probleme (u. a. Konfliktfelder) thematisieren. Der Semesterübergriff zu sicherheitspolitischen und globalen Aspekten (13/1 und 13/2) ist dadurch gegeben, dass u. a. die Fragen der Energieversorgung und -abhängigkeit darzustellen sind. Anzusetzen wäre z. B. bei der energiepolitischen Ausgangslage Deutschlands und der „Vorgeschichte" der Energie- und Klimapolitik. Diese ist hier umfangreicher dargestellt, als es von Ihnen verlangt wäre. Die umfassenden Ausführungen zu den Klimaabkommen bieten aber einiges an Hintergrundwissen zu diesem sehr aktuellen Thema.

Umwelt- und Energiefragen sind in Deutschland und der Welt von zentraler politischer und gesellschaftlicher Bedeutung. Deutschland als **Industrie- und Dienstleistungsnation** mit einem hohen Bedarf an Rohstoffimporten und einem sehr hohen Exportaufkommen ist zur **Sicherstellung des wachstumsbedingten Wohlstands** auf eine sichere, kostenbewusste und ökologisch orientierte Energiepolitik angewiesen. Der Energiebedarf und dessen mittel- und langfristige Sicherung wird künftig politisch und wirtschaftlich eine zentrale Bedeutung einnehmen. Dabei handelt es sich nicht nur um eine nationale oder europäische, sondern um eine **globale Aufgabe**. Nach Loskes Auffassung ist die weltweite Energienutzung in die großen globalen **Herausforderungen des 21. Jahrhunderts** eingebettet. Der politische Diskurs über eine umfassende gesellschaftliche, ökonomische und politische Transformation hin zur Nachhaltigkeit und deren Umsetzung durch die **Überwindung des kapitalistischen Wirtschaftssystems** sind aus seiner Sicht für die **Abwendung einer globalen Klimakatastrophe** von existenzieller Bedeutung.
nationale und globale Bedeutung

Obwohl Klimaschutz und Klimawandel bereits in den 1990er-Jahren in den Medien eine Rolle spielten, war das Bewusstsein in Bezug auf die mit der Erderwärmung verbundenen Gefahren vor der Jahrtausendwende nur ansatzweise ausgebildet. Mittlerweile ergeben sich als **Folge der energieintensiven Wirtschafts- und Lebensweise** (v. a. der westlichen Welt) erhebliche Herausforderungen in Bezug auf (politische) **Versorgungssicherheit**, (wirtschaftliche) **Energieeffizienz** und (ökologische) **Nachhaltigkeit** sowie die Notwendigkeit eines international abgestimmten und koordinierten Klimaschutzes. Seit 2018 wirkt die inzwischen weltweite Klimaschutzbewegung „**Fridays for Future**" auf die Klima- und Umweltpolitik ein, mobilisiert neben den Jüngeren auch die ältere Bevölkerung und beeinflusst medienwirksam die wirtschaftlichen, wissenschaftlichen („Scientists for Future") und politischen Akteure.
gesellschaftliches und politisches Bewusstsein

Fridays-for-Future-Bewegung

Nach wie vor ist ein anhaltender **globaler Anstieg des Energieverbrauchs** zu verzeichnen. **Schwellenländer** wie China, Indien oder Brasilien haben in den letzten Jahren ihren Energie- und Rohstoffbedarf vervielfacht. Allerdings sind fossile Primärenergieträger **nicht unbegrenzt** vorhanden. Gleichzeitig ist es bei diesen Energieträgern noch nicht gelungen, die **umweltschädlichen Emissionen** entscheidend zu reduzieren (vgl. Z. 54 ff.). Zwar wird an alternativen, umweltverträglichen und regenerativen Energieträgern gearbeitet, die **Kosten** für **nachhaltige Produkte** sind aber noch sehr hoch.

globaler Ressourcenverbrauch

Die Rohstoffabhängigkeit der westlichen Welt hat neben der ökonomischen auch eine sicherheitspolitische Seite, wenn etwa Rohstoffvorkommen im Nahen Osten in den Fokus **internationaler Machtpolitik** (Irak/Afghanistan) geraten und so weitere Konflikte (China/Indien) provoziert werden. Auch die **Abhängigkeit** von politisch als instabil geltenden Staaten (z. B. Russland als Gaslieferanten) könnte noch wachsen und zwischenstaatliche Beziehungen belasten.

sicherheitspolitischer Aspekt der Rohstoffabhängigkeit

Auf der **UN-Klimakonferenz** in Kyoto 1997 wurden erstmals verbindliche Ziele für die Treibhausgasemissionen einzelner Länder vereinbart. Hintergrund des Kyoto-Abkommens war die von den meisten Wissenschaftlern vertretene These, dass der sich verstärkende **Treibhauseffekt** zu einer höheren globalen Durchschnittstemperatur mit schwerwiegenden Folgen für Mensch und Umwelt führen werde. Da Europa im Gegensatz zu anderen Regionen von den Veränderungen nicht so stark betroffen sein wird, werden in Zukunft **Flüchtlingswellen** nach Europa und eine **Zunahme der Konflikte** mit stärker betroffenen Staaten angenommen. Erhöhte **volkswirtschaftliche Kosten** für Energie, für die Folgeschäden des Klimawandels, für Entwicklungshilfe, für Wasseraufbereitung und für zusätzliche Aufwendungen infolge zunehmender Migrationsbewegungen sind die Konsequenzen (vgl. Z. 56 ff.).

Folgen hoher Schadstoffemissionen

Der Erfolg der UN-Klimakonferenz in Kyoto war dadurch belastet, dass die **USA**, lange Zeit größter Emittent von Treibhausgasen, dem Kyoto-Protokoll **nicht beigetreten** waren. Zudem mussten die Entwicklungs- und Schwellenländer **keine verbindlichen Zusagen** für die Minderung von Emissionen abgeben. Weil sich mit China, den USA und Indien die **größten CO_2-Emittenten** der Welt weder zur Senkung der Treibhausgasemissionen verpflichtet haben noch am Emissionshandel teilnehmen, ist es global bislang nicht zur Verringerung des CO_2-Ausstoßes gekommen.

mäßiger Erfolg des Kyoto-Prozesses

Bei der **UN-Klimakonferenz in Paris 2015** einigten sich 197 Staaten in Nachfolge des Kyoto-Protokolls auf ein neues globales Klimaschutzabkommen, das eine Begrenzung des Temperaturanstiegs durch den Klimawandel im Vergleich zum vorindustriellen Zeitalter auf zunächst deutlich unter 2° Celsius vorsieht.

Pariser Abkommen

Die Herausforderungen und Probleme zeigen sich u. a. in folgenden Fragen: Ist es möglich, auch die **Schwellenländer**, insbesondere China und Indien, einzubinden und auf **verbindliche Reduktions- und Wachstumsziele** zu verpflichten? Sind die **Industriestaaten** bereit, ausreichend **hohe finanzielle Hilfen** und Unterstützung für die Entwicklungsländer bereitzustellen, um eine technische Anpassung an eine **ressourcen- und energieschonende Produktion** zu ermöglichen? Ist es möglich, das wirtschaftliche Wachstum vom Wachstum an Treibhausgasen zu **entkoppeln**?

Viele Entwicklungsländer befürchten, dass strenge globale Regeln für den Klimaschutz ihr **Wirtschaftswachstum hemmen**. Eine der wichtigsten Fragen ist schließlich, ob sich die **USA** langfristig auf verpflichtende Reduktionsziele einlassen.

Wirtschaftliche Zwänge nach der **globalen Finanz- und Wirtschaftskrise** 2008/2009 bestärken weiterhin eine energieintensive Wachstumspolitik (vgl. Z. 52 ff.). Selbst das Pariser Klimaabkommen wurde 2017 von US-Präsident Trump aufgekündigt.

Obwohl der **weltweite CO_2-Ausstoß 2020** durch den Wirtschaftsabschwung infolge der **Corona-Krise** voraussichtlich um etwa acht Prozent sinken wird, befürchten Klimaforscher, dass neben China auch in anderen Schwellenländern wegen der noch **bestehenden Kostenvorteile** die fossilen Kraftwerkkapazitäten weiter wachsen werden. Damit droht dieser Effekt den Übergang zu einem nachhaltigen Energiesystem zu untergraben.

Herausforderungen und Probleme

positiver Klima-Effekt der Corona-Krise?

---

3 **TIPP** *Anforderungsbereich: II, Gewichtung in Prozent: 30*

Durch den Vergleich mit marktwirtschaftlichen Vorstellungen der Wirtschaftspolitik, die sich vor allem am Ziel des quantitativen Wirtschaftswachstums orientieren, soll der spezifische wachstumskritische Ansatz des Verfassers herausgearbeitet und eingeordnet werden. Auf dieser Grundlage sollen in Grundzügen die in Deutschland eingesetzten umweltpolitischen Instrumente mit ihren Möglichkeiten und Grenzen dargestellt werden.

Das Verhältnis von Ökonomie und Ökologie sowie von Wirtschaftswachstum und Umweltschutz ist für die nationale und globale Klima- und Umweltpolitik von grundsätzlicher Bedeutung. In Deutschland wird angesichts der existenzbedrohenden Folgen des Klimawandels das Wirtschaftsmodell einer am **quantitativen Wachstum** orientierten Marktwirtschaft inzwischen von vielen Seiten, so auch von Loske, infrage gestellt. Das Problem wird darin gesehen, dass sich ökonomischer und technologischer Fortschritt vom gesellschaftlichen, sozialen und ökologischen Fortschritt entkoppelt.

Wachstumsmodell auf dem Prüfstand

Ein angemessenes und stetiges Wirtschaftswachstum ist eines der grundlegenden wirtschaftspolitischen Ziele in der Sozialen Marktwirtschaft. Als **Wohlstandsindikator** steht das **Bruttoinlandsprodukt (BIP)** allerdings in der Kritik. Denn es werden nicht alle wertschöpfenden Aktivitäten erfasst, gleichzeitig fließt umweltschädigendes oder ressourcenverschwendendes wirtschaftliches Handeln positiv ein. **Reformvorschläge für Wohlstandsindikatoren** fassen vor dem Hintergrund dieser auch im Interview formulierten Kritik den Wohlstandsbegriff deutlich weiter und versuchen, im Sinne von **gesellschaftlicher Lebensqualität** u. a. die Einkommensverteilung, die Qualität des Gesundheits- und Bildungswesens und negative Aspekte von Umweltverschmutzung einzubeziehen.

<small>BIP als Wohlstandsindikator</small>

<small>alternative Wohlstandsindikatoren</small>

Die deutsche Umweltpolitik war wegen dieser sozioökonomischen Zusammenhänge in den letzten Jahren immer wieder Gegenstand des gesellschaftspolitischen Diskurses. Einzelne Reformüberlegungen zielen darauf ab, eine noch stärker an **Nachhaltigkeit** ausgerichtete Wirtschaft zu etablieren. Befürworter eines **„grünen" Wachstums** gehen dabei davon aus, dass Ökonomie und Ökologie miteinander verknüpft werden können, indem ein **qualitatives Wirtschaftswachstum** durch die Entwicklung und Produktion besonders umwelt- und ressourcenschonender Güter erzeugt wird. Außerdem soll Wirtschafts- und Beschäftigungswachstum in erster Linie in den ökologisch verträglichen, nachhaltig energieeffizienten Branchen gefördert werden. Dieser Ansatz basiert auf der Überlegung, dass die **Art des Wachstums** (Energiequellen, Werkstoffe, Verkehrssystem, Bautechniken) entscheidend ist. Zu bedenken sei, dass stagnierende oder schrumpfende Volkswirtschaften durch einen absoluten Wachstumsstopp zahlreiche **gesellschaftliche Probleme** schüfen und den **sozialen Frieden gefährdeten**.

<small>marktwirtschaftliche Orientierung: „grünes" Wachstum</small>

Diesen Überlegungen erteilt Loske eine deutliche Absage, da er als Befürworter einer **Postwachstumsgesellschaft** davon ausgeht, dass in den industriell entwickelten Ländern in quantitativer Hinsicht ausschließlich wirtschaftliche Stagnation oder gar Schrumpfung einen Ausweg aus der ökologischen (Wachstums-)Krise bietet. Dieser Vorstellung zufolge sind freiwilliger oder erzwungener **(Konsum-)Verzicht** in den industrialisierten Ländern sowie die **Langzeitnutzung** von Gütern (einschließlich Recyclings- und Kreislaufwirtschaft) entscheidend für die Abwendung einer Klimakatastrophe.

<small>Postwachstumsgesellschaft</small>

Auf der Grundlage einer **Abkehr von der kapitalistischen Ökonomie** propagiert Loske eine **ökologisch-soziale Marktwirtschaft**, die – ohne dass eine weitere Konkretisierung erfolgt – eine stärkere ordnungspolitische Lenkung durch einen im Grundgesetz über Artikel 20a („Schutz der natürlichen Lebensgrundlagen") hinausgehenden verbindlich vorgegebenen **Primat der Ökologie** in einem modifizierten marktwirtschaftlichen System bedeuten dürfte.

<small>Wirtschaftsordnung: ökologisch-soziale Marktwirtschaft</small>

Staatliche Umweltpolitik, die die Wechselbeziehungen zwischen Ökonomie und Ökologie beeinflusst, hat sich in Deutschland in den letzten 40 Jahren stetig ausdifferenziert. Die Instrumente der nationalen Umweltpolitik lassen sich in zwei Gruppen einteilen: rechtliche Instrumente, die auf dem **Vorsorge- und Verursacherprinzip** beruhen, und ökonomische Instrumente, die v. a. dem **Kooperationsprinzip** zuzuordnen sind.

Rechtliche Instrumente sind u. a. Umweltstandards und -auflagen. Über **Ge- und Verbote** steuert die Politik durch vorbeugende Maßnahmen die umweltbelastenden Aktivitäten von Produzenten und Konsumenten. Sie schreibt u. a. die Umwelttechnologie vor, legt Höchst- bzw. Grenzwerte für den Schadstoffausstoß fest oder verbietet bestimmte Stoffe, Produkte, Verfahren und Prozesse. Durch Kontrollen und Sanktionen soll die Einhaltung dieser Vorgaben sichergestellt werden. Zu den **marktwirtschaftlichen Instrumenten** der Umweltpolitik gehören z. B. Umweltabgaben wie die Öko-Steuer, finanzielle/steuerliche Anreize, Umweltzertifikate, Kompensationsregelungen und freiwillige Vereinbarungen, etwa zwischen Wirtschaft und Staat. Diese Umweltpolitik zielt darauf ab, die Kosten der Nutzung allgemein verfügbarer Güter (Luft, Wasser, Boden, Wälder, Biodiversität) zu **internalisieren** und so die Wirtschaftssubjekte zu veranlassen, Kosten zu minimieren (**Anreizwirkung**).

Bei einer **Öko-Steuer** wird z. B. auf die Nutzung bzw. den Erwerb bestimmter Güter eine Steuer erhoben, die die tatsächlichen **negativen externen Kosten** dieser Ressourcennutzung abbildet. Die höheren Preise sollen das **Verbraucherverhalten** so lenken, dass es zu einer Reduzierung des Ressourcenverbrauchs kommt. Auch der **Handel mit Verschmutzungsrechten** verspricht eine **effiziente Anpassung** an sich verändernde Rahmenbedingungen. Hierbei erhalten Unternehmen das Recht auf Emissionen in einer bestimmten Höhe. Die gesamtwirtschaftlich „erlaubten" Emissionen werden begrenzt. Reichen diese Rechte nicht aus, so muss das Unternehmen auf dem Markt von anderen Unternehmen, die noch über Emissionskontingente verfügen, zusätzliche Emissionsrechte erwerben.

Eine Lösung der Klima- und Umweltprobleme ist ohne die **Lenkungswirkung** von Öko-Abgaben kaum denkbar. Da diese aber sozial Benachteiligte, Kinderreiche und kapitalschwache Unternehmen überproportional belasten, lässt sich der Klimaschutz **nicht allein über den Marktpreis** regeln. Ein CO_2-Preis kann deshalb auch nur Teil einer umfassenden Konzeption sein. Da umgekehrt auch nicht jeder, der es sich leisten kann, seinen CO_2-Verbrauch uferlos ausweiten darf, ist ein **ordnungsrechtlicher Rahmen** nötig. Gleichzeitig müsste z. B. als Element der **Strukturpolitik** das Angebot im Fern- und Nahverkehr inklusive der Senkung der Ticketpreise massiv ausgebaut werden.

Instrumente der Umweltpolitik

rechtliche Instrumente

marktwirtschaftliche Instrumente

Beispiele

Notwendigkeit einer umfassenden Konzeption

4 **TIPP** *Anforderungsbereich: III, Gewichtung in Prozent: 30*

Hier sollen Sie den wirtschafts- und gesellschaftspolitischen Ansatz des Nachhaltigkeitsforschers Reinhard Loske hinsichtlich der politischen Umsetzbarkeit erörtern, ein eigenes Urteil entwickeln und Ihre Argumente stützen. Dabei sind vor dem Hintergrund der globalen Corona-Krise relevante Rahmenbedingungen und zu erwartende Entwicklungen einzubeziehen. Thematisieren Sie darüber hinaus einzelne relevante gesellschaftspolitische sowie ökonomische Fragen und Probleme auf verschiedenen Ebenen (national, europäisch, global). Sie können, ggf. mit Bezugnahme auf Ihre Ausführungen zu den Teilaufgaben 2 und 3, verschiedene Schwerpunkte setzen. Wichtig sind dabei Problembewusstsein, eine schlüssige Argumentation und ein plausibles Sach- bzw. Werturteil. Die Aufgabenstellung erfordert, auch Aspekte politischer Partizipation (12.1) und internationaler Konflikte (13.1) zu berücksichtigen.

Die **ökonomischen Verwerfungen** der Corona-Pandemie lassen aus Sicht von Pessimisten befürchten, dass angesichts der zahlreichen Maßnahmen zur Rettung der Wirtschaft Ziele und Aktivitäten der nationalen, europäischen und globalen **Umweltpolitik in den Hintergrund** geraten. Optimisten verweisen hingegen auf die **Chance**, ein langfristig sinnvolles **Umdenken und Umsteuern** zu befördern und wie bei der Bekämpfung der wirtschaftlichen Folgen der Corona-Pandemie **auch in der Umwelt- und Energiepolitik** staatlicherseits vergleichbar große Anstrengungen zu unternehmen. Die Krise verdeutlicht, wie sehr die einzelnen Länder in der globalisierten Welt in **wechselseitiger Abhängigkeit** stehen, und zeigt die existenzielle Bedeutung **multilateraler Kooperation**.
 Folgen der Corona-Krise pessimistische vs. optimistische Betrachtung

Aufgrund der Komplexität der Probleme kann hier nur auf einzelne Aspekte des von Loske vorgeschlagenen Gesellschafts- und Wirtschaftsmodells und dessen Umsetzbarkeit eingegangen werden:
 Umsetzbarkeit des Modells

Dass die von Loske proklamierte **Abkehr vom Kapitalismus** und die Schaffung einer **öko-sozialen Marktwirtschaft** (vgl. Z. 66 f.) zur Abwendung einer Klimakrise zu realisieren sind, ist wenig wahrscheinlich. Denn angesichts der globalen Verflechtungen sind Entscheidungen und Prozesse solcher Dimension nicht auf nationaler Ebene zu verwirklichen. Deutschland mit einem Anteil von etwas über einem Prozent an der Weltbevölkerung kann nur im **europäischen Zusammenwirken** die Probleme zu lösen versuchen. Die im Interview propagierte, allerdings nicht näher spezifizierte Abkehr von einer kapitalistischen Ökonomie ist kurz- bzw. mittelfristig weder im europäischen noch im globalen Rahmen denkbar. Dagegen sind im Zuge einer stärker **ökologischen Ausrichtung** der deutschen und europäischen Politik durchaus **einzelne Reformschritte**, z. B. ein EU-weiter CO_2-Preis, vorstellbar.
 Abkehr vom Kapitalismus unwahrscheinlich
 Notwendigkeit internationaler Kooperation
 schrittweise ökologische Ausrichtung

Die radikale Forderung des Nachhaltigkeitsforschers vernachlässigt trotz der Dringlichkeit eines ökologischen Gegensteuerns die Voraussetzungen für derartige Prozesse gesellschaftlicher und politischer Veränderung und klammert weitgehend aus, dass eine umfassende öko-soziale Wende auch die Gefahr von (neuen) **sozialen Disparitäten** und **politischen Konflikten** beinhaltet.
Obwohl Kritiker wie Loske mit Blick auf den Klimawandel Kapitalismus und Ökologie als **unvereinbare Gegensätze** begreifen, müssen kapitalistische Ökonomie und Ökologie **nicht zwangsläufig** Gegensätze bedeuten. Trotz anhaltenden Wachstums sind z. B. in Deutschland in den letzten Jahrzehnten einzelne Umweltprobleme (Flusswasserqualität, Waldsterben, Industrieemissionen) gelöst oder minimiert worden. Innovative Umwelttechnik schafft inzwischen neue Arbeitsplätze und damit auch Wohlstand. **Intelligentes Wachstum** bedeutet deshalb nicht zwangsläufig einen Mehrverbrauch natürlicher Ressourcen, sondern deren effizientere Nutzung. Konsequenter Konsumverzicht ist also nicht der einzige Weg zum Klimaschutz. Allerdings müssen **staatliche Rahmenbedingungen** und **Anreize** diese Prozesse begleiten und vor allem das **qualitative Wachstum**, etwa durch steuerliche Anreize, unterstützen. Der Charakter der Sozialen Marktwirtschaft könnte auf diese Weise **angepasst** bzw. **modifiziert** werden.

Kompatibilität von Wachstum und Umweltschutz

Die Globalisierung dürfte durch die Corona-Pandemie ebenso einen Wandel erfahren. Viele Produkte, deren Wert sich infolge eines knappen Angebots erst in der Krise zeigte, werden in Zukunft wohl vermehrt **im Inland** produziert. Dabei wird es sich vermutlich nicht um eine Deglobalisierung, sondern um eine **Neustrukturierung** handeln. Vorstellbar ist auch, dass die weltweite Arbeitsteilung einen neuen Schub erfährt. Viele Unternehmen haben erkannt, dass es riskant ist, sich auf einseitige Lieferketten (v. a. China) zu verlassen. Nach dem dramatischen Exporteinbruch steht auch die deutsche Exportorientierung auf dem Prüfstand. Eine Neuausrichtung könnte im Sinne einer am Gemeinwohl orientierten Ökonomie auf eine Umwandlung des Exportüberschusses in die **Stärkung der (nachhaltigen) Binnennachfrage**, auf mehr „Zeitwohlstand" (Z. 6) (Arbeitszeitverkürzung) oder auf Investitionen in die Energiewende, in Bildung und Pflege und auf soziale Reformen hinauslaufen. Eine **technologische Führungsrolle** Deutschlands bei der im Zuge des Strukturwandels entstehenden „grünen" Technologie würde u. a. zu einem **internationalen Wettbewerbsvorteil** bei der von Loske geforderten Unterstützung von Entwicklungsländern führen.

Neue Perspektiven der Globalisierung?

Abkehr von der Exportorientierung

„grüne" Technologie als Wettbewerbsvorteil

Das Konjunkturprogramm der Bundesregierung (2020) weist auch eine Wachstumsorientierung auf, umfasst neben den Rettungspaketen aber zahlreiche ökologische Komponenten. Der darin zum Ausdruck kommende umweltpolitische Konsens könnte zu **innenpolitischen Verwerfungen** führen. Der Verlust traditioneller Arbeitsplätze, der im Zuge der Energiewende nicht zu vermeiden ist, hätte gravierende individuelle, gesellschaftliche und politische Folgen.

Für grundlegende ökologische Entscheidungen müssen die politisch Verantwortlichen in einer Demokratie mehrheitsfähige und konsensuale Lösungen anbieten. Dabei ergeben sich angesichts der **demografischen Entwicklung** neue Konfliktlinien. Besonders die junge Generation kritisiert, dass die politisch zum Teil schlecht regulierte kapitalistische Marktwirtschaft für Arbeitslosigkeit, soziale Ungleichheit, Wirtschaftskrisen und Klimawandel verantwortlich sei, und fordert wie Loske grundlegende Veränderungen. In einer **alternden Gesellschaft** sind entsprechende Transformationsprozesse allerdings politisch nur schwer umzusetzen.

Loske fordert, „Nachhaltigkeit als **Grundrecht** ins Grundgesetz" (Z. 66) aufzunehmen. Das **Staatsziel der Nachhaltigkeit** könnte so u. a. eine größere Verbindlichkeit sicherstellen. Der im Interview propagierte Verzicht auf Wohlstand sicherndes Wachstum bei gleichzeitiger Propagierung von Wachstum in den Entwicklungsländern würde zusätzliche gesellschaftliche Brisanz entfalten.

Unbestreitbar ist, dass die Klimafrage nur durch koordinierte globale Anstrengungen und Maßnahmen, v. a. durch die **Klimaschutzpolitik der Vereinten Nationen**, lösbar ist. Laut Loske müsste sichergestellt werden, dass eine nachholende Entwicklung in den Entwicklungsländern durch Kooperation mit industriell hoch entwickelten Ländern mit erneuerbaren Energien erfolgt. Der Weg, wie die Staaten dieses Ziel erreichen wollen, bleibt aber unklar. Realistisch betrachtet wird es nicht von heute auf morgen zu einem **kollektiven Wertewandel** in der Bevölkerung der westlichen Welt kommen. Die Sorge um das Klima und die Erderwärmung treibt die Menschen nicht überall gleichermaßen um. Damit der Schritt in ein **neues Energiezeitalter** gelingt, müssen noch viele auch **multilateral abgestimmte** Schritte folgen. Angesichts der durch die weltweite Corona-Krise zu lösenden ökonomischen, sozialen und politischen Probleme, u. a. die Bewältigung des „Konflikts" zwischen Freiheit und erzwungenem Verzicht, stößt die internationale Koordination ökologischer Politik allerdings an **Grenzen**. Insofern kann die **Abkehr vom Kapitalismus** allenfalls als **Reform der kapitalistischen Ökonomie** aufgefasst werden – als eine dauerhafte, konfliktreiche politische Gestaltungsaufgabe unter Beteiligung zahlreicher Akteure.

Folgen	
Ambiguität	
Generationenkonflikt	
Werte, soziales Dilemma	
Nachhaltigkeit als Staatsziel	
Fazit: Sach- und Werturteil	

PRÜFUNGSAUFGABEN

Niedersachsen Politik-Wirtschaft · Abiturprüfung 2017
Grundlegendes Anforderungsniveau · Aufgabe I

WIRTSCHAFTSPOLITIK IN DER SOZIALEN MARKTWIRTSCHAFT
(Einordnung in den aktuellen Lehrplan: 12 /2: Markt und Staat in der Sozialen Marktwirtschaft; 13 /2: Leitbilder der europäischen Außenhandelspolitik, nationale und europäische Handelspolitik im Hinblick auf tarifäre und nichttarifäre Handelshemmnisse, Möglichkeiten und Grenzen von Handelsregimen)

Thema: Soziale Marktwirtschaft und Freihandel

Aufgabenstellung

1 Geben Sie die Kritik der Autorin an der Wirtschaftspolitik der Regierung wieder.

2 Erläutern Sie ausgehend vom Text mögliche Maßnahmen des Staates, um „Weichen für künftiges Wachstum zu stellen" (Z. 43 f.).

3 Erörtern Sie ausgehend vom Text Chancen und Risiken des Freihandels.

M 1 **Maja Brankovic: Mehr Weitsicht**

In Deutschland läuft es gerade richtig rund. Immer mehr Menschen finden Arbeit, die Löhne steigen. Die Konsumlaune der Verbraucher ist ungetrübt, in den Unternehmen ist die Stimmung ausgesprochen gut. Auch die jüngsten Wirtschaftsdaten können sich sehen lassen. Schon in der ersten Jahreshälfte 2016 wurden die Erwartungen der Kon-
5 junkturbeobachter weit übertroffen, aktuell zeigt die Wirtschaft nach einer kurzen Schwächephase im Sommer nun doch wieder nach oben.
   Glaubt man den Konjunkturbeobachtern, sind die Aussichten für die nächsten zwei Jahre nicht schlecht. Die führenden deutschen Wirtschaftsforschungsinstitute rechnen in ihrem aktuellen Herbstgutachten mit 1,9 Prozent Wachstum in diesem Jahr. In den
10 kommenden zwei Jahren wird die deutsche Wirtschaft ihrer Einschätzung zufolge zwar etwas gemächlicher, aber trotzdem ordentlich weiterwachsen.
   Das klingt alles wunderbar. Doch ist es um die Zukunft der deutschen Wirtschaft wirklich so gut bestellt? Groß war etwa die Sorge, dass das Brexit-Votum der Briten im Juni seinen Schatten über die deutsche Wirtschaft legen würde. Die Handelsbezie-
15 hungen zu Großbritannien sind eng. Hinzu kam die Befürchtung, dass die Unsicherheit über den Verbleib der Briten im europäischen Binnenmarkt die ohnehin geringe Investitionsbereitschaft der Unternehmen in Deutschland und anderswo noch weiter hemmen würde.
   Zwar blieb dieser Effekt bislang aus, aber solange nicht klar ist, auf welche Art von
20 Beziehung sich die EU mit Großbritannien in den Austrittsverhandlungen einigen

wird, bleiben die Abwärtsrisiken bestehen. Die Sorgen sind dennoch gering: Nicht nur Optimisten erwarten mittlerweile, dass die krisenfeste deutsche Wirtschaft flexibel genug ist, um den Brexit einigermaßen unbeschadet zu überstehen.

Von Verhältnissen, wie sie hierzulande derzeit herrschen, können vergleichbare Volkswirtschaften nur träumen. Gesichert ist der Wohlstand in Deutschland trotzdem nicht. Zwei gewaltige Herausforderungen kommen mit großen Schritten auf Deutschland zu, beide allein hätten das Potential, den Wohlstand dauerhaft zu senken. Ein großes Risiko ist der stockende Welthandel.

Erst vergangene Woche hat der Internationale Währungsfonds vor dem schwächelnden Weltmarkt und den Abschottungstendenzen in den Industrieländern gewarnt, die Welthandelsorganisation hatte kurz zuvor ihre Prognose für die Entwicklung des globalen Handels drastisch gesenkt. Wie kaum ein anderes Land hat Deutschland in der Vergangenheit von der Globalisierung profitiert. Die Folgen eines Stillstands könnten also beträchtlich sein.

Die zweite große Herausforderung ist der demographische Wandel. Sicher ist, dass das Verhältnis der erwerbsfähigen zur abhängigen Bevölkerung in Deutschland immer weiter sinken wird. Dies lässt sich auch mit gezielter Migration nicht korrigieren. Ein Weg zum Erhalt des Wohlstands bei einem schrumpfenden Anteil der Erwerbsfähigen wäre eine höhere Arbeitsproduktivität. Doch schon seit einigen Jahren sinkt das Produktivitätswachstum in Deutschland – und das, obwohl die Generation der Babyboomer[1] heute auf dem Höhepunkt ihrer Leistungsfähigkeit ist.

Beide Risiken sind nicht neu. Gerade deshalb ist es bedenklich, wie wenig die schwarz-rote Bundesregierung in der jüngeren Vergangenheit dafür getan hat, die Weichen für künftiges Wachstum zu stellen. In angespannten weltwirtschaftlichen Zeiten bedürfte es einer Regierung, die in der Debatte um den Freihandel entschlossen und einmütig Handlungswillen zeigt. Vor dem Hintergrund der bevorstehenden Bundestagswahl scheint der großen Koalition allerdings der Mut zu fehlen. Ihre Versuche, für die Freihandelsabkommen mit Amerika und Kanada – TTIP und Ceta – zu werben, wirken mittlerweile halbherzig, während Gegner und Zweifler den öffentlichen Raum immer weiter okkupieren.

Noch weniger vorausschauend handelt die Regierung mit Blick auf die alternde Gesellschaft. Dabei sind die möglichen Lösungsansätze kein Geheimnis: höhere Bildungsinvestitionen könnten etwa ein Schlüssel sein. Doch die Bildungsausgaben der Regierung sind im OECD-Vergleich nur durchschnittlich, im frühkindlichen Bereich schneidet Deutschland besonders schlecht ab. Doch anstatt ihre Bildungsausgaben zu erhöhen, hat die große Koalition die hohen Überschüsse der vergangenen Jahre lieber für kurzfristig angelegte sozialpolitische Wohltaten wie die Frührente mit 63 genutzt. Eine Politik mit Weitsicht sieht anders aus, Reformwille auch.

Den optimalen Zeitpunkt zum Handeln hat diese Bundesregierung verpasst. Sie hat den auch durch die extrem lockere Geldpolitik unverhofft entstandenen Spielraum in den Haushaltskassen nicht genutzt, um die Bedingungen für Wachstum in einer alternden Gesellschaft zu verbessern. Die politischen Versäumnisse werden vorerst weiter von der erfreulich robusten Konjunktur verdeckt. Um die notwendigen Anpassungen kommt Deutschland aber nicht herum. Zu befürchten ist, dass diese dann irgendwann unter ungünstigeren Umständen nachgeholt werden müssen.

Brankovic, Maja: Mehr Weitsicht, 11. 10. 2016, http://www.faz.net/aktuell/wirtschaft/wirtschaftspolitik/notwendige-wirtschaftsreformen-bleiben-aus-14475083.html (Zugriff am 11. 10. 2016), © Alle Rechte vorbehalten. Frankfurter Allgemeine Zeitung GmbH, Frankfurt. Zur Verfügung gestellt vom Frankfurter Allgemeine Archiv

Anmerkung
1 Babyboomer: Gemeint ist hier die Generation der geburtenstarken Jahrgänge 1955–1969.

Hilfsmittel
Grundgesetz für die Bundesrepublik Deutschland
Niedersächsische Verfassung ohne ergänzende Kommentare

Lösungsvorschlag

1 **TIPP** *Anforderungsbereich: I, Gewichtung in Prozent: 30*

Der Operator „wiedergeben" fordert von Ihnen die sprachlich distanzierte, strukturierte und vor allem unkommentierte Darlegung der relevanten Textpassagen. Gemäß Aufgabenstellung soll es explizit um die Kritik an der Wirtschaftspolitik der Regierung gehen, entsprechend irrelevante Passagen des Textes müssen Sie also ausschließen. Verfallen Sie nicht in eine Textnacherzählung! Die sprachliche Distanz machen Sie vor allem durch die Verwendung des Konjunktivs I und der indirekten Rede deutlich. Vermeiden Sie in jedem Fall eigene Wertungen.

Maja Brankovic kritisiert in ihrem Artikel „Mehr Weitsicht", erschienen bei www.faz.net am 11. 10. 2016, die schwarz-rote Bundesregierung, die ihrer Ansicht nach den richtigen Zeitpunkt für notwendige Anpassungen der deutschen Wirtschaft verpasst habe, um Wachstum weiterhin zu sichern.	Einleitung Quelle, Thema
Deutschland weise aktuell zwar eine **stabile Wirtschaftsentwicklung** auf (vgl. Z. 9 ff.) und auch der Brexit werde, entgegen ursprünglicher Befürchtungen, von der deutschen Wirtschaft gut zu bewältigen sein (vgl. Z. 21 ff.). Mit den Risiken im Welthandel sowie dem demografischen Wandel markiert die Autorin aber **zwei zentrale Herausforderungen**, deren Auswirkungen dazu führen könnten, dass der Wohlstand hierzulande sinkt (vgl. Z. 26 f.).	allgemeiner wirtschaftspolitischer Rahmen
So habe der Internationale Währungsfonds, aufgrund sinkenden Handelsvolumens und der steigenden Tendenz der Industrieländer zur Abschottung, die **Prognosen für den künftigen Welthandel gesenkt** (vgl. Z. 29 ff.). Zudem verkleinere sich in Deutschland der Anteil der Erwerbstätigen gegenüber den abhängigen Teilen der Bevölkerung immer weiter, was weder über Migration (vgl. Z. 37) noch über eine Steigerung der Produktivität auszugleichen sei, da Letztere ein immer geringeres Wachstum aufweise (vgl. Z. 39 f.).	Nennung der Gefahrenfelder: Welthandel und Demografie

57

Brankovic kritisiert die schwarz-rote Koalition dafür, dass sie wenig getan habe, um die Risiken dieser Entwicklungen zu minimieren. So habe die Regierung, anstatt für die **Freihandelsabkommen** mit den USA und Kanada zu werben, es den Gegnern ermöglicht, den öffentlichen Raum mit ihrer Agenda zu besetzen (vgl. Z. 47 ff.). Auch das **Problem der alternden Gesellschaft** werde laut der Analyse der Autorin nicht angegangen. Die Regierung investiere außerdem lieber in kurzfristige sozialpolitische Wohltaten, als höhere **Bildungsinvestitionen** zu tätigen (vgl. Z. 55 ff.). Diese seien im Vergleich mit anderen OECD-Ländern nur durchschnittlich und im frühkindlichen Bereich sogar besonders gering (vgl. Z. 53 ff.). Zudem habe sich die Regierung von der lockeren Geldpolitik blenden lassen und deshalb den richtigen Zeitpunkt zum Handeln verpasst (vgl. Z. 59). Es stehe zu befürchten, dass notwendige Reformen später unter deutlich ungünstigeren Umständen nachgeholt werden müssen (vgl. Z. 64 f.).

Kritik der Autorin an der politischen Entwicklung

2 **TIPP** *Anforderungsbereich: II, Gewichtung in Prozent: 40*

Der Operator „erläutern" fordert von Ihnen eine Erklärung mit passenden Beispielen, wobei die Aufgabenstellung eine Textstelle nennt, die erläutert werden soll. Der Gegenstand der Erläuterung wird Ihnen also in Form eines Textzitats vorgegeben. Gehen Sie zunächst darauf ein und nutzen Sie es als Ausgangspunkt für Ihre Erläuterung. Insgesamt ist die Aufgabenstellung recht offen, weshalb Sie den übergeordneten Rahmen zumindest beschreiben sollten. Achten Sie insgesamt auf aussagekräftige Textverweise und vermeiden Sie eigene Wertungen.

Maja Brankovic fordert von der Regierung ein entschlosseneres Handeln, um die Grundlagen für eine positive Zukunft der deutschen Wirtschaft zu legen. Sie sieht dabei vor allem in den Bereichen **Welthandel** sowie **demografischer Wandel** Handlungsbedarf, damit künftig weiter Wachstum generiert werden könne (vgl. Z. 25 ff.). Die Autorin unterscheidet mit den genannten Handlungsfeldern also zwischen **nationaler und globaler Ebene**. Für die nationale Ebene fordert sie, der Staat solle die Bildungsinvestitionen steigern (vgl. Z. 53 ff.). Gemäß Grundgesetz ist Bildung jedoch vor allem Aufgabe der Länder, weshalb der Bund, den Brankovic in ihrem Text in erster Linie anspricht, nur mittelbar einwirken kann. Im Rahmen langfristiger Ordnungspolitik kann der Staat jedoch in die schulische Infrastruktur investieren. Ein Beispiel ist die flächendeckende Einrichtung schnellen Internets, die angesichts der Digitalisierung und Industrie 4.0 notwendig ist. Im Bereich der Strukturpolitik kann der Staat Investitionsanreize für Unternehmen geben, die in Zukunfts-

Einleitung: These und Ziel

Beispiel Bildung

Grundgesetzbezug

Ordnungspolitik

Strukturpolitik

technologien investieren. Der Staat könnte so bestimmte technologische Entwicklungen in bestimmten Regionen zentrieren und fördern, um regionalen Strukturwandel abzufedern und zu gestalten. Grundsätzlich hat der Staat innerhalb der sozialen Marktwirtschaft Eingriffsmöglichkeiten vor allem im Bereich der sozialen Sicherung sowie der Wettbewerbssicherung, wobei seine Maßnahmen marktkonform sein müssen. Zudem ist er durch das **Stabilitäts- und Wachstumsgesetz** an bestimmte Zielsetzungen („magisches Sechseck") gebunden, die sich zum Teil jedoch widersprechen, zum Teil auch nicht allein national zu verwirklichen sind (z. B. Geldpolitik durch die EZB). allgemeine Einordnung
rechtliche Grundlagen

Auf internationaler Ebene sieht Brankovic die **liberale Handelsordnung** zunehmend unter Druck. Ein besonderes Risiko macht sie hier für Deutschland als großen Profiteur dieser Ordnung aus (vgl. Z. 32 f.). International könnte die Bundesrepublik vor allem in der **WTO** für Freihandel werben. Die WTO ist diejenige internationale Institution, die sich für einen möglichst reibungsfreien Handel mit Gütern und Dienstleistungen einsetzt. Hintergrund ist die Erkenntnis, dass durch freien Handel und die damit einhergehende Spezialisierung einzelner Nationalökonomien auf diejenigen Sektoren, die im internationalen Vergleich komparative Vorteile aufweisen, das **Wohlstandsniveau** des einzelnen Staates wie auch aller anderen Staaten gesteigert wird. Durch vertragliche Bindungen, formelle und informelle Gremien besteht die Möglichkeit, den Freihandel zu verteidigen, zur Not auch mit hierfür vorgesehenen **Strafmaßnahmen** wie Strafzöllen, wie dies zum Beispiel bei der Einfuhr staatlich subventionierter chinesischer Stahlprodukte in die EU geschehen ist. Insgesamt verfügt der Staat in allen wirtschaftspolitischen Bereichen über die Möglichkeit, gestaltend einzugreifen, muss sich dabei aber an das Marktkonformitätsprinzip halten. Ein Ziel ist in jedem Fall, nachhaltiges Wirtschaftswachstum zu generieren.

Randspalte: internationale Perspektive; WTO/Freihandel; Beispiel Strafzölle

---

3 **TIPP** *Anforderungsbereich: III, Gewichtung in Prozent: 30*

Der Operator „erörtern" fordert von Ihnen eine abwägende Argumentation zwischen Pro- und Kontra-Argumenten, an deren Ende Sie zu einem begründeten Sach- und Werturteil gelangen sollten. Daher bietet es sich an, die im Text genannten Punkte zunächst in Sachaspekte und Werte zu unterscheiden. Zentral für Ihre Bewertung sind die Kategorien Effizienz und Legitimität. Darüber hinaus fordert die Aufgabenstellung von Ihnen, allgemein das Konzept des Freihandels zu diskutieren. Sie können es zunächst erklären bzw. das Gegenkonzept des Protektionismus darstellen oder, wie im folgenden Lösungsvorschlag, diese Sachinformationen in die Argumentation einfließen lassen.
In dieser Teilaufgabe erfolgt ein thematischer Übergriff zum Semester 13/2.

Maja Brankovic tritt für eine **liberale Handelsordnung** ein, wenn sie die Bundesregierung dafür kritisiert, dass diese nicht entschieden genug für TTIP und Ceta einstehe (vgl. Z. 47 ff.). Diese beiden Verträge basieren auf dem Postulat des Freihandels. Deutlich wird die Ansicht der Autorin auch durch die von ihr dargestellte Gefahr für den deutschen Wohlstand, sollte der Welthandel ins Stocken geraten und protektionistische Mittel zunehmend Verbreitung finden (vgl. Z. 32 ff.).

Ausgehend von der unterschiedlichen Ausstattung einzelner Länder im Hinblick auf die **Produktionsfaktoren** Boden, Arbeit und Kapital sowie auf ihre unterschiedlichen Entwicklungsstände erscheint es für Länder effizient, nicht alles selbst zu produzieren, zumal auch notwendige Ressourcen zum Teil nicht zur Verfügung stehen (Beispiel: Seltene Erden für die Handyproduktion). Die **Theorie der komparativen Kosten** nach Ricardo legt nahe, dass die gesellschaftliche Wohlfahrt durch Spezialisierung maximiert wird. Grundsätzlich findet durch die Spezialisierung eine effiziente Verteilung knapper Ressourcen und Güter statt. Allerdings birgt eine zu einseitige Spezialisierung auf bestimmte Güter auch die Gefahr der Abhängigkeit sowie des Zurückbleibens in der internationalen Arbeitsteilung, wodurch Ungleichgewichte entstehen können. Dennoch scheint der **Freihandel insgesamt effizienter** für die beteiligten Staaten zu sein als eine protektionistische Marktabschottung. Letztere führt tendenziell zu einem ineffizienten Ressourceneinsatz.

Ricardos Theorie kann allerdings nur einen Teil des globalen Handelsvolumens erklären. Zwischen den Industriestaaten geht es eher um **Produktpräferenzen** und **intraindustriellen Handel**, d. h. um den Austausch gleicher hochwertiger Industrie- und Dienstleistungsprodukte. **Tarifäre Handelshemmnisse**, also Zölle, würden diese Güter verteuern, sodass die Nachfrage sinken würde und insgesamt weniger Kapital für Konsumausgaben und Investitionen zur Verfügung stünde, was letztlich Arbeitsplätze kosten könnte.

Eine grundsätzliche Ablehnung von tarifären Handelshemmnissen erscheint jedoch nicht sinnvoll. So sollte es sich entwickelnden Staaten durchaus genehmigt werden, für bestimmte Produkte, die mittel- und langfristig zur wirtschaftlichen Entwicklung beitragen können, Zölle zu erheben, bis die eigenen Produkte konkurrenzfähig sind. Allerdings hat sich bei diesen „Erziehungszöllen" gezeigt, dass gerade dieser Zeitpunkt häufig verpasst wird und somit Entwicklungen aufgehoben und verhindert werden. Dennoch sollten Zölle grundsätzlich abgebaut werden, um Wettbewerb zu schaffen.

An dieser Stelle muss aber auch die **Kritik an der liberalen Handelsordnung** ansetzen, da der Verlust inländischer zugunsten ausländischer Arbeitsplätze als ungerecht bewertet wird. Durch die internationale Arbeitsteilung werden Arbeitsschritte delokalisiert und es wird insgesamt möglichst kostengünstig produziert. Das ermöglicht es Ländern mit geringen Arbeitskosten, an der Produktion, deren Güter sie ja auch nachfragen sollen, zu partizipieren und sich zu entwickeln sowie am Handelsgewinn teilzuhaben. Durch die damit notwendige Konzentration auf höherwertige und damit auch besser dotierte Jobs in den Industrieländern werden auch dort Arbeitsplätze geschaffen. Hier setzt die Kritik der Autorin an den zu geringen Bildungsausgaben der deutschen Bundesregierung an. Die Gerechtigkeit in Bezug auf Bildungschancen scheint nicht gewährleistet zu sein, was unter den vorgestellten wirtschaftlichen Gegebenheiten zum Nachteil werden könnte.

Brankovic erwähnt auch die **Kritik an den bilateralen Handelsverträgen**. Ein zentraler Kritikpunkt an TTIP besteht in der Befürchtung, dass Standards im Bereich des Verbraucherschutzes abgesenkt werden würden („Genmais", „Chlorhühnchen" u. a.). Hierbei handelt es sich um nicht tarifäre Handelshemmnisse, die berechtigt oder nicht, auch Auswirkungen auf Handelsströme haben. Zentral dabei ist die Aufgabe eines jeden Staates, seine Bürger vor Gefahren zu schützen. Eine Aufkündigung oder Absenkung von Standards aufgrund einer Handelsliberalisierung gefährdet die Sicherheit und ist damit nicht legitim. Andererseits können solche Standards auch Rückwirkungen auf die Standards in den Herstellerländern haben und somit zu grundsätzlichen Verbesserungen führen.

Insgesamt sprechen die Bereiche der Effizienz und der Legitimität für eine zunehmende Liberalisierung, die aber politisch gestaltet und durch internationale Institutionen wie den IWF oder die WTO überwacht werden sollte. Aufgrund unterschiedlicher Entwicklungsstände und damit einhergehender Machtunterschiede sollte das nicht dem Marktmechanismus allein überlassen werden.

Niedersachsen Politik-Wirtschaft ▪ Abiturprüfung 2018
Grundlegendes Anforderungsniveau ▪ Aufgabe I

DEMOKRATIE UND SOZIALER RECHTSSTAAT
(Einordnung in den aktuellen Lehrplan: 12 /1: Partizipation in der Demokratie; 12 /2: Prinzipien der Sozialen Marktwirtschaft, Markt und Staat in der Sozialen Marktwirtschaft)

Thema: Lobbyismus und Soziale Marktwirtschaft

Aufgabenstellung

1 Fassen Sie die Aussagen des Autors Gerhard Schick zur Einflussnahme durch Lobbyisten zusammen.

2 Erläutern Sie ausgehend vom Text die Rolle des Staates in der Sozialen Marktwirtschaft.

3 Erörtern Sie ausgehend vom Text Chancen und Risiken von Lobbyismus für den politischen Willensbildungs- und Entscheidungsprozess in Deutschland.

M   **Gerhard Schick: Läuft wie geschmiert**

[...] Während in den Sonntagsreden die soziale Marktwirtschaft hochgehalten wird, ist die Wirklichkeit der Merkel-Jahre durch das Gegenteil geprägt: Machtwirtschaft.
Kennzeichnend für eine Marktwirtschaft wäre der Wettbewerb zwischen mehreren Anbietern, damit im Kundeninteresse beste Produkte und Dienstleistungen auf den
5 Markt kommen. Doch genau dieser Wettbewerb wurde durch die Autokonzerne außer Kraft gesetzt. Durch die Selbstanzeige des VW-Konzerns über mögliche Kartellverstöße im Jahr 2016 wurden Absprachen bekannt. Daimler, Porsche, Audi und BMW zogen nach und räumten ihre Mitwirkung ein. Man weiß, dass die „Big Five" sich seit 2006 regelmäßig über den Stand der Entwicklungen, Kosten, Zulieferer und
10 Märkte ausgetauscht und Festlegungen getroffen haben. Die Absprachen dienten dazu, den Markt in Deutschland zu dominieren und den Wettbewerb zu beschränken. Möglich war das durch eine hohe Marktkonzentration. Alleine im Juli 2017 gingen 45 Prozent aller Neuzulassungen auf Modelle von VW, Mercedes, BMW und Audi zurück. Die Konzentration auf wenige Akteure ist die Grundlage für die Absprachen und damit
15 für das Betrügen.
[...] Entscheidend wäre für eine Marktwirtschaft, dass sich der Wettbewerb der Unternehmen innerhalb des gesetzlich festgelegten Rahmens bewegt. Die Gesellschaft setzt die Regeln so, dass die Wettbewerbsergebnisse gesellschaftlich wünschenswert sind, also keine gesundheitlichen und ökologischen Schäden entstehen. Der Staat setzt
20 diese Regeln durch. Das wäre Marktwirtschaft. Dass das in Deutschland für die Auto-

mobilwirtschaft nicht gilt, zeigen politische Entscheidungen, aber auch personelle Verquickungen: Hochrangigen Vertrauten der Kanzlerin, die in die Automobilwirtschaft wechselten, gelang es in den vergangenen Jahren regelmäßig, die Kanzlerin für die Interessen der Automobilwirtschaft einzuspannen. Der frühere Verkehrsminister und Duz-Freund der Kanzlerin, Matthias Wissmann, ist heute Chef der Autolobby. Merkels ehemaliger Kanzleramtsminister Eckart von Klaeden ist Cheflobbyist bei Daimler, ihr früherer Büroleiter Michael Jansen leitet die Berliner Vertretung von VW. Sie erreichten, dass sich die Kanzlerin in den USA und in China für die Interessen der deutschen Automobilwirtschaft einsetzte. Die für die Automobilindustrie relevante europäische Gesetzgebung in Brüssel bestimmten über den Einfluss der Bundesregierung im Ministerrat die deutschen Autokonzerne mit. Letztlich setzen die Konzerne so selber die Regeln, unter denen sie arbeiten. Das Gegenteil von Marktwirtschaft.

Jüngstes Beispiel war der Dieselgipfel. Natürlich soll man in einer Marktwirtschaft die Betroffenen konsultieren: aber warum nur die Vertreter der Automobilindustrie, aber nicht Umweltverbände oder Verbrauchervertreter? Stattdessen saßen mit VW, Porsche, BMW, Daimler, Audi und Opel genau die am Tisch, die die Krise selbst herbeigeführt haben. Es wurde eine Fahrt mit Autopilot, der dem Minister den Kurs vorgab. Das zeigen die Ergebnisse des Gipfels, das beschlossene Software-Update für betroffene Dieselfahrzeuge wird keine Einhaltung der gesetzlichen Abgasnormen bewirken, sie werden damit immer noch drei- bis fünffach über den zulässigen Grenzwerten liegen. Die Bundesregierung segnet so den Massenbetrug ab, den die deutschen Autobauer am Staat, an den Verbrauchern, der Gesundheit der Bürger und der Umwelt begangen haben.

[…] Die Konzerne nutzen ihre Macht aus: Der Staat versteht häufig nicht mehr, was am Finanzmarkt oder bei der Software in den Autos passiert. Und er verschafft sich absichtlich nicht die Kompetenz, es zu verstehen, sondern verlässt sich auf eigene Prüfungen der Branche. Die Finanzaufsichtsbehörde und das Kraftfahrtbundesamt sind mehr am Wohlergehen der Branche als an der Durchsetzung staatlicher Regeln ausgerichtet. Die Macht dieser Konzerne stammt aber nicht nur aus dem Wissensvorsprung, sondern auch aus ihrer Systemrelevanz. Systemrelevant sind Unternehmen, wenn ihr Scheitern die ganze Wirtschaft bedrohen würde. Das wird in Deutschland zu Recht für Autokonzerne, von denen viele Zulieferer abhängen, befürchtet. Insgesamt weist die Autobranche hierzulande 800 000 Beschäftigte und einen Umsatz von über 450 Milliarden Euro auf. Diese Systemrelevanz ist gefährlich, denn wenn VW oder die Deutsche Bank *too big to fail* sind, bekommen Hasardeure[1] freies Spiel. Dann werden Gewinne privatisiert und Verluste sozialisiert. Das darf kein Geschäftsmodell sein!

So richtig es jetzt ist, einzelne Instrumente zu fordern – die blaue Plakette oder eine Abschaffung der Dieselsubventionen[2] –, es reicht nicht. Eine Konsequenz aus dem Dieselskandal muss sein, dass wir uns als Gesellschaft nicht in die Abhängigkeit großer Konzerne begeben dürfen. Sie kommt uns als Gesellschaft zu teuer – durch verhinderten Klimaschutz, durch Gesundheitsschädigung und durch Milliarden an Rettungsgeldern und Subventionen. Es muss darum gehen, das Kräfteverhältnis zwischen Gesellschaft und Konzernen zu korrigieren und wieder die Regeln der Marktwirtschaft durchzusetzen. […] Der Lobby-Einfluss auf die Politik muss durch klare Regeln bei Jobwechseln, durch gläserne Gesetzgebung und eine Beschränkung von Parteispenden

auf natürliche Personen zurückgedrängt werden. Nur so werden Politik und Unternehmen wieder auf die Interessen der Bürger ausgerichtet, nur so bekommen wir eine Wirtschaft, die uns allen dient. [...]
© Dr. Gerhard Schick, MdB Bündnis 90/Die Grünen: In: www.freitag.de vom 13. 08. 2017, Ausgabe 32/17

Anmerkungen
Gerhard Schick war von 2007 bis 2017 finanzpolitischer Sprecher von Bündnis 90/Die Grünen im Bundestag.
1 Hasardeur: jemand, der verantwortungslos handelt und alles aufs Spiel setzt.
2 Bei der blauen Plakette handelt es sich um einen Aufkleber, der zukünftig relativ schadstoffarme Fahrzeuge kennzeichnen soll. Die sogenannten Dieselsubventionen bestehen in der im Vergleich zu Benzinkraftstoffen geringen Besteuerung von Dieselkraftstoffen.

Hilfsmittel
Grundgesetz für die Bundesrepublik Deutschland
Niedersächsische Verfassung ohne ergänzende Kommentare

Lösungsvorschlag

1 **TIPP** *Anforderungsbereich: I, Gewichtung in Prozent: 30*

Der Operator „zusammenfassen" fordert von Ihnen zunächst eine knappe, vor allem distanzierte Herausstellung der wesentlichen Aussagen des Autors. Beachten Sie dabei unbedingt die thematischen Einschränkungen in der Aufgabenstellung. Vermeiden Sie, nicht relevante Textinformationen darzulegen. Das wird negativ ausgelegt. Achten Sie auch auf sprachliche Distanz, am besten durch den Konjunktiv. Inwiefern Sie chronologisch oder thematisch vorgehen, ist Ihnen überlassen. Wenn Sie jedoch unsicher sind, sollten Sie das chronologische Verfahren wählen.

Eine zu große **Abhängigkeit der Politik** von den Interessen der Wirtschaft beklagt der ehemalige finanzpolitische Sprecher von Bündnis 90/Die Grünen im Bundestag in seinem Artikel „Läuft wie geschmiert", der am 13. 8. 2017 auf der Internetseite der Wochenzeitung *Der Freitag* veröffentlicht wurde. Neben den Entwicklungen im Rahmen des **Abgasskandals** geht er insbesondere auf den seiner Meinung nach zu großen **Einfluss der Lobbygruppen** auf politische Entscheidungen ein.	Einleitung Autor, Titel, Inhalt
Generell habe der Staat die Aufgabe, die Wettbewerbssituation in der Marktwirtschaft so zu gestalten, dass die gesellschaftlich wünschenswertesten Ergebnisse erzielt würden (vgl. Z. 17 ff.). Allerdings zeigten aktuelle politische Entscheidungen, wie die sehr **einseitige Besetzung des Dieselgipfels** (vgl. Z. 33 ff.), sowie **problematische personelle Verbindungen** zwischen Politik und Wirtschaft, dass dies vor allem bei der Automobilindustrie zulasten der Allgemeinheit nicht umgesetzt werde (vgl. Z. 20 ff.).	Aufgabe des Staates in der Theorie tatsächliche Umsetzung

Ehemalige führende Mitarbeiter der Bundeskanzlerin seien in die Wirtschaft, vor allem die Autowirtschaft, als **Lobbyisten** gewechselt und hätten in der Folge bei politischen Entscheidungen auf nationaler wie europäischer Ebene zugunsten ihrer neuen Arbeitgeber mitgewirkt. Das habe zur Folge gehabt, dass die **Konzerne sich ihre Regeln selber setzten**, was nicht der Sozialen Marktwirtschaft entspreche (vgl. Z. 31 f.). Schick spricht hier auch von „Machtwirtschaft" (Z. 2). Der Staat unterstütze dies zudem durch eine **bewusst mangelhafte Informationsbeschaffung** (vgl. Z. 45 f.), in deren Folge sich die Industrie lediglich selbst kontrolliere (vgl. Z. 46 f.). Schick fordert daher, die **Machtverhältnisse wieder zugunsten der Politik zu verschieben** und damit die Abhängigkeit von den großen Konzernen zu reduzieren (vgl. Z. 62 ff.). Hierfür bedürfe es klarer Regeln, etwa beim Jobwechsel von der Politik in die Wirtschaft, einer transparenten Gesetzgebung sowie der Beschränkung von Parteispenden auf natürliche Personen. Nur so können nach Meinung des Autors die **Interessen der Bürger** wieder maßgeblich werden und man eine Wirtschaft erhalten, die allen zugutekomme (vgl. Z. 64 ff.).

Lobbyismus als Problem

Setzen des Ordnungsrahmens

Forderungen des Autors

---

2 **TIPP** *Anforderungsbereich: II, Gewichtung in Prozent: 40*

Der Operator „erläutern" fordert von Ihnen eine strukturierte und fachlich korrekte Erklärung unter Hinzuziehung von Beispielen und/oder Theorien. Angesprochen wird in der Aufgabenstellung zudem der Semesterübergriff zum zweiten Semester mit der Rolle des Staates im Modell der Sozialen Marktwirtschaft. Achten Sie auf direkte Textbezüge, die in dem Fach insgesamt einen immer größeren Stellenwert bekommen. Sie können diese vorwegstellen, Sie können sie aber auch immer wieder einfließen lassen. Ihre Beispiele oder theoretischen Betrachtungen können sich auf den Text beziehen, jedoch auch darüber hinausgehen.

Schick kritisiert die Machtkonzentration großer Konzerne, die letztlich dazu führe, dass das **Wettbewerbsprinzip ausgehebelt** werde (vgl. Z. 3 ff.) – sei es durch unlautere Absprachen, massive Beeinflussung staatlicher Entscheidungen durch Lobbyarbeit oder auch eine für das gesamte System kritische Größe. Der Autor erinnert daran, dass es **Aufgabe des Staates** ist, die von der Gesellschaft für wichtig erachteten Regelungen durch entsprechende **Regelsetzungen kontrolliert zu veranlassen** (vgl. Z. 17 ff.). Gerade hier sieht er die von ehemaligen hochrangigen Politikern getragene Lobbyarbeit sehr kritisch und unterstellt **absichtliche Inkompetenz in Sachen Prüfung** und Regulierung auf staatlicher Seite (vgl. Z. 45 ff.). Schick sieht die **staatliche Wirtschaftspolitik** dazu aufgefordert, durch ordnungspolitische und rechtliche Eingriffe die Wirtschaftsordnung wieder am Gemeinwohl auszurichten (vgl. Z. 64 ff.).

Textverweise

Zusammenfassung

Aufgabe des Staates

Kritik

Der Autor ist damit ein Vertreter der **Sozialen Marktwirtschaft** im Sinne Ludwig Erhards bzw. Alfred Müller-Armacks. Diese wiesen dem **Staat**, gerade auch nach Erfahrungen mit dem Laissez-faire-Kapitalismus der Industrialisierung und der Planwirtschaft nach der Russischen Revolution, **eine starke Rolle zu**, allerdings begrenzt durch das **Marktmodell** und den **Preisbildungsmechanismus**. Aufgabe des Staates ist es hierbei, den möglichst ungestörten Ablauf des **Marktgeschehens** zu garantieren, also das Spiel von Angebot und Nachfrage zu sichern. Wichtige Bedingung ist die **Verhinderung von marktbeherrschenden Unternehmen** in Form von Monopolen, Kartellen (wie im Text beschrieben, vgl. Z. 10 ff.) oder auch Oligopolen.

<small>theoretische Einordnung</small>

<small>aktiver Staat</small>

<small>Markt- und Wettbewerbsprinzip; Preisbildungsmechanismus</small>

Durch solche Machtkonzentrationen findet eine Umverteilung der gesellschaftlichen Erträge vom Konsumenten zum Unternehmen statt, wobei die Gesamtwohlfahrt kleiner ist. Schick sieht diese Gefahr bei den Autokonzernen mittlerweile realisiert (vgl. Z. 20 f.). Der Staat hat mit dem Bundeskartellamt die Aufgabe, die **Allgemeinheit vor diesen negativen Effekten zu schützen**. Er garantiert die Gewerbefreiheit der Unternehmen, **aber auch** die Konsumfreiheit und sorgt gleichzeitig durch Verbraucherschutz, Eigentumsregelungen und Vertragsfreiheit für **wirtschaftliche und soziale Sicherheit**.

<small>Machtkonzentration</small>

<small>Mittel und Werte</small>

Neben dem Marktgeschehen spielt in der Sozialen Marktwirtschaft der **soziale Ausgleich** eine tragende Rolle. Artikel 20 GG definiert die Bundesrepublik Deutschland unter anderem als **Sozialstaat**. Die Artikel 1 und 2 GG setzen hierfür den Rahmen. Bei der konkreten Umsetzung hat der Staat allerdings jenseits rechtlicher Gegebenheiten **Ausgestaltungsfreiheit**. Die auf Zeit gewählten, rational handelnden Politiker werden bei ihren konkreten Entscheidungen die Interessen der Wähler einbeziehen, um ihre Chancen bei der nächsten Wahl zu verbessern.

<small>Sozialstaatsprinzip</small>

Grundsätzlich ist der Staat wie bereits erwähnt bei all seinen Maßnahmen daran gebunden, dass diese **marktkonform** sind, d. h. das weitgehend freie Spiel von Angebot und Nachfrage respektieren. So soll es zu einer optimalen Allokation begrenzter Ressourcen kommen. Möglichkeiten der Einflussnahme bestehen zunächst im Bereich der **Ordnungspolitik**, d. h. der allgemeinen Rahmensetzung. Der Autor führt hier unter anderem die Gesundheit der Bürger sowie den Umweltschutz an (vgl. Z. 19). Dabei greift der Staat immer dann in **Marktprozesse** ein, wenn zum Beispiel durch **externe Effekte** negative Auswirkungen auf Dritte entstehen (Plastikmüll in den Ozeanen u. a.). Ein weiteres zentrales Instrument ist für den Staat die **Strukturpolitik**, indem er zum Beispiel Dienstleistungsberufe dort fördert, wo Berufe der industriellen Fertigung verloren gegangen sind. Der Staat hat hier die Aufgabe mittels Wirtschaftspolitik den sozialen Frieden zu gewährleisten.

<small>Marktkonformitätsprinzip</small>

<small>Ordnungspolitik</small>

<small>Prozesspolitik</small>

<small>Strukturpolitik</small>

3 **TIPP** *Anforderungsbereich: III, Gewichtung in Prozent: 30*

Der Operator „erörtern" fordert von Ihnen eine strukturierte Pro- und Kontra-Diskussion. Achten Sie dabei auf die Verwendung der politischen Urteilskategorien Effizienz und Legitimität und deren entsprechende Subkategorien. Weisen Sie diese explizit aus, zumal sie Ihnen dabei helfen, Ihre Ausführungen zu strukturieren. Wichtig sind hier wiederum Textbezüge und denken Sie daran, dass Tiefe der Argumentation vor Vollständigkeit der Argumente geht. Entscheidend ist, dass Sie zeigen, dass Sie kompetent sind, ein abwägendes politisches Urteil zu formulieren.

Der **pluralistische Meinungsaustausch** bildet die Grundlage des Demokratiemodells des Grundgesetzes. Im Sinne Fraenkels ist damit der **Interessenkonflikt unterschiedlicher Akteure**, allerdings bei Akzeptanz der gesellschaftlichen Grundwerte, zentraler Bestandteil des gesellschaftlichen und politischen Systems der Bundesrepublik Deutschland. So regelt der Artikel 9 GG das **Recht** der deutschen Staatsbürger **auf Bildung von Gruppen und Verbänden**. Lobbyisten stellen in diesem Sinn jeweils legitime Akteure zur **Durchsetzung der spezifischen Interessen** dar. Wenn der Autor der Politik eine absichtlich aufrechterhaltene Inkompetenz bei speziellen Sachfragen vorwirft (vgl. Z. 45 ff.), impliziert er damit auch, dass der Staat **relevante Informationen** benötigt, um seinem Auftrag gerecht zu werden. Hier stellen Lobbygruppen eine durchaus **kostengünstige, effiziente Informationsquelle** dar. In Ausschüssen des Bundestages oder auch in Treffen mit Abgeordneten können Letztere sich entsprechend informieren. Sie stehen dabei aber auch in der Pflicht, dies **nicht einseitig** zu tun, sondern die **Pluralität der Meinungen** zu respektieren und zum Beispiel bei Umweltfragen zu Stickoxidemissionen von Dieselfahrzeugen neben den Autoherstellern auch Umweltschutzorganisationen zu laden (vgl. Z. 33 ff.). Der Dieselgipfel stellt vor diesem Hintergrund in der realisierten Form kein legitimes Forum dar, da die Pluralität nicht gewahrt war. In diesem Sinne birgt die Information über Lobbygruppen auch immer das Risiko, **einzelne Blickwinkel zu übersehen**.

Im Sinne **gesellschaftlicher Partikularinteressen** bietet der Lobbyismus außerdem die Chance, sich zusammenzuschließen (Aggregationsfunktion), um der **eigenen Stimme mehr Gewicht** zu verleihen. Außerdem hilft ein solcher Zusammenschluss durch die Vermeidung von unnötigen Informationskosten (Zuständigkeitsfragen etc.), schneller und effektiver handlungsfähig zu sein (Artikulationsfunktion). Der Einbezug von Medien spielt dabei eine gewichtige Rolle. **Interessenverbände und Medien** gemeinsam übernehmen

Randnotizen:
- Pluralismustheorie
- Lobbygruppen
- Chance: effiziente Informationsquelle
- Risiko: einseitige Betrachtung
- Chance: Aggregationsfunktion und Artikulationsfunktion

sozusagen eine gesellschaftliche **Kontrollfunktion**. Bedingung für die **breite Akzeptanz** dieser Prozesse ist dabei die **Transparenz der Entscheidungsfindung** und Einflussnahme sowie der Einbezug auch weniger machtvoller Interessenverbände, die grundsätzlich strukturelle Nachteile haben, vor allem im Hinblick auf die Ausstattung mit Ressourcen. Daher ist dem Autor unbedingt zuzustimmen, wenn er klare Regelungen für den Übergang von der Politik zur Wirtschaft fordert. Letztlich steht die Legitimität der getroffenen Entscheidungen in der Gesellschaft im Vordergrund.

Insgesamt zeigt sich, dass es nicht darum gehen kann, Lobbyismus zu verbieten, sondern darum, diesen gesamtgesellschaftlich positiv in die Meinungsbildungs- und Entscheidungsfindungsprozedur einzubeziehen. Der Lobbyismus im Bereich der Wirtschaftspolitik stellt zunächst für alle Beteiligten eine **effiziente und kostengünstige Möglichkeit** der Informationsbeschaffung und Interessenartikulation dar. Die **Legitimität** der dann getroffenen Entscheidungen hängt aber davon ab, inwieweit sich die Akteure aus Politik, Wirtschaft und Gesellschaft an die **demokratischen Spielregeln** halten. Nur wenn die Transparenz der Einflussnahme und der Einbezug vielschichtiger Interessen in den Entscheidungsprozess gewährleistet sind, kann von einem **gesellschaftlichen Mehrwert** gesprochen werden. Der Autor hat also recht, wenn er zum Ende des Artikels gerade die Politik auffordert, ihrer **Regelungskompetenz** nachzukommen (vgl. Z. 63).

Risiko: fehlende Transparenz

Folge: Regelungsbedarf

Zusammenfassung

Niedersachsen Politik-Wirtschaft ▪ Abiturprüfung 2016
Erhöhtes Anforderungsniveau ▪ Aufgabe I

WIRTSCHAFTSPOLITIK IN DER SOZIALEN MARKTWIRTSCHAFT
(Einordnung in den aktuellen Lehrplan: 12/2: soziale Ungleichheit, Verteilungsgerechtigkeit, Prinzipien der Sozialen Marktwirtschaft, Markt und Staat in der Sozialen Marktwirtschaft; 12/1: Partizipation in der Demokratie, Verfassungsorgane und politische Akteure, Demokratietheorien)

Thema: Soziale Marktwirtschaft

Aufgabenstellung

1 Fassen Sie Gaucks Aussagen zum Wettbewerb in der Sozialen Marktwirtschaft zusammen.

2 Erläutern Sie die Prinzipien der Sozialen Marktwirtschaft, die der Rede zugrunde liegen.

3 Erläutern Sie mit demokratietheoretischem Bezug die Bedeutung des Wettbewerbs in der parlamentarischen Demokratie der Bundesrepublik Deutschland (Z. 20 f.).

4 Erörtern Sie im Hinblick auf die Soziale Marktwirtschaft die im Text angesprochene Auffassung, die marktwirtschaftliche Ordnung sei „effizient, aber nicht [...] gerecht" (Z. 6 f.).

M1 Bundespräsident Joachim Gauck bei der Festveranstaltung zum 60-jährigen Bestehen des Walter Eucken Instituts[1] (16. Januar 2014)

[...] Dies könnte nun das Happy End sein: Soziale Marktwirtschaft, sie hat sich durchgesetzt, und gut! Und es ist ja auch so: Deutsche Unternehmen verkaufen weltweit erfolgreich ihre Produkte, wir genießen – dank dieses wirtschaftlichen Erfolges – nicht nur einen materiellen Wohlstand, sondern auch einen sozialen Standard, den es so nur
5 in wenigen Ländern der Welt gibt.
    Und doch halten viele Deutsche die marktwirtschaftliche Ordnung zwar für effizient, aber nicht für gerecht. Mit Marktwirtschaft assoziieren sie – laut einer aktuellen Umfrage – „gute Güterversorgung" und „Wohlstand", aber auch „Gier" und „Rücksichtslosigkeit". Das ist nun freilich nichts Neues. Ähnliche Forschungen in der Seele
10 der Deutschen fördern seit Jahrzehnten relativ konstante Sympathien für staatliche Eingriffe in die Wirtschaft zutage. [...] Für manche ist schon die Notwendigkeit, das eigene Leben frei zu gestalten, mehr Zumutung als Glück. Freiheit, sie hat nicht nur die schöne, die Chancen eröffnende Seite. Sie löst auch aus Bindungen, sie weckt Unsicherheit und Ängste. Immer ist der Beginn von Freiheit von machtvollen Ängsten

begleitet. So klingt das Wort „Freiheit" bedrohlich für jemanden, der sich nicht nach Offenheit sondern nach Überschaubarkeit sehnt. Und dann noch dieser ständige Zwang, die erreichte Position gegenüber anderen zu behaupten! Viele zweifeln am Wettbewerb, der unser Dasein bestimmt. Er beginnt spätestens in der Schule und begleitet uns – nicht nur im Berufsleben oder im Unternehmen, sondern auch im Sport, in der Kunst, in der Kultur. Die Demokratie selbst, sie ist ohne Wettbewerb gar nicht denkbar. Als Land stehen wir wiederum nicht nur mit unserer Wirtschaft, sondern auch mit unserem Gesellschaftsmodell im Wettbewerb mit anderen Nationen.

Im Grunde aber finden allzu viele den Wettbewerb eher unbequem. Es ist anstrengend, sich permanent mit anderen messen zu müssen. Und wenn wir uns immer wieder neu behaupten müssen, dann können wir ja auch immer wieder scheitern. Das ist das Paradoxe an der freiheitlichen Ordnung: Ich kenne so viele, die sich einst fürchteten, eingesperrt zu werden, die Freiheit suchten und ersehnten, aber jetzt fürchten sie sich vor ihr, fürchten sich auch, abgehängt zu werden. Das ist menschlich verständlich, aber es lohnt zu erklären, was Wettbewerb vor allem ist, jedenfalls dann, wenn er fair ist: Dann ist er eine öffnende Kraft. Er bricht althergebrachte Privilegien und zementierte Machtstrukturen auf und bietet dadurch Raum für mehr Teilhabe, mehr Mitwirkung. Er bietet – auch im Falle des Scheiterns – idealerweise eine zweite und weitere Chancen. Und wenn er richtig gestaltet ist, dann ist er auch gerecht.

Ungerechtigkeit gedeiht nämlich gerade dort, wo Wettbewerb eingeschränkt wird durch Protektionismus, Korruption oder staatlich verfügte Rücksichtnahme auf Einzelinteressen, dort, wo die Anhänger einer bestimmten Partei bestimmen, wer welche Position erreichen darf, oder wo Reiche und Mächtige die Regeln zu ihren Gunsten verändern und damit willkürlich Lebenschancen zuteilen. Wir müssen nicht sehr weit schauen, um all das in verschiedenen Ausprägungen auch heute zu registrieren. […]

Eben darum steckt so viel Sprengkraft in der schlichten Grundeinsicht Walter Euckens: Erst die Begrenzung von Macht durch freien, fairen Wettbewerb ermöglicht den Vielen die Teilhabe. Darum ist es so wichtig, dafür zu sorgen, dass Wettbewerb nicht einigen wenigen Mächtigen nutzt, sondern möglichst vielen Menschen Chancen bietet. Und darum muss er im Zweifel gegen all jene wirtschaftlichen Kräfte verteidigt werden, die einseitig Spielregeln zu verändern oder unter dem Deckmantel der Freiheit Privilegien zu etablieren suchen. Und ebenso müssen wir wachsam sein, damit der Staat den Wettbewerb nicht verfälscht – in der manchmal durchaus verständlichen Absicht, einzelne Gruppen oder Bereiche in ihrer Entwicklung zu unterstützen.

Wie freiheitlich eine Wirtschaftsverfassung ist, bemisst sich am Ende nicht allein daran, was in den Geschäften zu kaufen ist, sondern daran, ob sie allen Bürgerinnen und Bürgern die Chance auf ein selbstverantwortliches Leben eröffnet und ob sie möglichst vielen möglichst viele Optionen bietet.

Auch gut gemeinte Eingriffe des Staates können dazu führen, dass Menschen auf Dauer aus- statt eingeschlossen werden. Wann etwa ist staatliche Fürsorge geboten, wann führt sie dazu, dass Empfänger keinen Sinn mehr darin erkennen können, sich selbst um ein eigenes Auskommen zu bemühen? […] Ich stelle mir eine aktivierende Sozialpolitik vor wie ein Sprungtuch, das Stürze abfedert, das denjenigen, die es brauchen, dazu verhilft, wieder aufzustehen und für sich selbst einzustehen.

Aktivierende Sozialpolitik hat für mich aber noch eine weitere, unverzichtbare Dimension, die eng mit Chancengerechtigkeit verknüpft ist. Denn die Entmachtung Einzelner durch Wettbewerb mag eine notwendige Voraussetzung sein, den Vielen die Teilhabe zu ermöglichen, aber sie ist keine hinreichende. Denn sie ermächtigt die Vielen noch lange nicht. Auch wenn alle nach den gleichen Spielregeln spielen dürfen, kommt es doch darauf an, mit welcher Ausstattung man das Spielfeld betritt. Was würden wir sagen, wenn ein Mittelgewichtsboxer gegen einen aus der Schwergewichtsklasse antreten müsste oder ein beinamputierter Läufer gegen einen mit zwei gesunden Beinen? Chancengerechtigkeit hat also Voraussetzungen, die außerhalb des Wettbewerbs liegen. [...]

Nicht weniger, aber besser gestalteter Wettbewerb, das macht unsere Marktwirtschaft gerechter. [...]

Das Leitbild der Sozialen Marktwirtschaft, das zum Selbstverständnis unseres Landes gehört, das könnte auch global inspirieren. Es ist nämlich ein lernfähiges System, das zwar nicht alle Ziele vorgibt, aber beständig zukunftsfähig ist. Es lässt sich messen an dem Anspruch, dem Einzelnen Raum zu geben, selbst zu entscheiden, tätig und erfindungsreich zu sein. [...] Es ist kein perfektes Modell, aber eines, das Offenheit zulässt, eines, mit dem wir verlieren, aber vor allem gewinnen können, und zugleich eines, das sozialen Ausgleich schafft. [...]

Am Ende aber ist es an der Politik – und damit an uns allen –, die Verantwortung für die Ordnung zu übernehmen, in der wir leben und leben wollen. [...]

Aus: Bundespräsident Joachim Gauck bei der Festveranstaltung zum 60-jährigen Bestehen des Walter Eucken Instituts am 16.1.2014 in Freiburg.
http://www.bundespraesident.de/SharedDocs/Downloads/DE/Reden/2014/01/140116-Walter-Eucken-Institut.pdf;jsessionid=000E24F9D2F3C01B84149A392F9E83F0.2_cid379?_blob =publicationFile (Zugriff am 29.11.2015)

Anmerkung
1 Das Walter Eucken Institut ist ein sozial- und wirtschaftswissenschaftliches Forschungsinstitut, benannt nach Walter Eucken, einem Mitbegründer des Ordoliberalismus.

Hilfsmittel
Grundgesetz für die Bundesrepublik Deutschland
Niedersächsische Verfassung ohne ergänzende Kommentare

Lösungsvorschlag

1 **TIPP** *Anforderungsbereich: I, Gewichtung in Prozent: 25*

Der Operator „zusammenfassen" verlangt von Ihnen eine knappe, strukturierte und aspektorientierte Darstellung der wesentlichen Inhalte des Textes. In dieser Aufgabe sollen Sie sich bei Ihrer Zusammenfassung auf Aussagen zum Wettbewerb in der Sozialen Marktwirtschaft beschränken. Es ist daher nicht sinnvoll, den gesamten Textinhalt chronologisch zu paraphrasieren. Um ein eigenständiges Textverständnis zu dokumentieren, sollten Sie eher die Gedankenstruktur des Textes bezogen auf den Wettbewerb in der Sozialen Marktwirtschaft deutlich machen. Achten Sie außerdem darauf, sich sprachlich distanziert auszudrücken – im Idealfall durch Verwendung des Konjunktivs. Auf lange Zitate sollte verzichtet werden, jedoch ist der Beleg Ihrer Ausführungen durch relevante Zeilenangaben wichtig.

Joachim Gaucks **Festrede** zum 60-jährigen Jubiläum des Walter Eucken Instituts vom 16. 1. 2014 wurde in der Rubrik „Reden" auf dem Onlineportal des Bundespräsidenten veröffentlicht. In dieser thematisiert Gauck die umfassende **Bedeutung des Wettbewerbs für** das Funktionieren eines **demokratischen Gemeinwesens**, weist aber auch auf dessen Grenzen hin. *Einleitung — Quelle, Inhaltszusammenfassung*

Gauck stellt zu Beginn seiner Ausführungen heraus, dass die wirtschaftliche Ordnung Deutschlands trotz ihrer offensichtlichen wirtschaftlichen und sozialen Erfolge (vgl. Z. 2–5) von vielen Deutschen wegen des allgegenwärtigen **Konkurrenzdrucks** und den damit verbundenen Herausforderungen an den Einzelnen kritisch gesehen würde (vgl. Z. 17–20). **Ängste vor Versagen und Überforderung** in einer vom Wettbewerb geprägten Gesellschaft seien laut Gauck daher menschlich verständlich (vgl. Z. 26 ff.). *Textaussagen — negative Sicht auf den Wettbewerb*

Dennoch ist für Gauck die **Demokratie ohne den Wettbewerb nicht denkbar** (vgl. Z. 20 f.). Dieser breche durch seine erneuernde Kraft verfestigte Machtverhältnisse auf und eröffne somit größeren Personenkreisen neue Möglichkeiten zur politischen Mitgestaltung (vgl. Z. 30 ff.). *Funktionen des Wettbewerbs — politische Partizipation*

Der Einschätzung vieler Bürger, Marktwirtschaft und Wettbewerb erzeugten Ungerechtigkeit (vgl. Z. 7), setzt der Autor eine andere Position entgegen. Seiner Meinung nach würde Ungerechtigkeit eher durch die Einschränkung des Wettbewerbs entstehen. Denn so könnten u. a. durch Protektionismus und Korruption Einzelinteressen, insbesondere von Reichen und Mächtigen, die Oberhand gewinnen. **Freier und fairer Wettbewerb** dagegen begrenze die Macht kleiner, einflussreicher Teile der Bevölkerung zugunsten der **Partizipation größerer Bevölkerungsgruppen** (vgl. Z. 41 ff.). *Beseitigung von Ungerechtigkeit*

In diesem Sinne gerecht sein könne aber nur ein „richtig gestaltet[er]" (Z. 33), d. h. fairer Wettbewerb. Hierzu gehöre unbedingt, dass Menschen vergleichbare Chancen bekommen, um sich im Wettbewerb mit anderen zu bewähren. Es bedarf also der Gewährleistung von **Chancengerechtigkeit**. Diese vermag der Wettbewerb selbst jedoch nicht hervorzubringen, sondern sie muss Teil einer aktivierenden staatlichen Sozialpolitik sein (vgl. Z. 59–70). Die Chancengerechtigkeit solle den Menschen ein **eigenverantwortliches Leben** ermöglichen und ihnen Hilfen zur Verfügung stellen, um für sich selbst sorgen zu können. Gauck lehnt den allumfassenden Fürsorgestaat ab, weil er Menschen ihrer **Freiheit** beraube und sie zu passiven Transferleistungsempfängern degradiere (vgl. Z. 53–58). Abschließend betont Gauck, dass die Soziale Marktwirtschaft ein **dynamisches System** sei, das sich neuen Anforderungen anzupassen vermöge. Insbesondere die **Chancengerechtigkeit**, die den Wettbewerb noch offener und gerechter mache, könne die **Selbstentfaltung** der Individuen auch zum Nutzen der Gesellschaft fördern (vgl. Z. 71–77).

Notwendigkeit eines fairen Wettbewerbs

aktivierende staatliche Sozialpolitik

Soziale Marktwirtschaft

---

2 **TIPP** Anforderungsbereich: II, Gewichtung in Prozent: 25

In dieser Aufgabe wird von Ihnen erwartet, dass Sie die zentralen Grundsätze der Sozialen Marktwirtschaft, von denen Gauck in seiner Rede ausgeht, unter ausdrücklicher Bezugnahme auf den Text verdeutlichen. Hierzu sollen Sie eigene Vorkenntnisse zu relevanten Aussagen des Textes in Beziehung setzen und diese in einen umfassenderen Kontext einordnen.

Joachim Gauck bezieht sich in seinen Ausführungen direkt oder indirekt auf die drei zentralen Prinzipien der Sozialen Marktwirtschaft und setzt diese an einigen Stellen auch zueinander in Beziehung. Zunächst sei auf die beiden Prinzipien eingegangen, die ihren marktwirtschaftlichen Charakter ausmachen, nämlich das **Wettbewerbs- und Marktkonformitätsprinzip**. Im Anschluss daran soll auf das Prinzip verwiesen werden, das den sozialen Charakter betont: das **Sozialprinzip**.
Der freie Wettbewerb gilt als **Motor der Marktwirtschaft**. Durch die **permanente Konkurrenz** zwischen den Unternehmen schafft er Anreize, Produkte und Dienstleistungen zu einem möglichst geringen Preis und hoher Qualität herzustellen, die die Bedürfnisse der Konsumenten optimal befriedigen. Dies erfordert eine ständige Anpassung an veränderte Marktbedingungen und eine permanente Verbesserung der Produkte durch **Innovation** und **technischen Fortschritt**. Freier Wettbewerb schafft und sichert damit auch **Arbeitsplätze**

Einleitung Prinzipien der Sozialen Marktwirtschaft

Wettbewerbsprinzip – Funktionen

sowie **Einkommen** und generiert durch die **hohe Effizienz** bei der Verwendung der Produktionsfaktoren volkswirtschaftlichen Wohlstand. Hierauf deuten auch die Ausführungen Gaucks hin, wenn er den wirtschaftlichen Erfolg und die sozialen Standards sowie die hohe Effizienz der Marktwirtschaft zuschreibt (vgl. Z. 3 f.).

Das Wettbewerbsprinzip hat über die wirtschaftlichen Prozesse im engeren Sinne hinaus aber auch eine grundlegende Bedeutung für das **Funktionieren von Demokratie** (vgl. Z. 20 f.). Denn diese setzt den Widerstreit unterschiedlicher politischer Ideen und Interessen voraus. Dazu trägt freier und fairer Wettbewerb bei, indem er durch die **Begrenzung von Macht** (vgl. Z. 41 f.) breiten Bevölkerungsschichten die **Partizipation** nicht nur am Marktgeschehen, sondern auch am politischen Willensbildungsprozess selbst ermöglicht.

Allerdings ist der freie und faire Wettbewerb ständigen Gefahren durch mächtige Kräfte ausgesetzt, die ihn zu ihren Gunsten manipulieren wollen, z. B. durch **Monopole und Kartelle**. Hier ist **staatliche Ordnungspolitik** im Sinne des Ordoliberalismus Walter Euckens gefordert, damit die Wettbewerbsbedingungen erhalten bleiben und möglichst vielen Menschen nutzen (vgl. Z. 42–44).

Staatliche Eingriffe dürfen aber nicht so weit gehen, dass sie die marktwirtschaftlichen Kräfte selbst außer Kraft setzen. Dies soll durch die Einhaltung des **zweiten Prinzips der Sozialen Marktwirtschaft**, das Marktkonformitätsprinzip, verhindert werden. So besteht beispielsweise die Gefahr, dass der Staat zum Schutz nicht konkurrenzfähiger Wirtschaftsbranchen und der dort Beschäftigten **protektionistische Maßnahmen** beschließt, die den Wettbewerbsmechanismus der freien Preisbildung unterlaufen (vgl. Z. 42–48). Auf Dauer sind solche Maßnahmen **nicht nachhaltig** und schaden eher der Volkswirtschaft, weil sie einen notwendigen Anpassungsprozess der Wirtschaftsstruktur an neue Herausforderungen verhindern. Gemäß dem Marktkonformitätsprinzip sind daher derartig **massive Eingriffe in die Marktgesetze zu vermeiden**.

Zur Gewährleistung der sozialen Komponente der Marktwirtschaft sind jedoch deutliche staatliche Interventionen in das Marktgeschehen notwendig. Diese werden durch die **Sozialstaatsklausel des Grundgesetzes** (Art. 20) erforderlich. In der gängigen Interpretation dieser Klausel wird aus Art. 20 Abs. 1 GG die Verpflichtung des Staates zur sozialen Absicherung der ganzen Bevölkerung abgeleitet. Da der Wettbewerb aufgrund des unterschiedlichen Leistungsniveaus der Menschen selbst eher soziale Ungleichheit fördert, sind **einschränkende Regulierungen der absoluten Marktfreiheit** notwendig, um soziale Unwuchten zu vermeiden und ein Mindestmaß an Chancengerechtigkeit zu gewährleisten (vgl. Z. 67 f.). Im Rahmen einer marktwirtschaftlichen Ordnung erfordert dies **Umverteilungsmaßnahmen**, die einen Teil der erzielten Einkommen von den einkommensstarken auf die einkommensschwachen Bevölkerungsteile übertragen bzw. staatliche Sozial- und Bildungspolitik zugunsten unterer Einkommensschichten ermöglichen. Dies geschieht im Wesentlichen durch das Instrumentarium der **Steuererhebung** und durch Beiträge zur **Sozialversicherung**. Beide Abgaben belasten Gutverdienende deutlich höher als Geringverdiener oder Nichtverdienende.

Die mit diesen Mitteln finanzierte „**staatliche Fürsorge**" (Z. 54) fügt sich nach Ansicht des Autors dennoch in ein marktwirtschaftliches System ein. So soll sie als „**aktivierende Sozialpolitik**" (Z. 56 f.) Menschen in die Lage versetzen, nach einem beruflichen und gesellschaftlichen Absturz wieder in ein **selbstverantwortetes Leben** zu finden und im Wettbewerb um einen angemessenen Arbeitsplatz zu bestehen. Damit soll den Menschen geholfen werden, selbst für ihr Auskommen sorgen zu können (vgl. Z. 49–52).

Damit das marktwirtschaftliche Prinzip des Wettbewerbs tatsächlich umfassend zum Tragen kommt und möglichst jedem die Chance eröffnet, durch eigene Leistung zu Erfolg und gesellschaftlicher Teilhabe zu gelangen, bedarf es staatlicher Eingriffe. So hat der Staat z. B. durch umfassende Anstrengungen im **Bildungsbereich** dafür zu sorgen, dass auch Angehörige bildungsferner Schichten die Chance erhalten, sich angemessen zu qualifizieren und somit im Wettbewerb mit anderen bestehen zu können. Denn diese Voraussetzung für einen fairen Wettbewerb kann der Bürger selbst nicht oder nur sehr schwer schaffen. *Chancengerechtigkeit*

Eine so verstandene **Sozialpolitik**, die auf freier Eigeninitiative und nicht auf entmündigender Passivität beruht, verhält sich **komplementär** zum **Wettbewerbsprinzip** und wird damit dem Marktkonformitätsprinzip gerecht. Sie verringert das Gerechtigkeitsdefizit der freien Marktwirtschaft, indem sie die Wettbewerbsbedingungen für alle einander angleicht (vgl. Z. 69 f.). *Verknüpfung der drei Prinzipien*

---

3 **TIPP** Anforderungsbereich: II, Gewichtung in Prozent: 25

In dieser Aufgabe geht es darum, einen Semesterübergriff zur Thematik „Politische Partizipation zwischen Anspruch und Wirklichkeit" (12/1) herzustellen. Sie sollen nunmehr die Bedeutung des Wettbewerbs in der parlamentarischen Demokratie der Bundesrepublik Deutschland anhand von Beispielen verdeutlichen und diese in einen Kontext zu einer oder mehreren Demokratietheorien stellen. Hierbei ist es sinnvoll, dass Sie sich schwerpunktmäßig auf eine Theorie konzentrieren, um eine möglichst vertiefte Darstellung zu erreichen. Naheliegend erscheint ein Rückgriff auf die Konkurrenztheorie, weil sie den Wettbewerb als Grundlage des parlamentarischen Willensbildungsprozesses in den Mittelpunkt stellt.

Für die parlamentarische Demokratie spielt der Wettbewerb in unterschiedlicher Hinsicht eine zentrale Rolle. Sie setzt anknüpfend an die **Konkurrenztheorie James Madisons** voraus, dass Menschen sich angesichts ihrer unterschiedlichen Lebenssituation in verschiedene Interessengruppen entzweien.

Der **politische Entscheidungsprozess** in einer parlamentarischen Demokratie bildet daher die Plattform für einen **fairen, friedlichen Wettbewerb** zwischen den konkurrierenden Interessen und Vorstellungen des Volkes. Um diese öffentlich zu artikulieren, zu bündeln und auch zu einem gewissen Ausgleich zu bringen, bedient sich die Demokratie des Instrumentes der Repräsentation durch Volksvertreter. Diese sind im Regelfall in Parteien organisiert. Im Gegensatz zur **Identitätstheorie Rousseaus**, die von der Existenz eines objektiven Gemeinwohls ausgeht, setzt der parlamentarische Willensbildungs- und Entscheidungsprozess voraus, dass das Gemeinwohl stets Gegenstand permanenten Wettstreits zwischen gegensätzlichen Interessen und Anschauungen ist.

Diese Grundsätze haben sich beispielsweise in verschiedenen verfassungsrechtlichen Festschreibungen des **Grundgesetzes** niedergeschlagen. Ausgehend vom Prinzip der Volkssouveränität (Art. 20 Abs. 2) wird der Existenz konkurrierender Interessen durch die Hervorhebung der Rolle von **Parteien** (Art. 21) sowie von **Vereinen, Verbänden und Gewerkschaften** (Art. 9) Rechnung getragen. Durch diese **Absicherung von Pluralität** können auch kleine Gruppen im Wettstreit mit anderen ihre Interessen artikulieren, bündeln und somit leichter durchsetzen.

Den Parteien (abgeleitet von lat. *pars:* Teil), die per definitionem immer nur den Anspruch haben können, einen Teil der Gesellschaft zu repräsentieren, kommt dabei eine herausragende Bedeutung bei der **politischen Willensbildung des Volkes** zu. Die Freiheit ihrer Gründung, aber auch die Bindung an die demokratische Ordnung wird ausdrücklich betont. Ihrem herausgehobenen verfassungsrechtlichen Rang werden auch die hohen Hürden gerecht, die erfüllt sein müssen, um eine Partei zu verbieten (vgl. die Regelungen im Parteiengesetz, die an Art. 21 GG anknüpfen). Ein solches Verbot kann nur durch das **Bundesverfassungsgericht** nach einem aufwendigen Verfahren ausgesprochen werden. Das gescheiterte erste Verfahren zum NPD-Verbot hat dies deutlich gemacht.

Der Wettbewerbsgedanke der deutschen parlamentarischen Demokratie kommt vor allem in der Fixierung des Repräsentationsprinzips (Art. 38 Abs. 1 GG) zum Tragen. In der politischen Praxis der Bundesrepublik werben die Kandidaten in ihren jeweiligen Wahlkreisen um **Direktmandate**. Die politischen Parteien, denen sie im Regelfall angehören, bemühen sich um einen möglichst hohen Anteil an den **Zweitstimmen**, der letztlich über die politischen Kräfteverhältnisse

---

Seitennotizen:
- Parlamentarismus und Konkurrenztheorie
- verfassungsrechtliche Grundlagen
- Prinzip der Volkssouveränität
- Parteien
- Repräsentationsprinzip

in den deutschen Parlamenten entscheidet. In den **Parlamenten** wird sodann der **politische Wettbewerb** um die „richtigen" politischen Entscheidungen in und zwischen den Parteifraktionen fortgesetzt. Im Unterschied zur direkten Demokratie, die Entscheidungen über **Plebiszite** herbeiführt, werden in Deutschland nahezu alle relevanten politischen Entscheidungen durch **Abstimmungen der Repräsentanten** der Bevölkerung legitimiert. Möglich wäre auf der Grundlage von Art. 20 Abs. 2 GG auch eine **stärkere Berücksichtigung plebiszitärer Entscheidungen**, die den Wettbewerb zwischen den politischen Vorstellungen noch stärker auf konkrete Streitfragen fokussieren würde. Hierauf wurde aber bisher u. a. mit dem Hinweis auf die Gefahr einer übermäßigen **Emotionalisierung politischer Entscheidungen** verzichtet.

Abgrenzung zur direkten Demokratie

---

4 **TIPP** *Anforderungsbereich: III, Gewichtung in Prozent: 25*

Hier wird von Ihnen gefordert, zur Aussage im Text, die marktwirtschaftliche Ordnung sei effizient, aber nicht gerecht (vgl. Z. 6 f.), eine reflektierte, abwägende Auseinandersetzung zu führen und diese in einem begründeten Sach- und/oder Werturteil münden zu lassen. Dabei sollen Sie sich auf die Soziale Marktwirtschaft fokussieren. Es ist daher naheliegend, zunächst eine Abgrenzung der Begriffe, die in der Aufgabe verwendet werden (Marktwirtschaft und Soziale Marktwirtschaft), vorzunehmen, um sich daran anknüpfend der Frage nach der Effizienz und Gerechtigkeit in der Sozialen Marktwirtschaft zu widmen. Auch hierbei ist es wichtig, die verschiedenen Aspekte der Begriffe zu klären, um darauf aufbauend zu einem abschließenden, differenzierten Urteil zu gelangen.

Bei der Erörterung der Frage nach der Verwirklichung von Effektivität und Gerechtigkeit in der marktwirtschaftlichen Ordnung soll im Folgenden auf die **Soziale Marktwirtschaft** als eine Modifikation der **klassischen freien Marktwirtschaft** eingegangen werden. Diese Fokussierung ist insofern von großer Bedeutung, als die Soziale Marktwirtschaft im Gegensatz zur klassischen Form den Staat deutlich stärker in das freie Spiel der Marktkräfte eingreifen lässt. Dies geschieht insbesondere, um soziale Verwerfungen (**Gerechtigkeitsdefizit**) in einer Gesellschaft abzuschwächen oder gar zu vermeiden, ohne den Marktmechanismus und seine Leistungsfähigkeit (**Effektivität**) grundsätzlich zu beeinträchtigen (vgl. auch Aufgabe 2).
Versteht man Effektivität zunächst im **wirtschaftlichen Sinn**, so erweist sich die Soziale Marktwirtschaft – vorausgesetzt die staatlichen Eingriffe entsprechen dem Prinzip der Marktkonformität – als äußerst effektiv. Durch das **Konkurrenzprinzip** im Wirtschaftsprozess werden alle Akteure zu hoher **Eigeninitiative** aktiviert: sowohl

Begriffsklärung

Soziale Marktwirtschaft

Effektivität

die Unternehmen als auch die Beschäftigten. Wer sich anstrengt, gute Arbeit leistet bzw. hochwertige und gleichzeitig preiswerte Produkte und Dienstleistungen anbietet, ist am Markt erfolgreich und wird belohnt.

Eine wichtige Voraussetzung für den wirtschaftlichen Erfolg der Arbeitnehmer ist ein beständiges Bemühen um eine hohe **Qualifikation**. Denn nur so können die Bürger im Wettbewerb um attraktive Arbeitsplätze mithalten.

<small>Qualifikationsniveau der Beschäftigten</small>

Gleichzeitig müssen die Unternehmen als Anbieter von Produkten und Dienstleistungen stets die **Bedürfnisse der Konsumenten** im Auge behalten, um diese optimal befriedigen zu können. Hierfür ist der Einsatz hochqualifizierter Beschäftigter von großer Wichtigkeit. Ständige **Innovation** und **Qualitätssteigerung** sind dabei gerade für ein Hochlohnland wie Deutschland ein absolutes Muss, um konkurrenzfähig zu bleiben.

<small>Bedürfnisbefriedigung</small>

Durch den permanenten Druck, die eigenen Produkte bei hoher Qualität möglichst preisgünstiger als die Konkurrenten auf dem Markt zu platzieren, bedarf es zudem einer optimalen Allokation aller Produktionsfaktoren (Arbeit, Boden/Ressourcen, Kapital). **Arbeit** ist möglichst effektiv und kostengünstig zu organisieren, **Ressourcen** sind sparsam und effektiv einzusetzen und **Kapital** ist dort zu investieren, wo die höchsten Gewinne zu erwarten sind.

<small>optimale Allokation von Produktionsfaktoren</small>

Allerdings kann der Wettbewerb um günstige Preise und damit um günstige Absatzbedingungen auch zu politisch unerwünschten Folgen führen. So stehen Unternehmen unter dem andauernden Zwang, **Kosten zu minimieren**, d. h. die **Löhne** der Beschäftigten möglichst gering zu halten. Dies betrifft vor allem die **Geringqualifizierten**, die ohnehin wenig verdienen und relativ leicht ersetzt werden können. Diese könnten schnell mit ihrem **Einkommen unter das Existenzminimum** geraten oder im schlimmsten Falle ihre Arbeit verlieren und damit über kein Einkommen mehr verfügen.

<small>unerwünschte Folgen der Marktmechanismen</small>

Somit ist die Formulierung im Text, Marktwirtschaft sei nicht gerecht, differenziert zu beantworten. Bezogen auf die **Leistungsgerechtigkeit** ist die Aussage zunächst nicht korrekt, da Leistung im Mittelpunkt des marktwirtschaftlichen **Belohnungssystems** steht. Allerdings geht diese Betrachtungsweise nur von objektiv sichtbarer Leistung aus und fragt nicht danach, unter welchen **persönlichen Voraussetzungen** Qualifikationen erworben oder auch nicht erworben werden konnten. Soziale Herkunft, gesundheitliche und persönliche Verhältnisse als Determinanten werden nicht berücksichtigt. Die **gerechte Verteilung von Chancen** wird vom Markt somit zunächst nicht geleistet. Auch eine Weitergabe des volkswirtschaftlichen Ertrags entsprechend den tatsächlichen Bedürfnissen der Menschen (**Bedarfsgerechtigkeit**) oder gar mit dem Anspruch, diesen in etwa gleich zu verteilen (**Verteilungsgerechtigkeit**), wird vom Markt selbst nicht geleistet. Letzteres gilt im Blick auf die Effektivität auch eher als kontraproduktiv, wird Ungleichheit von liberalen Ökonomen doch eher als Motor des Fortschritts angesehen. Die Soziale Marktwirtschaft bemüht sich aber darum, dieses Gerechtigkeitsdefizit zu entschärfen. So werden durch das **linear-progressive Steuersystem** große Einkommen deutlich höher besteuert als geringe. Durch das freigestellte Existenzminimum müssen Geringverdiener teilweise gar keine Steuern entrichten. So zahlt die untere Hälfte der Einkommensteuerpflichtigen nur etwa fünf Prozent des gesamten Einkommensteueraufkommens, während das oberste Zehntel mehr als die Hälfte zu diesem Betrag beiträgt. Dies eröffnet die Möglichkeit, einkommensschwachen Bevölkerungskreisen ein menschenwürdiges Leben durch **staatliche Transfers** (z. B. Hartz IV) zu gewährleisten oder durch **gezielte Bildungspolitik** Wettbewerbsnachteile für Kinder aus bildungsfernen Familien zu reduzieren.

Umverteilungsmechanismen
Steuern

Gleichzeitig gewährleisten die umfassenden **Sozialversicherungssysteme**, deren Beiträge ebenfalls mit dem Einkommen steigen, eine Absicherung der Beschäftigten gegen persönliche Risiken wie Arbeitslosigkeit, Krankheit, Pflegebedürftigkeit und Alter. Allerdings erfolgen die **Zahlungen** aus der Arbeitslosen- und Rentenversicherung nach dem **Äquivalenzprinzip**, d. h., sie steigen mit höheren Beitragszahlungen. Wer in seinem Leben also lange gearbeitet und viel verdient hat, erhält auch eine sehr viel höhere Rente als derjenige, für den Gegenteiliges gilt. Eine **steuerfinanzierte Grundabsicherung** im Alter und bei Erwerbsminderung (ähnlich Hartz IV) soll jedoch ein Existenzminimum für alte Menschen sicherstellen.

Sozialversicherung

Hieran anknüpfend lässt sich die Aussage, die (Soziale) Marktwirtschaft sei nicht gerecht, nur teilweise aufrechterhalten. Angesichts ihres Anliegens, die hohe Leistungsfähigkeit des wettbewerbsorientierten, marktwirtschaftlichen Systems nicht zu gefährden, wird bewusst auf die Herstellung einer möglichst gleichen Vermögens- und Einkommensverteilung im Sinne einer radikalen **Verteilungsgerechtigkeit** verzichtet. Dies würde dem Gedanken der **Leistungsgerechtigkeit** widersprechen. Zudem würde dies den Leistungsanreiz für wirtschaftliches Handeln und damit die **Leistungsfähigkeit** der Volkswirtschaft stark beeinträchtigen und letztlich den **Wohlstand** aller vermindern. Als Beispiel hierfür lassen sich die ehemaligen Ostblockstaaten, aber auch die gegenwärtig noch existierenden sozialistischen Systeme in Nordkorea oder Kuba anführen.

Zusammenfassung, Urteilsbildung
Verzicht auf Verteilungsgerechtigkeit

Inwiefern in der gegenwärtigen Gestaltung unserer Sozialen Marktwirtschaft Bedarfsgerechtigkeit und Chancengerechtigkeit angemessen umgesetzt sind, lässt sich nur schwer beurteilen. Bezogen auf Erstere ist es eine Frage des **gesellschaftlichen Aushandlungsprozesses**, wie hoch der Bedarf einzelner Bedürftiger angesetzt werden

Bedarfsgerechtigkeit

sollte. Auch das **Bundesverfassungsgericht** hat in seinem **Urteil zu Hartz IV** hierzu keine eindeutigen Festlegungen vorgenommen. Wichtig ist, dass es für Beschäftigte im unteren Einkommenssegment attraktiver bleibt, ihrer Arbeit nachzugehen, als **Transferleistungen** zu empfangen. Daher sollte ein deutlicher Abstand zwischen diesen und vergleichbaren Transfereinkommen gewährleistet sein. Um den wichtigen **Leistungsanreiz (Effektivität)** zu erhalten, scheint es daher eher sinnvoll, den **Mindestlohn** statt Hartz-IV-Leistungen zu **erhöhen**.

Bezogen auf die Herstellung von Chancengerechtigkeit lässt sich Folgendes festhalten: Durch das Umverteilungssystem in der Sozialen Marktwirtschaft können umfassende Mittel bereitgestellt werden, um insbesondere Menschen aus **bildungsfernen** und zumeist auch **einkommensschwachen Schichten** einen angemessenen Zugang zu Berufsqualifikationen zu ermöglichen. Dabei stellt sich jedoch die Frage, ob diesem wichtigen Anliegen bei der Verteilung von finanziellen Mitteln genügend Rechnung getragen wird. Dies ist allerdings nicht dem System der Sozialen Marktwirtschaft anzulasten.

_{Chancengerechtigkeit}

Zusammenfassend lässt sich sagen, dass die Soziale Marktwirtschaft die zunächst gegensätzlich erscheinenden Forderungen nach einer **effizienten, leistungsfähigen Wirtschaft** sowie nach einer **gerechten Vermögens-, Einkommens- und Chancenverteilung** zu verknüpfen vermag. Eine Verwirklichung von Gerechtigkeit im umfassenden Sinne kann aber nicht gelingen, weil damit die Leistungsfähigkeit des Systems gefährdet würde.

Fazit

Eine weniger potente Wirtschaft würde allerdings letztlich auch die wenigstens näherungsweise Verwirklichung sozialer Gerechtigkeit gefährden, weil die Mittel dafür nicht mehr aufgebracht werden könnten.

Niedersachsen Politik-Wirtschaft • Abiturprüfung 2017
Erhöhtes Anforderungsniveau • Aufgabe II

WIRTSCHAFTSPOLITIK IN DER SOZIALEN MARKTWIRTSCHAFT
(Einordnung in den aktuellen Lehrplan: 12/2: soziale Ungleichheit, Verteilungsgerechtigkeit, Markt und Staat in der Sozialen Marktwirtschaft, Einkommens- und Vermögensverteilung; 12/1: Partizipation in der Demokratie, Auswirkungen unterschiedlicher Partizipationsformen)

Thema: Soziale Marktwirtschaft und Demokratie

Aufgabenstellung

1 Fassen Sie die Aussagen der Autoren zu sozialer Ungleichheit zusammen.

2 Arbeiten Sie ausgehend von Z. 5–29 heraus, welche Bedeutung Verteilungsgerechtigkeit nach Meinung der Autoren für die Demokratie in Deutschland hat.

3 Charakterisieren Sie die Auffassung der Autoren von der Rolle des Staates in der Sozialen Marktwirtschaft.

4 Erörtern Sie die Meinung der Autoren zur Bedeutung gerechter Einkommens- und Vermögensverteilung im Kontext anderer wirtschaftspolitischer Ziele.

M1 Matthias Machnig und Oliver Schmolke: Verteilung der Zukunft

Die nüchterne Bestandsaufnahme lautet: Die Löhne, Einkommen, Vermögen sowie Bildungs- und Aufstiegschancen in Deutschland sind in einem solchem Maße ungleich verteilt, dass nun auch Ökonomen davor warnen, Ungleichheit dürfe nicht weiter die Leistungs- und Wettbewerbsfähigkeit unseres Landes gefährden.
5 [...] Das Maß an gerechter Verteilung entscheidet über individuelle Chancen, Schicksale und Lebenswege, darüber, ob jemand selbstbestimmt und frei leben, an der Gesellschaft teilhaben und sich in die Demokratie einbringen kann oder will. Wer arm ist, wird häufiger krank und stirbt früher. Er lebt öfter in Stadtteilen mit schlechter Bausubstanz, kaputten Schulen, verwahrlosten öffentlichen Räumen, höherer Krimi-
10 nalität und schwächeren sozialen Netzwerken. Wer ein geringes Einkommen hat, vererbt viel zu oft geringe Bildungschancen an seine Kinder, geht seltener wählen und beteiligt sich weniger an politischen Prozessen.
Nicht nur die Ungleichheit an sich ist problematisch. Problematisch ist auch, dass es wenige Auswege und Aufstiege gibt, und dass die Veränderbarkeit des eigenen Le-
15 bens zum Besseren zu oft zu aussichtslos geworden ist. Die Verteilungsfrage stellt sich also doppelt. Es geht zum einen um materielle Verteilung und andererseits um die Verteilung der Zukunftschancen. Die Zukunft ist zwar am oberen Rand der Gesellschaft

weit offen, unten aber verschlossen. Eine solche Gesellschaft steckt fest. Sie ist sozial, ökonomisch, kulturell gespalten, verunsichert und modernisierungsskeptisch. Sie ist anfällig für Statusangst, Ausgrenzung und Xenophobie[1] im Inneren und für Abschottung nach außen.

Die Kosten verfestigter Ungleichheit und blockierter Chancen werden mehrfach bezahlt: Individuell von denen, die mit geringer Bildung und schlechten Jobs das ganze Erwerbsleben lang zu kämpfen haben und anschließend mit miserabler Rente in den Ruhestand gehen. Wirtschaftlich aber auch von allen Unternehmen, die aufgrund von unproduktiverem Arbeitskräfteangebot, schwächerer Binnennachfrage und niedrigerem Wachstum Marktchancen verlieren. Gesellschaftlich schließlich von allen Bürgern, die in einem sozial destabilisierten Land weniger Sicherheit und Lebensqualität finden. Wut und Verbitterung machen sich breit, nicht nur bei den sozial Schwächeren.

Es kann keinen erfolgreichen Kampf gegen die Ungleichheit geben, wenn die Massenarbeitslosigkeit nicht überwunden wird. In dieser Hinsicht hat es in Deutschland zweifellos große Fortschritte gegeben: Die Arbeitslosigkeit ist im zurückliegenden Jahrzehnt von über 5 Millionen auf weniger als drei Millionen Erwerbslose gesunken. Der Sockel von Langzeitarbeitslosigkeit konnte verkleinert werden. Dadurch sind neue Perspektiven und Chancen entstanden. [...]

Wie erwähnt beobachten wir allerdings auch, dass die Ungleichheit der Einkommen noch nicht in dem Maße reduziert werden konnte, wie es nötig ist. Denn es gab in Deutschland auch den Trend, dass ein Teil der Reformrendite am Arbeitsmarkt wieder aufgezehrt wurde, weil Flexibilitätsinstrumente, eigentlich gedacht, um Neueinstiege und die Abarbeitung von Auftragsspitzen zu erleichtern, zu oft zur Aushöhlung des Normalarbeitsverhältnisses missbraucht wurden.

Der Niedriglohnsektor, geringfügige Beschäftigung, Befristungen, erzwungene Teilzeit, Werk- und Honorarvertragsarbeit haben zugenommen und sind in den Kern des Arbeitsmarktes vorgedrungen. Die materielle Unsicherheit, die dadurch entstanden ist, durch ergänzende, „aufstockende" Sozialhilfe zu kompensieren, erweist sich als kostspieliger Fehlanreiz und Einfallstor für Wettbewerbsverzerrungen und Lohndumping auf Kosten des Steuerzahlers: Unternehmen konkurrieren damit, die Lohnschwelle weiter zu senken und die vom Steuerzahler finanzierten Transfers einzupreisen. Der ehrliche und faire Unternehmer, der gute Löhne zahlt, ist oftmals der Dumme. Das darf nicht sein.

Die Verteilungsfrage kann nicht allein durch Lohnersatzleistungen und Transfereinkünfte beantwortet werden. Das würde die Politik und übrigens auch die Gewerkschaftsbewegung auf die nachträgliche Minimalkorrektur der am Markt entstehenden Ungleichheit reduzieren. Primär muss es um die gerechte Verteilung der Produktivitäts- und Wohlstandszuwächse gehen, und zwar dort, wo sie erwirtschaftet werden. Das heißt: Es geht um anständige Löhne und dauerhafte und mitbestimmte Beschäftigung.

[...] Neue Innovationen, die ein längeres, gesundes und aktives Leben breiter Bevölkerungsschichten ermöglichen oder zu erhöhter Effizienz von Produktion und Verbrauch führen, können den Wohlstand der Nationen um ein Vielfaches steigern. Dafür aber braucht es zukunftsfähige Innovationssysteme, die in den Markt intervenieren, neue Märkte initialisieren und expandieren. In modernen Gesellschaften sind Märkte niemals statisch. Sie sind immer in Bewegung. Und Innovation in die Zukunft heißt auch, neue Märkte zu erschließen

- durch eine Finanzmarkt- und Steuerpolitik, die […] langfristig wirkende Investitionen in Forschung und Entwicklung, in Prozess- und Produktfortschritt belohnt. […]
- durch einen aktiven Staat, der sein politisches und fiskalisches Kapital einsetzt, um den technischen und wirtschaftlichen Fortschritt anzutreiben. […] Staatliche Forschungsprogramme und Infrastrukturinvestitionen dringen in noch nicht profitable Felder vor und ziehen dann privates Kapital nach sich. […]
- durch weit höhere Bildungsinvestitionen […]. Bildung, Wissen, berufliche Qualifizierung sind in einer hoch innovativen Wirtschaft ein vorrangiger Verteilungsindikator. Die individuelle und die gesamtwirtschaftliche Rendite auf Bildungsinvestitionen ist von wachsender Bedeutung.

Wir brauchen ein soziales Investitions- und Modernisierungsprojekt, das eine neue Ära von Zukunftschancen für alle ermöglicht. Ungleichheit muss durchbrochen und Chancen müssen neu und besser verteilt werden. Dies ist die Voraussetzung dafür, dass eine Gesellschaft sich dem technisch-wissenschaftlichen Fortschritt öffnen, ihn verstehen, vorantreiben, aktiv adaptieren und zum Nutzen einer größtmöglichen Zahl von Menschen nutzen kann. Es ist eine Frage von Wettbewerbsfähigkeit, dass Talent und Know-how produktiv und nachhaltig integriert werden. Verhärtete Ungleichheit mindert das Wachstum und kostet künftigen Wohlstand. Mehr Gleichheit hingegen heißt auch mehr Zukunftschancen. Das sollte bei allen Entscheidungen der Wirtschafts-, Arbeitsmarkt- und Steuerpolitik beachtet werden. Mehr Gleichheit, mehr Chancen. Mehr Chancen, mehr Zukunft – so lautet die Logik des Sozialstaats. […]

Aus: Machnig, Matthias und Schmolke, Oliver: Verteilung der Zukunft. In: Neue Gesellschaft. Frankfurter Hefte, Heft 06/2016, S. 43–47, abgerufen von http://www.frankfurter-hefte.de/upload/ Archiv/2016/Heft_06/PDF/2016-06_machnig-schmolke.pdf (Zugriff am 01. 12. 2016)

Anmerkung
Matthias Machnig ist Staatssekretär im Bundesministerium für Wirtschaft und Energie.
Oliver Schmolke ist Abteilungsleiter „Leitung und Planung" im Bundesministerium für Wirtschaft und Energie.

1 Xenophobie: Angst vor Fremden

Hilfsmittel
Grundgesetz für die Bundesrepublik Deutschland
Niedersächsische Verfassung ohne ergänzende Kommentare

Lösungsvorschlag

1 ▶**TIPP**◀ *Anforderungsbereich: I, Gewichtung in Prozent: 25*

Der Operator „zusammenfassen" verlangt von Ihnen eine knappe, strukturierte und aspektorientierte Darstellung der wesentlichen Aussagen des Textes. In dieser Aufgabe sollen Sie sich auf den Aspekt der sozialen Ungleichheit beschränken. Es ist daher nicht notwendig, den gesamten Textinhalt chronologisch wiederzugeben. Um ein eigenständiges Textverständnis zu dokumentieren, sollten Sie den Gedankengang des Textes zum Problem der sozialen Ungleichheit herausarbeiten. Achten Sie auf eine sprachlich distanzierte Darstellung – am besten durch die Verwendung des Konjunktivs. Verzichten Sie auf lange Zitate, belegen Sie aber Ihre Ausführungen am Text durch die Angabe passender Textstellen.

Die Autoren Matthias Machnig und Oliver Schmolke gehen in ihrem Artikel „Verteilung der Zukunft", erschienen in der Reihe „Neue Gesellschaft. Frankfurter Hefte" Nr. 06/2016, davon aus, dass die **soziale Ungleichheit** in Deutschland negative Folgen für die Leistungs- und Wettbewerbsfähigkeit haben könne (vgl. Z. 1–4). Sie fordern daher, diese auszugleichen, und stellen hierzu Lösungsmöglichkeiten vor.
Einleitung
Quelle, zentrale These

Machnig und Schmolke erläutern ihre These, indem sie zunächst die individuellen und gesamtgesellschaftlichen Folgen sozialer Ungleichheit verdeutlichen. Soziale Ungleichheit, verstanden als geringes Maß an **Verteilungsgerechtigkeit** (vgl. Z. 5), führe zu unterschiedlichen Zukunftschancen zwischen den Angehörigen verschiedener Gesellschaftsschichten, weil sie sehr unterschiedliche Chancen für eine selbstbestimmte Lebensgestaltung sowie eine gesellschaftliche und politische **Partizipation** generiere (vgl. Z. 5–17). Dies führe zu einer sozialen, ökonomischen und kulturellen Spaltung der Gesellschaft mit der Gefahr einer grundlegenden Verunsicherung und **Modernisierungsskepsis** (vgl. Z. 18 ff.).
Folgen im gesellschaftlichen Bereich

Neben den negativen individuellen Folgen dauerhafter Ungleichheit, z. B. Wohlstandseinbußen für die Menschen am unteren Rand der Gesellschaft, ergäben sich auch wirtschaftliche **Nachteile für die Unternehmen**, die durch das Fehlen qualifizierter Arbeitskräfte Marktchancen verlören. Letztlich büße die gesamte Gesellschaft durch soziale Destabilisierung an Sicherheit und Lebensqualität ein (vgl. Z. 22–29).

In ihren anschließenden Ausführungen wenden sich die Autoren schwerpunktmäßig Lösungsansätzen zur Überwindung von Ungleichheit zu.
Lösungsansätze

Zunächst stellen sie positiv heraus, dass mit der deutlichen **Senkung der Arbeitslosigkeit** in den letzten zehn Jahren ein wichtiger Beitrag zu Bekämpfung sozialer Ungleichheit geleistet worden sei, wodurch sich für viele Menschen neue Lebenschancen eröffnet hätten (vgl. Z. 30–35). Gleichwohl hätten die Arbeitsmarktreformen jener Zeit auch Fehlentwicklungen zur Folge gehabt, die zur **Verschlechterung der Beschäftigungsbedingungen** einzelner Arbeitnehmergruppen geführt hätten. Nicht selten müssten die negativen Auswirkungen der Reformen durch steuerfinanzierte Transferleistungen des Staates gemindert werden (vgl. Z. 36–48).

Reduzierung der Arbeitslosigkeit

Allerdings sei es nicht in erster Linie Aufgabe des Staates, durch Umverteilung zu größerer Verteilungsgerechtigkeit beizutragen. Vielmehr solle dies dort geschehen, wo gesellschaftlicher Wohlstand erwirtschaftet werde, also in den Unternehmen mithilfe **angemessener Löhne** (vgl. Z. 51–57).

gerechte Löhne

Im Anschluss daran stellen die Autoren aber doch notwendige staatliche Maßnahmen heraus, die jenseits der gängigen Umverteilungsmaßnahmen „Zukunftschancen für alle" (Z. 77) ermöglichen und soziale Ungleichheit durchbrechen könnten. Dies solle durch ein „soziales **Investitions- und Modernisierungsprojekt**" (Z. 76) geschehen, das sich der Instrumente der Fiskal-, Forschungs- und Bildungspolitik bediene. Auf diesem Wege könnten Fähigkeiten breiter Bevölkerungsschichten besser entwickelt, Ungleichheit durch mehr Chancengerechtigkeit reduziert sowie **mehr Wettbewerbsfähigkeit** auf den Märkten und damit mehr Zukunftschancen für die ganze Gesellschaft generiert werden (vgl. Z. 65 ff.).

Investitionsprojekte

---

2 **TIPP** *Anforderungsbereich: II, Gewichtung in Prozent: 25*

In dieser Teilaufgabe geht es darum, einen Semesterübergriff zur Thematik „Politische Partizipation zwischen Anspruch und Wirklichkeit" (12/1) herzustellen. Der Operator „herausarbeiten" verlangt hier von Ihnen, dass Sie die Zeilen 5–29 auf explizite Meinungsbekundungen der Autoren zur Bedeutung von Verteilungsgerechtigkeit für die deutsche Demokratie hin untersuchen. Sodann sollen Sie dahinter verborgene, implizite Überlegungen aufzeigen und Zusammenhänge zwischen den Aspekten herstellen.

Die Autoren formulieren ausdrücklich einen deutlichen Zusammenhang zwischen dem „Maß an gerechter Verteilung" (Z. 5) und der Fähigkeit und Bereitschaft, sich „in die Demokratie ein[zu]bringen" (Z. 7). Sie konkretisieren dies mit der Anmerkung, dass Menschen mit geringen Einkommen „sich weniger an politischen Prozessen"

Partizipation durch Verteilungsgerechtigkeit

(Z. 12) beteiligten, was sich u. a. deutlich an der geringeren Wahlbeteiligung dieser Bevölkerungsgruppe zeige (vgl. Z. 10–12). Implizit steckt die Vorstellung dahinter, dass Verteilungsgerechtigkeit, verstanden als höhere Beteiligung an materiellen, sozialen und kulturellen Ressourcen (z. B. Chancengerechtigkeit in Bezug auf Bildung), die Fähigkeit zur **Artikulation und Umsetzung politischer Vorstellungen** fördert. Gleichzeitig wird dadurch auch die Einsicht erzeugt, dass die Beteiligung an politischen Entscheidungsprozessen der Durchsetzung der eigenen Interessen dient. Partizipation in der Demokratie setzt nämlich die Fähigkeit voraus, sich gezielt Informationen zu beschaffen und diese auszuwerten, mit anderen zu kommunizieren und sich selbst überzeugend zu artikulieren. Hierbei handelt es sich um Kompetenzen, die in bildungsfernen, zumeist einkommensschwachen Familien kaum entwickelt werden (vgl. Z. 5–12).

notwendige Kompetenzen für gelingende Partizipation

Zudem lebt die Demokratie von einer umfassenden Bereitschaft breiter Bevölkerungsschichten, sich am politischen Prozess zu beteiligen. Basalster Ausdruck hierfür ist die **Beteiligung an Wahlen**. Allerdings setzt dies voraus, dass die Menschen hierin eine echte Möglichkeit sehen, ihre sozioökonomische Situation zu verändern. Verfestigte soziale Ungleichheit, die bei den untersten Bevölkerungsschichten den Eindruck hinterlässt, dass ihnen **Aufstiegsmöglichkeiten verwehrt** werden und die Gesellschaft ihnen kaum Veränderungspotenzial zum Besseren bietet, führt hingegen eher zu Resignation und Passivität. Statt Offenheit für die aktive Erneuerung der Gesellschaft erzeugen diese Verunsicherung und Angst vor sozialem Abstieg in Verbindung mit Xenophobie. Fremde werden als Gefahr für den Erhalt des ohnehin niedrigen sozialen Status wahrgenommen und daher abgelehnt und ausgegrenzt (vgl. Z. 13–21).

Dies kommt auch in den Ausführungen der Autoren über die „**Wut und Verbitterung**" (Z. 29) eines Teiles der Bevölkerung über ihre desolate wirtschaftliche Lage zum Ausdruck, die das Land in Arm und Reich spaltet und daher sozial destabilisiert (vgl. Z. 18 f.; 29). Daraus ergeben sich erhebliche Gefahren für den weltoffenen liberalen Rechtsstaat, weil sozial und ökonomisch Ausgegrenzte ihre Frustration dadurch zum Ausdruck bringen, dass sie verstärkt **populistische Kräfte und Parteien** an den politischen Rändern unterstützen. Diese bieten ihnen simple Schuldzuweisungen zur Erklärung ihrer Misere an, um so ihren Zuspruch zu gewinnen.

Perspektivlosigkeit als Ursache für soziale und politische Destabilisierung

Verteilungsgerechtigkeit erweist sich daher einmal mehr als grundlegende **Voraussetzung für den sozialen Frieden und Zusammenhalt in einer Gesellschaft**, die wiederum wesentliche Grundelemente des demokratischen Systems darstellen.

Fazit besondere Bedeutung von Verteilungsgerechtigkeit

3 **TIPP** *Anforderungsbereich: II, Gewichtung in Prozent: 25*

Hier ist es Ihre Aufgabe, die Auffassung der Autoren bezüglich der Rolle des Staates in der sozialen Marktwirtschaft in ihren Eigenarten zu beschreiben und typische Merkmale dieser Sichtweise strukturiert zu kennzeichnen. Sodann sollen Sie sich darum bemühen, Ihre Ergebnisse unter geeigneten Gesichtspunkten zusammenzuführen.

Nach Auffassung der Autoren kommt dem Staat in der sozialen Marktwirtschaft eine zentrale Rolle bei der Bekämpfung der von ihnen konstatierten Verteilungsungerechtigkeit zu. Nach den Ausführungen des Textes lassen sich hierbei **drei Handlungsfelder** unterscheiden. Zunächst sprechen die Autoren beschäftigungspolitische Aspekte an (vgl. Z. 30–50), die dem **ordnungspolitischen Instrumentarium** des Staates zuzuordnen sind. Daran anschließend erörtern sie den **Bereich der Transferleistungen** für Empfänger niedriger Löhne (vgl. Z. 51–57). Großen Raum nehmen sodann ihre Überlegungen zum Bereich der Zukunftsinvestitionen ein, die einen eher **strukturpolitischen Charakter** haben (vgl. Z. 58–77).

Handlungsfelder staatlicher Sozial- und Wirtschaftspolitik

Die Rolle des Staates in der Ordnungspolitik verdeutlichen die Autoren am Beispiel der Arbeitsmarktreformen im Rahmen der **Agenda 2010** und gehen kritisch abwägend insbesondere auf die Maßnahmen der **Hartz-IV-Regelungen** ein. Durch die Umstellung der ehemaligen Arbeitslosenhilfe auf den in der Regel geringeren Hartz-IV Sockelsatz und verschiedene Maßnahmen zur Flexibilisierung des Arbeitsmarktes (erleichtertes Kündigungsrecht, vermehrte Möglichkeiten befristeter und geringfügiger Beschäftigung usw.) konnte die Arbeitslosigkeit von 2005 bis 2016 nahezu um die Hälfte gesenkt werden (vgl. Z. 30–35). Gleichzeitig kam es nach Ansicht der Autoren teilweise zu einer „Aushöhlung des Normalarbeitsverhältnisses" (Z. 40 f.), weil o. g. Flexibilisierungsmaßnahmen **missbräuchlich ausgenutzt** wurden und dadurch eine angemessene Reduktion der Einkommensungleichheit verhinderten (vgl. Z. 36–41).

ordnungspolitische Maßnahmen

Neben dieser unerwünschten Nebenwirkung für die Beschäftigten selbst ergab sich ein **Negativeffekt für die staatlichen sozialen Sicherungssysteme**, da Beschäftigten aus dem Niedriglohnbereich mithilfe staatlicher Transferleistungen eine hinreichende Existenzsicherung auf Kosten des Steuerzahlers ermöglicht werden musste. Profit hieraus zogen Unternehmen, welche Beschäftigte aus regulären Beschäftigungsverhältnissen heraus- und in prekäre Arbeitsverträge hineindrängten (vgl. Z. 44–50).

Transferleistungen

Als Folge der genannten ordnungspolitischen Maßnahmen ergeben sich also zusätzliche Anforderungen an den Staat, insofern er nach **Art. 20,1 GG** als Sozialstaat die Lebensverhältnisse von Gering-

oder Nichtverdienern durch Transferleistungen im Sinne der **Menschenwürde (Art 1 GG)** zu garantieren hat. Verteilungsgerechtigkeit für Beschäftigte herzustellen ist nach Auffassung der Autoren jedoch nicht in erster Linie Aufgabe des Staates. In Anspielung auf die Rolle der Gewerkschaften (vgl. Z. 52 ff.) sehen sie hier eher die Tarifpartner in der Pflicht. Diese haben entsprechend der verfassungsrechtlich garantierten **Tarifautonomie** nach Art. 9,3 GG die Aufgabe, eine „gerechte Verteilung der Produktivitäts- und Wohlstandszuwächse" (Z. 54 f.) in den Unternehmen auszuhandeln. Nur in besonderen Fällen, in denen die Wahrnehmung von Arbeitnehmerinteressen durch Gewerkschaften nicht angemessen erfolgen kann, greift der Staat mit der weiteren ordnungspolitischen Maßnahme des **Mindestlohnes** zum Schutz besonders schwacher Arbeitnehmer in die Tarifautonomie ein.

Arbeitnehmerinteressen

Neben der besonderen Betonung ordnungspolitischer Maßnahmen des Staates gehen die Autoren ausführlich auf **strukturpolitische Handlungsfelder** der Politik in der sozialen Marktwirtschaft ein. Sie betonen angesichts der Wettbewerbssituation auf den internationalen Märkten die Notwendigkeit einer aktiven Rolle des Staates. Seine Aufgabe sei es, mittels gezielter **Förderung von technischen Innovationen** und **umfassender Bildung** der Bevölkerung eine zukunftsfähige Wirtschaftspolitik zu betreiben. Auf diesem Wege könnten neue Märkte erschlossen und gesellschaftlicher Wohlstand nachhaltig gesichert werden (vgl. Z. 58–64).

Strukturpolitik

Hierbei werden wichtige Instrumente staatlicher Strukturpolitik wie **Steuererleichterungen und Subventionen** zur Geltung kommen, die den Unternehmen Anreize für effektive Investitionen in Forschung und Entwicklung bieten (vgl. Z. 65–71). Durch die Schaffung politischer und ökonomischer Rahmenbedingungen können zudem Innovationen angeregt werden, die heute durch fehlende Profiterwartungen noch nicht vom Markt selbst generiert werden können. Beispiele aus dem Bereich der Energieerzeugung oder der Elektromobilität bestätigen dieses Vorgehen. Eine wesentliche Voraussetzung für den Erfolg dieses Prozesses sehen die Autoren in einer erheblichen Steigerung der Investitionen in den Bildungsbereich, weil eine hohe Qualifizierung breiter Bevölkerungsschichten wirtschaftliche Innovation generiert und gleichzeitig eine gleichmäßigere Teilhabe am gemeinsam erwirtschafteten Wohlstand ermöglicht.

politische und ökonomische Rahmenbedingungen

Die Autoren betonen in besonderer Weise die **Forderung nach einem aktiven Staat**, der durch ordnungspolitische Maßnahmen ein höheres Maß an Verteilungsgerechtigkeit fördert und gleichzeitig durch strukturpolitische Grundentscheidungen die Voraussetzungen für ein leistungsfähiges Gemeinwesen schafft, das einer deutlich breiteren Bevölkerungsschicht eine angemessene Teilhabe am ökonomischen, sozialen und kulturellen Wohlstand ermöglicht.

Fazit

4 | **TIPP** | *Anforderungsbereich: III, Gewichtung in Prozent: 25*

Der Operator „erörtern" fordert hier von Ihnen, dass Sie eine reflektierte, abwägende Auseinandersetzung mit der Position der Autoren zur Bedeutung gerechter Einkommens- und Vermögensverteilung im Hinblick auf andere wirtschaftspolitische Ziele entwickeln. Hierbei erscheint es sinnvoll, zunächst noch einmal knapp auf die Thesen des Textes einzugehen, die Ihnen besonders zentral erscheinen und auf die Sie im Folgenden Bezug nehmen möchten. Im Anschluss daran sollten Sie Argumente entwickeln, welche die Position im Hinblick auf ausgewählte wirtschaftspolitische Ziele des Staates stützen. Beziehen Sie dabei einschlägige Textaussagen ein. In einem zweiten Schritt unterziehen Sie die Position der Autoren einer fundierten Kritik. Darauf aufbauend sollten Sie zu einem eigenständigen, differenziert begründeten Urteil gelangen, in dem sowohl Aspekte des Sach- wie Werturteils Berücksichtigung finden.

Die Autoren gehen davon aus, dass **weniger materielle Ungleichheit** zu **mehr Chancengerechtigkeit** für die Individuen führt sowie die Gesellschaft auf der ökonomischen Ebene wettbewerbsfähiger macht und daher letztlich auch mehr Wirtschaftswachstum hervorbringt. Ungleiche Einkommen erzeugen ihrer Meinung nach ungleiche Bildungs- und damit Zukunftschancen mit einschlägigen negativen Folgen für die gesamte Volkswirtschaft. Dieser Zusammenhang wurde in Aufgabe 3 bereits ausgeführt. [Position des Textes]

Angesichts der hohen Anforderungen durch die **internationale Vernetzung** der Volkswirtschaften bedarf Deutschland als ausgeprägte Exportnation einer breit aufgestellten Basis an qualifizierten Arbeitskräften, um **innovative, wettbewerbsfähige Produkte und Dienstleistungen** entwickeln, bereitstellen und auf dem Weltmarkt platzieren zu können. Statistisch abgesicherte Analysen des Zusammenhangs zwischen sozialer Herkunft und **Schul- und Berufserfolg** zeigen im internationalen Vergleich für Deutschland einen deutlichen Nachholbedarf bei der Förderung von Kindern aus bildungsferneren Schichten an. Nahezu nirgendwo in vergleichbar entwickelten Gesellschaften ist der Schulerfolg so eng mit der sozialen Herkunft verbunden wie in der Bundesrepublik. In diesem Kontext erweist sich ein Abbau von sozialer Ungleichheit als zwingend notwendig, der über die bloße Erhöhung von Alimentierungszahlungen hinaus geht und angemessene Mittel für eine sinnvolle Bildungsoffensive bereitstellt. [Argumente zur Stützung der Position; soziale Herkunft und Schul-/Berufserfolg]

Aus den zentralen Forderungen des „magischen Vierecks" (bzw. „Sechsecks") lässt sich ableiten, dass das eher sozialpolitisch ausgerichtete Ziel einer „gerechten Einkommens- und Vermögensverteilung" eine wichtige Voraussetzung für das wirtschaftspolitische Kernziel des „angemessenen Wirtschaftswachstums" darstellt. Wirtschaftswachstum wiederum steht in engem Zusammenhang mit einer nachhaltigen Verbesserung der Beschäftigungssituation. Nebenbei bedarf auch das Ziel „Schutz der natürlichen Umwelt" eines hohen Maßes an innovativer Technologie und Kreativität der Mitarbeiter. So verstanden kann den zentralen Behauptungen der Autoren also durchaus zugestimmt werden.

Beleg: „magisches Vier- bzw. Sechseck"

Dennoch bedarf es einiger kritischer Hinweise, die sich insbesondere auf das schwerpunktmäßige Verständnis von **sozialer Ungleichheit** als **materielle Verteilungsgerechtigkeit** beziehen. Andere Auffassungen von Gerechtigkeit, insbesondere die **Leistungsgerechtigkeit**, kommen kaum in den Blick, obwohl die Orientierung am Leistungsprinzip eine wesentliche Voraussetzung eines „Wohlstandes für alle" (Ludwig Erhard) darstellt.

kritische Hinweise

Die Annahme, eine Reduktion materieller Ungleichheit durch Umverteilung von oben nach unten würde per se zu höherem Wachstum und Wohlstand führen, erscheint zu simpel, weil hierbei die Funktionsmechanismen der (sozialen) **Marktwirtschaft** und deren **Anreizsysteme** wie das **Wettbewerbs-** und **Konkurrenzprinzip** zu wenig Beachtung finden. **Materielle Ungleichheit** gilt in der liberalen Wirtschaftstheorie als wesentlicher Antrieb für persönliche Anstrengung, um einen wirtschaftlichen und sozialen Aufstieg zu erreichen. Entwickelte Gesellschaften mit deutlichen Unterschieden in der **Einkommens- und Vermögensverteilung** weisen, auch bezogen auf breite Bevölkerungsschichten, einen höheren Wohlstand auf als Gesellschaften, in denen das Leistungsprinzip durch Egalisierung der Einkommen nahezu außer Kraft gesetzt wurde. Ein Blick in die Zeiten sozialistisch geprägter zentraler Planwirtschaften Osteuropas oder aktuell auf die wirtschaftliche Situation Kubas, Venezuelas oder Nordkoreas belegt dies deutlich. Auch räumen die Autoren selbst ein, dass das Maßnahmenpaket der Agenda 2010 zunächst zwar die Einkommensspreizung verschärft hat, letztlich aber in der Summe zur deutlichen Verbesserung der **Wettbewerbsfähigkeit** Deutschlands mit vergleichsweise **hohen Wachstums- und Beschäftigungsraten** geführt hat (vgl. Z. 30 ff.), die nun einen wesentlich **größeren Verteilungsspielraum** zugunsten des Bevölkerungsanteils am unteren Rand der Gesellschaft ermöglichen.

Ungleichheit als Leistungsanreiz

Beispiel: Planwirtschaft

Gleichzeitig sind in Deutschland die **Reallöhne** mit wenigen Ausnahmen seit 2008 im europäischen Vergleich deutlich gestiegen, was auch für die **sozialversicherungspflichtigen Beschäftigungsverhältnisse** jenseits des Niedriglohnbereichs gilt. Dies relativiert die

Reallöhne und Beschäftigungsverhältnisse

Ausführungen des Textes über Fehlentwicklungen der Agenda 2010 deutlich (vgl. Z. 36–50). Die Schwierigkeit bei der Erörterung der Bedeutung gerechter Einkommens- und Vermögensverteilung im Kontext der angeführten wirtschaftspolitischen Ziele des **magischen Vier- bzw. Sechsecks** liegt darin, dass die Behauptungen und Forderungen der Autoren relativ allgemein gehalten sind. Für eine angemessene Beurteilung bedarf es einer genaueren Zuspitzung:

Soll die **Verringerung materieller Ungleichheit** tatsächlich die **Wettbewerbsfähigkeit** Deutschlands verbessern, muss dies mit **Augenmaß** geschehen, damit nicht der gegenteilige Effekt eintritt und Leistungsanreize verringert werden. Möglicherweise ist es ein sinnvoller Weg, im Rahmen der staatlichen Kompetenzen den **Mindestlohn** deutlich anzuheben, um Beziehern niedriger Einkommen einen zusätzlichen **Leistungsanreiz** zu bieten, sich in einer Beschäftigung zu engagieren. Auf diesem Wege würde staatliches Handeln auf der **Werturteilsebene** den Kriterien der **Solidarität** und **Verteilungsgerechtigkeit** besser entsprechen und auf der des **Sachurteils** dem Kriterium der **Wirtschaftlichkeit und Effizienz**. Nicht sinnvoll erscheint eine bloße Erhöhung der Transferbezüge für Beschäftigungslose, weil dadurch die Spanne zu den Geringverdienern zu klein wird und ihre Arbeit sich kaum noch auszahlt.

Besonders geeignet und **zielführend** erscheinen hingegen die Überlegungen der Autoren, staatliche **Investitionen im Bildungsbereich** zu erhöhen, weil Menschen vom unteren Rand der Gesellschaft auf diesem Weg eine Chance eröffnet wird, ihre ökonomische und soziale Lebenssituation nachhaltig zu verbessern. Durch ein höheres Maß an **Chancengerechtigkeit** kann es am ehesten gelingen, ihnen eine **breitere Partizipation** am gesellschaftlichen Leben zu ermöglichen und persönliche **Freiheitsräume** (Werteebene) zu gewährleisten. Gleichzeitig erweist sich die Maßnahme auf der Ebene des **Sachurteils** als wirtschaftlich und dauerhaft effizient. Umfassende Investitionen zahlen sich auf die Dauer aus, wirken allerdings **nicht auf die Schnelle**. Daher erscheint die oben beschriebene umgehende Erhöhung der Einkünfte von Geringverdienern als wichtige Ergänzung.

Schwierigkeiten bei der Erörterung der Thesen des Textes

Zusammenführung der Argumente zu einer abschließenden Urteilsbildung

Niedersachsen Politik-Wirtschaft • Abiturprüfung 2018
Erhöhtes Anforderungsniveau • Aufgabe II

INTERNATIONALE SICHERHEITS- UND FRIEDENSPOLITIK
(Einordnung in den aktuellen Lehrplan: 13/1: Erscheinungsformen internationaler Kriege und Konflikte, Herausforderungen der Konfliktbewältigung; 12/1: Partizipation in der Demokratie, Verfassungsorgane und politische Akteure)

Thema: Internationale Sicherheitspolitik und Demokratie

Aufgabenstellung

1 Fassen Sie Konstantin v. Hammersteins Aussagen zur Entwicklung der Sicherheitslage in Mali zusammen.

2 Erklären Sie ausgehend von Z. 22–32 und Z. 71–74 das Machtverhältnis von Bundestag und Bundesregierung bei Entscheidungen über Auslandseinsätze der Bundeswehr.

3 Vergleichen Sie die Bewertung von Auslandseinsätzen der Bundeswehr in M 2 mit der Bewertung des Mali-Einsatzes durch den Autor (M 1).

4 Nehmen Sie mit Materialbezug Stellung zu Einsätzen der Bundeswehr im Ausland.

M 1 **Konstantin von Hammerstein: Die Bundeswehr wartet auf ein Wunder**

Bevor Benjamin Fröbisch nach Mali fährt, zieht er sich die schwere Schutzweste über den Kopf. Er prüft, ob seine Pistole und das Sturmgewehr in Ordnung sind. Dann steigt er mit seinem Helm zu seinem Fahrer in den gepanzerten Geländewagen. Mali ist nur ein paar Hundert Meter entfernt und doch unendlich weit weg, wenn man im Camp
5 Castor in Gao[1] lebt. [...]
Der Offizier aus Lüneburg weiß, wie prekär die Situation im Norden Malis ist. Die Regierung in Bamako hat große Teile des Landes nicht unter Kontrolle. Und die Uno-Einheiten, darunter mehr als 500 Bundeswehrsoldaten, können die fehlende Staatlichkeit nicht ersetzen. Wegen der vielen Angriffe kommen die Blauhelmeinheiten kaum
10 noch dazu, ihre eigentliche Aufgabe zu erfüllen und den labilen Friedensprozess zu überwachen. Sie sind inzwischen vor allem damit beschäftigt, sich selbst zu schützen.
Die Mission steht auf der Kippe. Wenn es nicht gelingt, Mali zu stabilisieren, hätte das für Europa schlimme Folgen. Das westafrikanische Land ist mehr als dreimal so

groß wie Deutschland und grenzt an die labilen Staaten Nordafrikas. Mali als Rückzugsort für islamistische Terrorgruppen könnte die ganze Region in Unruhe stürzen. Chaos und neue Flüchtlingsströme wären die Folge.

[...] Anders als Franzosen, Spanier und Italiener haben die Deutschen lange gebraucht, die strategische Bedeutung Afrikas für Europa zu begreifen. Dafür sind sie jetzt [...] besonders eifrig. Im vergangenen Jahr flogen nicht nur der Außenminister und seine Kollegin aus dem Verteidigungsressort nach Mali, auch der Bundespräsident und die Kanzlerin reisten an. Afrika ist inzwischen Chefsache.

Die Bundesregierung will das militärische Engagement in dem Krisenstaat ausweiten. Deutschland beteiligt sich bisher mit bis zu 650 Soldaten an der Blauhelmmission. In der kommenden Woche soll der Bundestag das Mandat verlängern, auf dann 1 000 Soldaten – mehr als in Afghanistan. Zusätzlich ist die Bundeswehr mit 129 Männern und Frauen an der EU-Ausbildungsmission für die malischen Streitkräfte in Koulikoro im Süden des Landes beteiligt.

„Die Stabilisierung Malis ist ein Schwerpunkt des deutschen Engagements in der Sahel-Region und ein wichtiges Ziel der Afrikapolitik der Bundesregierung", heißt es in der Begründung für das neue Bundeswehrmandat. Es gehe darum, „Mali in eine friedliche Zukunft führen zu helfen und die strukturellen Ursachen von Flucht und Vertreibung zu beseitigen".

Mehr Optimismus geht kaum. Dabei haben die internationalen Militärinterventionen auf dem Balkan, im Irak und in Afghanistan gezeigt, wie schwer es ist, ein fremdes Land von außen positiv zu verändern.

Warum sollte das ausgerechnet in Mali gelingen?

Mali besteht faktisch aus zwei Teilen. Über 90 Prozent der Bevölkerung leben im Süden. Die Nomadenstämme im Norden aber fühlen sich von der Zentralregierung in Bamako vernachlässigt. Nach der westlichen Intervention in Libyen kehrten Anfang 2012 bewaffnete Tuareg-Rebellen, die in Gaddafis Armee gedient hatten[2], nach Mali zurück.

Sie überrannten den Norden, wurden kurz darauf aber von islamistischen Terrorgruppen verdrängt. Im Süden putschten junge Offiziere, der Staat kollabierte. Erst eine erfolgreiche französische Militärintervention schaffte die Voraussetzung für das Friedensabkommen von Algier, mit dem der Bürgerkrieg zwischen mehreren Rebellengruppen und der malischen Regierung beigelegt werden soll.

Bis zu 13 000 Blauhelmsoldaten sollen nun dabei helfen, die Bevölkerung zu schützen und das Friedensabkommen umzusetzen. Major Fröbisch aus Lüneburg ist einer von ihnen. Als Nachrichtenoffizier des deutschen Kontingents in Camp Castor soll er erkunden, was außerhalb des Lagers vor sich geht. [...]

„Minusma" ist eine der gefährlichsten Friedensmissionen der Uno. Seit ihrer Aufstellung im April 2013 starben 95 Blauhelmsoldaten, 72 davon fielen im Einsatz. Es traf bisher ausschließlich Soldaten aus Entwicklungsländern.

Sie stellen die besonders gefährdeten Infanterieeinheiten und sind schlechter ausgerüstet als die Soldaten aus dem reichen Norden. [...]

Im vergangenen Juli weitete der Weltsicherheitsrat die Mission noch einmal deutlich aus. Theoretisch können jetzt mehr als 13 000 Blauhelme eingesetzt werden. Tatsächlich aber, klagt der Kommandeur in seinem vertraulichen Dezember-Bericht, sei

die Zahl auf knapp 10 700 gesunken: „Während das neue Mandat eine wachsende Stärke zulässt, verliert die Truppe Monat für Monat Manpower."
Das Uno-Hauptquartier in New York hat Mühe, genügend Truppensteller zu finden. Wenn ein Land schließlich zusagt, dauert es im Schnitt sechs Monate bis zu einem Jahr, bevor die Einheit wirklich vor Ort ist. Und dann beschränken oft nationale Vorgaben die Einsatzmöglichkeiten.
So sollen deutsche Transport- und Kampfhubschrauber in den nächsten Wochen die niederländischen Helikoptereinheiten in Gao ablösen.
„Wir erwarten die Bestätigung, dass Deutschlands Stationierung auch dazu beiträgt, die allgemeinen Operationen zu unterstützen", schreibt der „Minusma"-Kommandeur in seinem Dezember-Bericht, „und nicht auf Einsätze für medizinische Evakuierung und die Unterstützung der deutschen Aufklärungseinheit beschränkt wird."
Die Aussage ist eindeutig: Geht es nach der „Minusma"-Militärführung, sollen die deutschen Hubschrauber auch für den Schutz der Konvois und die Unterstützung der nicht deutschen Einheiten eingesetzt werden. Das Verteidigungsministerium hat dem inzwischen zugestimmt.
Schon jetzt sind die Uno-Einheiten gefährlich überdehnt. Angesichts der schlechten Sicherheitslage werde der überwiegende Teil der Einheiten für den Schutz der Lager und Konvois benötigt, heißt es in einem internen „Minusma"-Bericht. Nur etwa 500 Blauhelme könnten täglich für die eigentlichen Aufgaben eingesetzt werden. 500 Soldaten in einem Gebiet, das größer ist als Deutschland. […]
Die internationale Militärintervention war richtig, weil sie die Krise abgebremst hat. Sie verhinderte, dass Mali vollständig ins Chaos abrutschte. Mit etwas Glück wird sie das Land für einige Jahre auf niedrigem Niveau so stabilisieren können.
Doch es müsste schon ein Wunder geschehen, wenn sich die großen Erwartungen, die sich vor allem die Deutschen machen, erfüllen würden. Mali bleibt ein hoffnungsloser Fall, solange die Malier ihr Schicksal nicht selbst in die Hand nehmen. Von außen lässt sich ein Land nicht reformieren. […]

Auszüge aus: Konstantin von Hammerstein, DER SPIEGEL 4/2017, S. 32 ff.

Anmerkungen

1 Camp Castor ist das Feldlager der Bundeswehr nahe dem Flughafen der Stadt Gao in Mali.
2 Die Tuareg sind ein ursprünglich nomadisch lebendes Volk, dessen Siedlungsgebiet in den Staaten Mali, Algerien, Niger, Libyen und Burkina Faso liegt. Im libyschen Bürgerkrieg 2011 solidarisierten sich viele Tuareg mit dem damaligen diktatorischen Machthaber Muammar al Gaddafi und seinen Regierungstruppen. Gaddafi wurde nach einem internationalen Militäreinsatz im Oktober 2011 entmachtet und getötet.

M2 Cartoon

Quelle: © Jürgen Janson

Hilfsmittel
Grundgesetz für die Bundesrepublik Deutschland
Niedersächsische Verfassung ohne ergänzende Kommentare

Lösungsvorschlag

1 **TIPP** *Anforderungsbereich: I, Gewichtung in Prozent: 25*

Diese Teilaufgabe verlangt von Ihnen, dass Sie die Aussagen des Autors zur Entwicklung der Sicherheitslage in Mali auf wesentliche Aspekte reduziert, strukturiert, unkommentiert und sprachlich distanziert wiedergeben. Um Letzteres zu erreichen, ist die stilistisch anspruchsvollste Lösung die Verwendung des Konjunktivs. Da die Aufgabe eine aspektorientierte Zusammenfassung fordert, der Text aber in viele Richtungen tendiert, sollten Sie sich nur auf die Aussagen beschränken, die die Sicherheitslage in Mali betreffen. Verzichten Sie darauf, alles chronologisch zu paraphrasieren, gehen Sie stattdessen aspektorientiert vor.

Konstantin von Hammerstein beschreibt in seinem Artikel „Die Bundeswehr wartet auf ein Wunder", der in der Spiegel-Ausgabe 04/2017 erschienen ist, die Sicherheitslage in Mali als besonders fragil und den Blauhelmeinsatz der UN-Truppen als gefährlich (vgl. Z. 51 ff.).	**Einleitung** allgemeine Einschätzung der Sicherheitslage in Mali
Mali habe sich durch die Auseinandersetzung zwischen zahlreichen substaatlichen Akteuren und der Zentralregierung zu einem **fragilen Staat** entwickelt. Die Regierung besitze keine Kontrolle mehr über weite Teile des Landes, was auch durch die wenigen Blauhelmsoldaten nicht kompensiert werden könne (vgl. Z. 6–9). Es ist ein zerrissenes Land, in dem sich die Nomadenstämme des Nordens von der Zentralregierung vernachlässigt fühlten und Tuareg-Truppen und islamistische Terrortruppen sich gegenseitig bekämpften. Im Süden habe ein Militärputsch zum Kollaps der staatlichen Zentralmacht geführt (vgl. Z. 37–43). Erst eine französische Militärintervention habe die Voraussetzung eines Friedensabkommens geschaffen, mit dem der Bürgerkrieg durch den Einsatz von 13 000 Blauhelmsoldaten beendet werden sollte (vgl. Z. 43–50).	fragile Staatlichkeit
„Minusma", so der Name der Mission, sei einer der gefährlichsten Blauhelmeinsätze der UNO. Fast hundert Soldaten hätten seit 2013 ihr Leben verloren (vgl. Z. 51 f.). Angesichts dieser Sicherheitslage konnte das angestrebte Blauhelmkontingent bisher nicht erreicht werden, da es an Truppenstellern fehle (vgl. Z. 56 ff.). Die Truppe sei angesichts ihrer Schwäche weitgehend damit beschäftigt, sich selbst zu schützen, statt ihren eigentlichen Auftrag zu erfüllen und das Land zu stabilisieren (vgl. Z. 9–11).	„Minusma" als extrem gefährlicher UN-Einsatz
Abschließend beurteilt der Verfasser den Nutzen der Mission und kommt zu dem Urteil, dass die Mission zwar kurzfristig die Krise abgeschwächt habe (vgl. Z. 80). Auf lange Sicht sei allerdings ein Lösungsansatz, der das Land von außen zu befrieden sucht, hoffnungslos. Der Prozess müsse von den Kräften im Land selbst initiiert und unterstützt werden (vgl. Z. 84 f.).	**Abschlussurteil**

2 **TIPP** *Anforderungsbereich: II, Gewichtung in Prozent: 25*

Der Operator „erklären" verlangt von Ihnen hier, dass Sie ausgehend von den genannten Textpassagen die Kompetenzen von Bundesregierung und Bundestag bei Entscheidungen über Auslandseinsätze der Bundeswehr deutlich machen und diese voneinander abgrenzen. Hier ist ein Semesterübergriff auf die Thematik „Politische Partizipation zwischen Anspruch und Wirklichkeit" (12/1) notwendig, da Sie die Aufgabe nur im Rückgriff auf Ihre Kenntnisse über das gesetzlich vorgeschriebene Verfahren zur Mandatierung von Auslandseinsätzen bearbeiten können. Für eine sehr gute Leistung sollten Sie darüber hinaus einen profunden Zusammenhang zu den Prinzipien der parlamentarischen Demokratie herstellen.

Bei dem Blauhelmeinsatz der Bundeswehr in Mali handelt es sich um ein gemeinsames Handeln im Rahmen eines **Systems kollektiver Sicherheit**, in diesem Fall der UNO und EU (vgl. Z. 26). Dies ist durch Art. 24 des Grundgesetzes abgesichert. Doch neben der **Legitimation** durch den UN-Sicherheitsrat bedarf ein Bundeswehreinsatz eines **eigenen Mandats** (vgl. Z. 24), das allein von Bundesregierung und Bundestag ins Leben gesetzt werden kann. Die Bundesregierung hat hierbei im Gegensatz zu sonstigen Gesetzgebungsverfahren das **alleinige Initiativ- und Gestaltungsrecht**. Allerdings schreibt das **Parlamentsbeteiligungsgesetz**, welches wiederum auf einem Grundsatzurteil des Bundesverfassungsgerichts von 1994 beruht, vor, dass der Bundestag bis auf wenige Bagatellfälle allen Auslandseinsätzen der Bundeswehr zustimmen muss **(Parlamentsvorbehalt)**. In ihrem Antrag muss die Bundesregierung die genaue Gestaltung des Einsatzes festlegen, das gilt u. a. für den genauen Auftrag, das Einsatzgebiet, die Höchstzahl der einzusetzenden Soldaten und die geplante Dauer des Einsatzes. Auf Mali bezogen bedeutet dies, dass der Bundestag der Verlängerung des Einsatzes selbst und seiner Ausweitung von 650 auf 1 000 Soldaten zustimmen muss (vgl. Z. 22 ff.). Die gewünschte Ausweitung der Hubschraubereinsätze (vgl. Z. 71 ff.) stellt möglicherweise einen **Grenzfall** dar, insofern zu entscheiden ist, ob es sich hier um eine nennenswerte inhaltliche Änderung des Einsatzes handelt. Wäre dies der Fall, würde eine bloße Zustimmung des Verteidigungsministeriums (vgl. Z. 73 f.) ohne ausdrückliche Zustimmung des Bundestages nicht ausreichen. Wichtig ist zudem, dass der Bundestag jederzeit seine **Zustimmung** zu den genannten Einsätzen **widerrufen** kann und von der Bundesregierung gründlich über den Verlauf der Mission zu informieren ist.

Scheint es auf den ersten Blick auch so, als ob die Bundesregierung wegen ihres Initiativrechts deutlich mehr Kompetenzen und Machtbefugnisse hätte, so relativiert sich dies bei genauerem Hinsehen.

Einordnung in Systeme kollektiver Sicherheit nach Art. 24 GG

Mandatierung durch das Zusammenwirken von Bundestag und Bundesrat

Parlamentsvorbehalt

Grenzfälle

weitere Einflussfaktoren des Bundestages

Zwar legt die Regierung die Ausgestaltung des Einsatzes formal allein fest, doch könnte der Bundestag diese mit der **Androhung einer Ablehnung** wegen bestimmter Regelungen zu Änderungen bewegen. Weiterhin verfügt das Parlament allein über das **Budgetrecht**, kann also über die Zuweisung oder Ablehnung entsprechender Finanzmittel die Gestaltung der Einsätze beeinflussen.

Angesichts der umfassenden Einflussmöglichkeiten des Bundestages wird die Bundeswehr gern als **Parlamentsarmee** bezeichnet. Das Prozedere bei der Mandatierung orientiert sich an grundlegenden Prinzipien der parlamentarischen Demokratie, wie sie im Grundgesetz zum Ausdruck kommen. Im Rahmen der Gewaltenteilung nimmt der Bundestag hier seine Kontrollfunktion gegenüber der Exekutive wahr. Das Zusammenwirken beider Verfassungsorgane entspricht dabei dem Prinzip der **Gewaltenverschränkung** von Exekutive und Legislative. Dem Bundestag als repräsentativem Organ des Volkes gebührt zudem die letzte Entscheidung über Auslandseinsätze der Bundeswehr, was dem **Souveränitätsprinzip** als Grundelement der Demokratie entspricht (vgl. Art. 20,2 GG). Dadurch erhalten sie eine besonders starke Legitimation.

Einordnung in grundlegende Prinzipien der parlamentarischen Demokratie

Abschließend lässt sich festhalten, dass dem Bundestag trotz des Initiativrechts der Bunderegierung bei der Mandatierung von Bundeswehrauslandseinsätzen formal ein umfassender Einfluss zukommt. Allerdings hängt es sehr davon ab, **inwiefern er seine Möglichkeiten nutzt**, diesen auch gegenüber der Bundesregierung durchzusetzen. Die bisherige politische Praxis der sehr raschen und geräuscharmen Mandatierungsprozeduren lässt bei manchem Kritiker Zweifel hieran aufkommen.

Zusammenfassung

3 **TIPP** *Anforderungsbereich: II, Gewichtung in Prozent: 25*

In dieser Aufgabe geht es darum, Gemeinsamkeiten, Ähnlichkeiten und Unterschiede zwischen der Bewertung von Auslandseinsätzen der Bundeswehr in der Karikatur und der Bewertung des Mali-Einsatzes durch den Autor kriterienorientiert darzulegen. Da Sie den Text bereits analysiert haben, sollten Sie mit der Karikatur beginnen. Um einen qualifizierten Vergleich beider Quellen i. S. der Aufgabe durchführen zu können, bedarf es zunächst einer schulmäßigen Analyse der Karikatur. Hier sollten Sie sich auf die Elemente beschränken, die später für die Bewertung von Relevanz sind. Im Anschluss daran sind die Einzelelemente jeweils zu deuten, um sodann zu einer Gesamtdeutung der Aussageabsicht zu gelangen. Daran sollten Sie den geforderten Vergleich anschließen. Achten Sie darauf, beide Ansätze nicht noch einmal hintereinander zu referieren, sondern stellen Sie die jeweiligen Aspekte direkt einander gegenüber und prüfen Sie genau, inwiefern Sie übereinstimmen, einander ähneln oder widersprechen.

Die Karikatur von Jürgen Janson mit der Bildunterschrift „*Uschi mach' kein Quatsch*" thematisiert die **Problematik der Bundeswehrbeteiligung** an zahlreichen Auslandseinsätzen, die als „Anti-Terror-Kampf" deklariert werden.

Quellen-/Themenangabe

Auf der **linken Seite** steht eine Frau im Hosenanzug, die einen Luftballon mit dem Bundeswehrlogo in der Hand hält. Sie steht vor einem stilisierten Kassenhäuschen, das mit den Worten „Geisterbahn, Anti-Terror-Kampf" und mit den Staatenbezeichnungen „Mali", „Afghanistan" und „Nord-Irak" beschriftet ist. Darin befindet sich ein hinterhältig grinsender bärtiger Mann mit einem Patronengürtel über der Schulter. Daneben liegt ein Totenkopf, der einen zweifelnden und entmutigten Gesichtsausdruck zeigt. Der **obere Bereich** der Abbildung ist sehr dunkel und über dem hinterhältigen Mann befinden sich vier weiße Augenpaare, die aus der Dunkelheit herausstarren. Vor dem Häuschen liegt eine Handgranate auf dem Boden. Die Frau gibt dem Kassierer ein Zeichen und sagt „Ne Dauerkarte, bittschön!". Insgesamt wirkt die Zeichnung surreal und unheimlich.

Beschreibung der einzelnen Bildelemente

Bei der abgebildeten Frau handelt es sich zweifellos um die Bundesverteidigungsministerin Ursula von der Leyen. Ihr Ansinnen, eine „Dauerkarte" im „Kassenhäuschen" zu erwerben, bezieht sich auf die **Mandatierung der Bundeswehreinsätze** in Mali, Afghanistan und Nord-Irak, wie aus den angebrachten Schildern zu ersehen ist. Die vier weißen Augenpaare vor dem dunklen Hintergrund und der abgelegte Totenkopf verkörpern eine kaum greifbare **Bedrohungssituation** für die Sicherheit und das Leben der eingesetzten Soldaten.

Deutung der Einzelelemente

Die Einsätze werden mit dem Anti-Terror-Kampf begründet, dessen Charakter der Zeichner kritisch als „Geisterbahn" charakterisiert. Die Augenpaare im Hintergrund verstärken diese Atmosphäre zusätzlich. Die Verteidigungsministerin weiß nie, was als Nächstes auf sie und ihre Soldaten zukommt. Aus allen Ecken kann etwas Gefährliches auf die Soldaten zukommen, weil der Gegner in diesen „**failed states**" sehr vielgestaltig und nicht greifbar ist.

Gesamtdeutung

Der Zeichner bewertet daher diese Auslandseinsätze und insbesondere ihre dauernde Mandatsverlängerung insgesamt **sehr negativ**, indem er sie als Quatsch (vgl. Bildunterschrift) bezeichnet. Die Begründung basiert sowohl auf den **Gefahren** (Patronengürtel, Handgranate, Totenkopf, Schrecken der Geisterbahn) als auch auf der **mangelnden Effizienz** der Einsätze, denn die Verteidigungsministerin verstrickt sich in ein zeitlich unbegrenztes Abenteuer mit wenig Aussicht auf Erfolg (Dauerkarte) und immer mehr Opfern. Es liegt nahe, dass der Karikaturist dafür plädiert, weitere Mandatsverlängerungen für solche Missionen abzulehnen.

In Bezug auf die dargestellten Gefahren zeigen sich verschiedene **Übereinstimmungen** mit der Bewertung der genannten Einsätze durch von Hammerstein. Der Autor kennzeichnet die Mali-Mission Minusma als eine der gefährlichsten Friedensmissionen der UNO und verweist auf die große Opferzahl unter den Blauhelmsoldaten (vgl. Z. 51 f.). Er kennzeichnet Mali ebenso wie der Karikaturist als einen „failed state", in dem verschiedenste Gruppen im Untergrund agieren und eine erfolgreiche Befriedung der Region unmöglich machen. Er sieht Mali als „hoffnungslose[n] Fall" (Z. 84 f.), der durch eine Intervention von außen nicht verbessert werden kann.

Vergleich mit der Bewertung durch den Textautor Übereinstimmungen

Allerdings argumentiert der Autor naturgemäß **differenzierter** als der Karikaturist. Ist es doch ein Charakteristikum einer Karikatur, zu **übertreiben** und zu **kontrastieren**. Hammerstein dagegen sieht die Intervention nicht völlig negativ, habe sie doch die Krise in Mali zunächst abgebremst und sei insofern richtig gewesen (vgl. Z. 80). Damit seien die Voraussetzungen geschaffen, das Land unter günstigen Bedingungen für eine gewisse Zeit zu stabilisieren (vgl. Z. 81 f.).

Abweichungen

Allerdings sieht von Hammerstein wie der Karikaturist **keine langfristig positive Perspektive** hinsichtlich des Erfolgs der Mission in Mali. Bloße Militäraktionen von außen werden erfolglos bleiben und auf allen Seiten nur weitere Opfer kosten, wenn es nicht gelingt, die abgebremste Krise als Ausgangspunkt für einen Befriedungsprozess zu nutzen, der die zerrissenen Gruppierungen des Landes zusammenführt. Die Aussichten hierfür sieht er ebenfalls sehr skeptisch (vgl. Z. 80 ff.).

Fazit des Vergleichs

4 **TIPP** Anforderungsbereich: III, Gewichtung in Prozent: 25

In der Abschlussaufgabe wird eine Stellungnahme von Ihnen zur Sinnhaftigkeit von Auslandseinsätzen der Bundeswehr gefordert, die zunächst eine klassische Beurteilung der Problematik voraussetzt, in der Sie Ihnen besonders wichtig erscheinende Ausführungen der Materialien überprüfen. Hier könnten Sie beispielsweise der Frage nach der Effizienz von Auslandseinsätzen kriterienorientiert nachgehen, um zu einem begründeten Sachurteil zu gelangen. Daran anschließend sollten Sie die Problematik zusätzlich ausgehend von eigenen und politischen Wertmaßstäben beurteilen. Um zu einem begründeten Sach- und Werturteil zu gelangen, müssen Sie die zentralen Aspekte der politischen Urteilsbildung, also Effizienz sowie Legitimität/Grundwerte berücksichtigen. Praktisch können Sie so vorgehen, dass Sie zunächst von den Bewertungen in beiden Materialien ausgehen, deren Begründungen prüfen und dann Argumente für oder gegen Auslandseinsätze entfalten. Bei dieser Vorgehensweise sollten Sie sowohl Argumente aus den Materialien als auch aus dem Bereich Ihrer Vorkenntnisse heranziehen. Hierbei können Sie auf Beispiele zurückgreifen, die Ihre Position in

> besonderer Weise bekräftigen. Der vorliegende Lösungsvorschlag geht vor allem auf Afghanistan ein, weil dieser Einsatz bereits lange andauert und exemplarische Probleme anderer Einsätze verdeutlicht. Sinnvoll könnte es bei der abschließenden Urteilsbildung sein, herauszustellen, unter welchen Bedingungen Sie einem solchen Bundeswehrauslandseinsatz zustimmen würden oder nicht. Ganz wichtig ist, dass Sie sich bei der Bearbeitung der Aufgabe auf wenige Aspekte konzentrieren und diese intensiv reflektieren.
>
> Die vorliegende Lösung enthält zum Teil sehr konkrete Daten, die so in der Prüfung unter Umständen nicht von Ihnen verlangt werden. Prägen Sie sich vor allem Tendenzen und Zusammenhänge ein. Genaue Zahlen sind anschaulich, aber nicht zwangsläufig nötig.

In der Karikatur werden die Anti-Terror-Einsätze am Beispiel Malis, Afghanistans und des Nord-Irak als **perspektivlose Geisterfahrt** überzeichnet. Auch der Autor des Textes schätzt den Einsatz als äußerst gefährlich, langwierig und wenig erfolgversprechend ein, sofern der Handlungswille für den Frieden innerhalb der Länder selbst nicht nachhaltig erkennbar wird (vgl. Z. 83 ff.). *Gesamteinschätzung der Materialien*

Bezogen auf das Beispiel Mali lassen sich langfristige Prognosen hinsichtlich der **Effektivität** des Militäreinsatzes nur schwer anstellen. Der Einsatz der Bundeswehr währt „erst" seit 2013, zunächst in einem personell sehr beschränkten Rahmen. Immerhin wurde 2015 ein **Friedensabkommen** zwischen den rivalisierenden Gruppen erreicht, das nunmehr auch mithilfe der Bundeswehr mit einem vergrößerten Kontingent abgesichert werden soll. Inzwischen sind bis zu 1 100 Soldaten (2017: Aufstockung von 650 auf 1 000 Soldaten, vgl. Z. 23 ff.) im Einsatz. Ein gewisser, wenn auch **fragiler Erfolg** wird auch vom Autor des Textes nicht abgestritten (vgl. Z. 80 f.). *Nachhaltigkeit des Friedensprozesses in Mali*

Trotz der unsicheren Sicherheitslage, der immer wieder aufflammenden Kämpfe und hohen Kosten scheint es daher sinnvoll, den Einsatz so auszustatten, dass er seinem Auftrag, der wirkungsvollen Absicherung des Friedensabkommens, überhaupt effektiv nachkommen kann. Es erscheint daher grundsätzlich notwendig, sich auf Einsätze mit Perspektive zu fokussieren, um die **personellen und finanziellen Mittel** auf eine „machbare" Aufgabe zu fokussieren. Sollte sich eine solche Erfolgsaussicht auf die Dauer nicht abzeichnen, wäre dieser Einsatz allerdings ggf. abzubrechen. *Konzentration auf weniger Einsätze*

Bezogen auf derzeit dreizehn Auslandseinsätze heißt dies, dass ihre **Sinnhaftigkeit** in jedem Einzelfall zu überprüfen ist. Mit einem Kontingent von 1 100 (Minusma) und 1 300 (Resolute Support) Soldaten stellen die Einsätze in Mali und Afghanistan ca. zwei Drittel der gesamten im Ausland eingesetzten Kräfte der deutschen Bundes- *Konsequenzen für die derzeitige Einsatzpolitik* wehr. Bezogen auf Afghanistan kommen allerdings auf verschiedenen Ebenen **erhebliche Zweifel** daran auf, diesen Einsatz dauerhaft zu verlängern und sogar noch auszuweiten:

Der Einsatz in Afghanistan wurde ausdrücklich als **Anti-Terror-Kampf** ausgewiesen und dauert nunmehr seit 2001 an. Seine Erfolge sind jedoch wenig überzeugend. Nach wie vor haben die Regierung bzw. die Nato-Truppen weite Teile des Landes nicht unter Kontrolle. Bis heute erleben wir in kurzen Abständen Terroranschläge mit jeweils mehr als hundert Toten. Dazu gehören auch zahlreiche Bundeswehrsoldaten. Die **Taliban** konnten nicht wirksam zurückgedrängt werden. Stattdessen ist mit dem **IS** eine zusätzliche mächtige Terrororganisation hinzugekommen. Angesichts der **asymmetrischen Kriegsführung** mit einem schwer fassbaren Gegner (vgl. Karikatur) und einem nicht definierten Kriegsgebiet, scheint der Krieg nicht erfolgreich abzuschließen zu sein. Es bleibt nur die Perspektive eines militärischen Patts mit jährlich mehr als **zehntausend Opfern**. Die Anwesenheit von Nato-Soldaten wird zudem von der Bevölkerung teilweise als **Bevormundung und Besatzung** wahrgenommen. Das Land hat keinen Frieden gefunden. Millionen Menschen haben sich auf die Flucht begeben. Afghanistan ist 2018 eines der größten Herkunftsländer von neuen Flüchtlingen nach Deutschland.

Beispiel Afghanistan

Auf der Ebene der Gewährleistung grundlegender **Menschenrechte**, insbesondere von Frauen und Mädchen, lassen sich einige deutliche Verbesserungen feststellen. Dies gilt allerdings nur für die von den Mandatstruppen kontrollierten Gebiete. Außerdem lässt sich auch hier die kulturell verankerte Männerherrschaft nicht von heute auf morgen i. S. eines westlichen Gleichheitsgrundsatzes umgestalten.

Frauenrechte

Die **Kontingentreduktion** ab 2014 von über fünftausend auf tausend Soldaten suggerierte einen nachhaltigen Erfolg der Mission. Diese Einschätzung wurde durch die politische Wirklichkeit aber ad absurdum geführt. Die Erhöhung der Truppenzahl im Mandat von 2018 gesteht diese Fehleinschätzung ein. Außerdem zeigt dieser „Zickzackkurs" die mangelnde Eigenständigkeit der deutschen Afghanistanpolitik, die hier lediglich dem amerikanischen Vorbild folgt.

Zickzackkurs in der Afghanistanpolitik

Die Zahl der Terroranschläge hat eher zugenommen. Teilweise im Wochenrhythmus wird von Anschlägen der Taliban und des IS berichtet mit über hundert Toten und einem Vielfachen an schwer Verletzten. Der Gedanke, Pluralität und Demokratie mithilfe von militärischer Präsenz zu installieren, deutet eher auf **politische Naivität** hin, bei der die Befindlichkeiten und Bedürfnisse der einheimischen Bevölkerung außer Acht gelassen werden.

Terror im Land

Bezogen auf die **Wirksamkeit** des Militäreinsatzes in Afghanistan für den Schutz von Freiheit und Sicherheit in Deutschland selbst können **keine messbaren positiven Ergebnisse** festgestellt werden. Der Behauptung des ehemaligen Verteidigungsministers Peter

Struck, am Hindukusch würde auch die Freiheit Deutschlands verteidigt, kann daher nicht zugestimmt werden. Die Zahl und der Umfang internationaler islamistischer Terroranschläge haben sich seit 2001 deutlich vergrößert und seither auch Deutschland erreicht. Es drängt sich der Eindruck auf, durch Interventionen von außen in islamistisch orientierten Staaten würde die Konfrontation zwischen westlicher und islamistischer Welt eher verstärkt. **Hass- und Gewaltaktionen** aus vermeintlich „besetzten" Staaten zeigen sich als Folgen.

islamistischer Terror in der westlichen Welt

Der Afghanistaneinsatz hat wohl nicht zuletzt wegen der möglichen Gefahren für die Sicherheit in Deutschland zunehmend an **Akzeptanz in der Bevölkerung** verloren. Derartige Einsätze würden auch angesichts der hohen Kosten, vor allem aber wegen der vielen Opfer unter den Soldaten, einer breiten **Legitimationsbasis** durch die Unterstützung der Bevölkerung bedürfen, selbst wenn sie formal über das Parlamentsmandat legitimiert sind.

Legitimation/ Akzeptanz in der Bevölkerung

Auslandseinsätze der Bundeswehr sollten i. S. der anfänglichen Ausführungen aber **nicht generell abgelehnt** werden. Die Bundesrepublik hat angesichts ihrer wirtschaftlichen und militärischen Möglichkeiten eine **moralische Verpflichtung**, sich für die Sicherung von Grundwerten wie Menschenwürde, Sicherheit, Frieden und Freiheit einzusetzen. Dies ergibt sich weiterhin auf der rechtlichen Ebene (Legitimität) aus ihrer Mitgliedschaft in der UNO und der Unterzeichnung anderer internationaler Vereinbarungen zum Schutz der Menschenrechte. Zusätzlich ist sie als Teil der EU und der Nato in ein System zur Erhaltung kollektiver Sicherheit eingebunden, das ihr nach Art. 24 GG erlaubt, an internationalen Militäreinsätzen teilzunehmen, sofern der dafür vorgesehene verfassungsrechtliche Weg eingehalten wird (Parlamentsvorbehalt).

Folgerungen für die allgemeine Beurteilung von Auslandseinsätzen

Um diese Ziele im Rahmen ihrer Möglichkeiten effektiv zu verwirklichen, bedarf es aber der **optimalen Analyse der Ausgangslage** in den betroffenen Staaten und der nüchternen Antizipation von Problemen und Erfolgsaussichten (vgl. hierzu die anfänglichen Ausführungen). Das Beispiel Afghanistan zeigt, dass ein unüberlegtes Eingreifen ohne diese **Situationsanalyse** nicht zum Ziel führen kann. Zudem verdeutlichen die missglückten Ausstiegsversuche aus dem Einsatz, wie schwer es ist, diesen zu beenden, ohne noch größere Schäden zu hinterlassen. Weiterhin sollte genau überdacht werden, wie wirksam militärische Einsätze wirklich sind. Im Einzelfall ist zu prüfen, ob **Hilfestellungen im zivilen und sozialen Bereich** nicht von **nachhaltigerem Nutzen** sein könnten. All diese Vorüberlegungen sollten auch angestellt werden, um eine breite **Akzeptanz** von Auslandseinsätzen sowohl im Entsendestaat als auch in der Mandatsregion dauerhaft sicherzustellen.

Gelingensbedingungen für Auslandseinsätze

Niedersachsen Politik-Wirtschaft ▪ Abiturprüfung 2019
Erhöhtes Anforderungsniveau ▪ Aufgabe I

WIRTSCHAFTSPOLITIK IN DER SOZIALEN MARKTWIRTSCHAFT
(Einordnung in den aktuellen Lehrplan: 12/2: soziale Ungleichheit, Verteilungsgerechtigkeit, Prinzipien der Sozialen Marktwirtschaft; 13/2: Leitbilder der europäischen Außenhandelspolitik)

Thema: Soziale Marktwirtschaft und Globalisierung

Aufgabenstellung

1 Fassen Sie Branko Milanovićs Aussagen zur wirtschaftlichen und politischen Entwicklung in Deutschland zusammen.

2 Erläutern Sie ausgehend vom Text wirtschaftspolitische Ziele in der Sozialen Marktwirtschaft und diesen Zielen zugrunde liegende Werte.

3 Erklären Sie die in den Materialien 1 und 2 deutlich werdende Kritik an der US-amerikanischen Handelspolitik vor dem Hintergrund außenwirtschaftlicher Leitbilder.

4 Nehmen Sie unter Berücksichtigung der Rolle des Staates in der Sozialen Marktwirtschaft Stellung zu den Empfehlungen Branko Milanovićs in den Zeilen 24–33.

M1 **Branko Milanović: Konzentration des Kapitals rückgängig machen. Interview von Anja Papenfuß.**

In Deutschland herrscht eine paradoxe Situation: Obwohl die Wirtschaft brummt, haben viele Menschen das Gefühl, nicht davon zu profitieren. Sie geben den etablierten Parteien die Schuld und wählen populistische Parteien. Ist da etwas dran?

5 Deutschland gilt als Musterbeispiel für ein Land, das sich sehr erfolgreich an die Globalisierung angepasst hat. Es ist mittlerweile die größte Exportnation der Welt. Die Arbeitslosenquote liegt bei etwa 5,7 Prozent, und das bei einer gleichzeitigen Aufnahme von einer Million Migranten. Das ist alles überaus positiv.

Weniger positiv ist, dass das Realeinkommen der unteren 50 Prozent der deutschen
10 Bevölkerung in den letzten 15 Jahren nicht gestiegen ist. Angesichts dieser Entwicklung und anderer Faktoren wie Migration oder Angst vor Arbeitsplatzabbau ist es durchaus nachvollziehbar, dass die wirtschaftliche Entwicklung auch in Deutschland zum Aufstieg der Populisten geführt hat.

Wie steht es mit den Gewerkschaften? Haben sie genug für die Arbeitnehmer unternommen?
Aufgrund der Veränderungen am Arbeitsplatz und auf dem Arbeitsmarkt ist der Rückgang gewerkschaftlicher Organisation ein weltweites Phänomen, sowohl in der Privatwirtschaft als auch im öffentlichen Sektor. Auch in Deutschland haben die Gewerkschaften an Macht verloren. Das wirft für linke Parteien akute Probleme auf. In Frankreich, Deutschland und anderen Ländern bestand früher eine enge Beziehung zu den Gewerkschaften. [...] Heute ist diese Verbindung lockerer, deshalb muss die Wirtschaftspolitik auf Seiten der Linken neu überdacht werden.

In welcher Hinsicht?
Wenn Sie und ich ein unterschiedliches Einkommen erzielen, konzentriert sich die Politik bislang darauf, dass der Staat das durch Transferleistungen und Steuern ausgleicht. Wenn aber unsere Ausgangsposition in Hinblick auf Ausbildung und Kapital recht ähnlich ist, unterscheidet sich auch unser Einkommen nicht wesentlich, und der Staat muss nicht so stark eingreifen.

Linke Parteien sollten mehr Anstrengungen darauf verwenden, die Voraussetzungen der Menschen beim Eintritt in den Arbeitsmarkt anzugleichen. Statt alles in die Umverteilung bereits erzielter Einkommen zu investieren, sollte mehr Geld in eine gleichmäßig gute Ausbildung für alle fließen, egal aus welcher Schicht, und das Kapital zugunsten der mittleren Schichten umverteilt werden. Das wäre meine Empfehlung.

Wie Sie in Ihrem Buch[1] schreiben, erwächst die zunehmende Ungleichheit vor allem aus der Globalisierung. Ist ein Handelsprotektionismus, wie Donald Trump ihn betreibt, die richtige Antwort darauf?
Nein, ich halte diese Politik für falsch. Wegen der internationalen Regelungen ist sie auch nur sehr schwer umzusetzen. Und selbst wenn Trump diese Maßnahmen durchzieht, würden sie meiner Ansicht nach nur vorübergehend greifen und für die Menschen keine langfristige oder auch nur mittelfristige Verbesserung ihrer wirtschaftlichen Situation mit sich bringen. Nur sehr wenige Menschen würden davon profitieren, viele aber darunter leiden.

Solche Maßnahmen sind langfristig schlecht für die Vereinigten Staaten und den Rest der Welt. Die Senkung der Zölle war ein enormer Fortschritt. In den vergangenen 50 Jahren lagen die Zölle in den reichen Ländern durchschnittlich bei zehn bis zwölf Prozent, nun betragen sie nur noch ein oder zwei Prozent. Die Rückkehr zur alten Politik wäre ein Fehler. [...]

Wie kommt es, dass sich in den letzten drei Jahrzehnten die Ungleichheit weltweit zwischen den Ländern vermindert hat, während sie innerhalb der meisten westlichen Länder dramatisch gewachsen ist?
Die Antwort ist recht einfach, denn in ärmeren, bevölkerungsreichen Ländern wie China, Indien und Vietnam ist die Wirtschaft gewachsen. Man könnte sagen, dass dort eine globale Mittelschicht entstanden ist. Man kann das an der massiven Zunahme chinesischer Touristen in Europa ablesen. Das war der Faktor, der die globale Ungleichheit hat schrumpfen lassen.

Aber was die Ungleichheit innerhalb von Staaten angeht: In Reaktion auf den Aufstieg Chinas wurden in den westlichen Ländern in Branchen, die mit China in Konkurrenz standen, für viele Menschen die Löhne gesenkt und Arbeitsplätze abgebaut. Derselbe Globalisierungsschub, der in China die Einkommen erhöht und die globale Mittelschicht hervorgebracht hat, dürfte das Einkommen vieler US-amerikanischer Arbeitskräfte gesenkt haben. Deshalb wächst in den USA die Ungleichheit. Aber für mich ist dieser Zusammenhang kein Argument für die Einführung von Strafzöllen, sondern ein Argument dafür, dass man die von der Globalisierung betroffenen Menschen unterstützen muss.

Warum bedroht die wachsende Ungleichheit die Demokratie? Weil sie Populisten in die Hände spielt?
Nicht nur. Bei großer Ungleichheit liegen mehr Ressourcen in den Händen des reichsten Prozents der Bevölkerung. Betrachtet man die Wünsche der Reichen und die Gesetze, die gemacht werden, erkennt man einen klaren Zusammenhang. Die Gesetze, über die debattiert wird, spiegeln die Präferenzen der Reichen wider. Da also die Reichen immer mächtiger werden und politische Prozesse und Parteien finanzieren, diktieren sie auch die Wirtschaftspolitik. Und dabei haben sie ihre eigenen Interessen im Blick. Insofern verstärken sie den Vorteil, den sie schon haben. […]

Milanovic, Branko: Konzentration des Kapitals rückgängig machen. Interview von Anja Papenfuß. In ipg-Journal vom 29.03.2018, abgerufen von: https://www.ipg-journal.de/schwerpunkt-des-monats/kapitalismuskritik/artikel/detail/konzentration-des-kapitals-rueckgaengig-machen-2657/

Anmerkungen
Branko Milanović ist Gastprofessor an der City University of New York. Davor war er unter anderem leitender Ökonom der Forschungsabteilung bei der Weltbank.
Die Online Zeitschrift ipg-journal wird vom Referat Internationale Politikanalyse der SPD-nahen Friedrich-Ebert-Stiftung erstellt. Die Fragen sind im Text fett gedruckt.
1 Branko Milanović: „Die ungleiche Welt". Suhrkamp Verlag, Berlin 2016.

Hilfsmittel
Grundgesetz für die Bundesrepublik Deutschland
Niedersächsische Verfassung ohne ergänzende Kommentare

M 2

Quelle: ROBERT ARIAIL © 2017 Spartanburg Herald-Journal. Reprinted with permission of ANDREWS MCMEEL SYNDICATION for UFS. All rights reserved.

Anmerkung
Worterklärung: „Trade tariffs" ist die englische Bezeichnung für Handelszölle.

Hilfsmittel
Grundgesetz für die Bundesrepublik Deutschland
Niedersächsische Verfassung ohne ergänzende Kommentare

Lösungsvorschlag

1 **TIPP** *Anforderungsbereich: I, Gewichtung in Prozent: 20*

Der Operator „zusammenfassen" verlangt hier von Ihnen eine knappe, strukturierte und inhaltlich fokussierte Darstellung der wesentlichen Aspekte des Textes. Dabei sollen Sie selektiv vorgehen und sich nur auf den Aspekt der wirtschaftlichen und politischen Entwicklung in Deutschland konzentrieren. Dies ist allem deshalb zu berücksichtigen, weil der Autor teilweise recht unsystematisch zahlreiche weitere Aspekte entwickelt. Achten Sie auf eine sprachlich distanzierte und unkommentierte Darstellungsweise, am besten durch Verwendung des Konjunktivs. Verzichten Sie auf lange Zitate, belegen Sie aber Ihre Ausführungen mit den passenden Zeilenangaben.

Branco Milanović, Ökonom und Gastprofessor an der City University of New York, bewertet in dem Interview mit Anja Papenfuß, veröffentlicht im ipg-Journal vom 29.03.2018, die wirtschaftliche Entwicklung in Deutschland als positiv (vgl. Z. 5 ff.). Dennoch bestätigt er die von Papenfuß skizzierte Gefahr, dass angesichts der subjektiven Wahrnehmung vieler, selbst nicht vom **wirtschaftlichen Aufschwung** zu profitieren, **negative politische Entwicklungen** wie die Unzufriedenheit mit den etablierten Parteien und der Aufstieg populistischer Parteien einhergehen könnten (vgl. Z. 9 ff.).
Einleitung, Quelle, zentrale These

Er belegt seine Bewertung der wirtschaftlichen Entwicklung mit den **großen Exporterfolgen** Deutschlands sowie der vergleichsweise **geringen Arbeitslosenquote** bei gleichzeitiger Aufnahme von einer Million Migranten. Dies zeige, dass Deutschland sich den **Herausforderungen der Globalisierung** sehr gut angepasst habe (vgl. Z. 5 ff.). Allerdings seien die **Realeinkommen der unteren Einkommensschichten** in den letzten 15 Jahren nicht mehr gestiegen, was mit Faktoren wie Migration und Angst vor Arbeitsplatzverlust auch zum **Aufstieg der Populisten** geführt habe (vgl. Z. 9 ff.).
Belege

Angesichts der rückläufigen gewerkschaftlichen Organisation und des damit einhergehenden **Machtverlusts der Gewerkschaften** stelle sich für die politische Linke die Herausforderung, neue Wege zu gehen, um eine **Angleichung der unterschiedlichen Einkommen** zu erreichen (vgl. Z. 18 f.). Statt auf einen verstärkten Ausgleich durch staatliche Umverteilung und Transferzahlungen zu setzen, solle durch politische Maßnahmen stärker darauf hingewirkt werden, dass möglichst alle Menschen durch eine **höhere Qualifikation** die **gleiche Chance** erhalten, am Arbeitsmarkt vergleichbare Einkommen zu erzielen. Das Kapital solle zugunsten der Mittelschicht umverteilt werden (vgl. Z. 24 ff.).
Konsequenzen für die politische Linke

Eine **Bedrohung für die Demokratie** liege aber nicht nur im aufstrebenden Populismus. Vielmehr führe die wachsende Ungleichheit dazu, dass sich die **Interessen der Superreichen** aufgrund ihrer hohen Finanzkraft immer stärker in Politik und Gesetzgebung durchsetzten, sodass sie den Politikern die Wirtschaftspolitik quasi diktieren (vgl. Z. 67–73).

weitere Bedrohungen für die Demokratie

---

2 | **TIPP** | *Anforderungsbereich: II, Gewichtung in Prozent: 25*

Ausgehend von der Textgrundlage sollen Sie die wirtschaftspolitischen Ziele in der Sozialen Marktwirtschaft und die dahinterstehenden Werte in ihren komplexen Beziehungen an Beispielen verdeutlichen. Nutzen Sie hierzu zunächst das Interview, bringen Sie aber auch darüber hinausgehende Kenntnisse ein.

Die wirtschaftspolitischen Ziele in der Sozialen Marktwirtschaft haben als sogenanntes **magisches Viereck** ihren Niederschlag im **Stabilitätsgesetz** von 1967 gefunden, das im Wesentlichen **quantitativ** klar messbare Größen definiert. Später kamen mit dem Ziel einer **gerechten Einkommens- und Vermögensverteilung** sowie dem **Schutz der Umwelt** zwei **qualitative Ziele** hinzu.

Einordnung in das magische Sechseck

Der Autor bezieht sich vordringlich auf das qualitative Ziel der **gerechten Einkommens- und Vermögensverteilung** (vgl. Z. 9 f., 24 ff.) mit dem zugrunde liegenden Wert der **Verteilungsgerechtigkeit**. Er greift aber auch die klassischen Ziele **Vollbeschäftigung** (vgl. Z. 6 ff.), **stetiges Wirtschaftswachstum** (vgl. Z. 1 f.) und **außenwirtschaftliches Gleichgewicht** (vgl. Z. 6) auf, die mit grundlegenden Werten wie **Sicherheit** und **Freiheit** korrespondieren. Die Aspekte der Preisstabilität und Umweltverträglichkeit nimmt er nicht in den Fokus.

Zusammenfassung der im Text aufgegriffenen Ziele und Werte

Das Ziel des stetigen **Wirtschaftswachstums** nennt Milanović zwar nicht explizit, es lässt sich jedoch aus seinen Ausführungen zur „brummenden Wirtschaft" in Deutschland ableiten (vgl. Z. 1 f., 5 ff.). Wirtschaftswachstum stellt eine wesentliche **Voraussetzung** für das Ziel der **Vollbeschäftigung** dar, sofern es eine Höhe erreicht, die die Einsparung von Arbeitsplätzen durch den Produktivitätsfortschritt und die damit verbundenen Rationalisierungsmaßnahmen kompensiert. Die gegenwärtig wirtschaftlich stabile Lage gibt dem überwiegenden Teil der Bevölkerung ein Gefühl der relativen **Sicherheit hinsichtlich ihrer persönlichen wirtschaftlichen Situation**. Allerdings betont der Autor, dass dies nicht für alle Bevölkerungsteile gelte, weil die positive wirtschaftliche Entwicklung in den **unteren Einkommensschichten** nicht durchschlagend angekommen sei (vgl. Z. 9 f.) und Globalisierung dort als **Bedrohung für den eigenen Arbeitsplatz** wahrgenommen werde (vgl. Z. 11).

Zusammenhang von Wachstum, Vollbeschäftigung und Sicherheitsbedürfnis

Wirtschaftliches Wachstum steht auch in engem Zusammenhang mit dem **außenwirtschaftlichen Gleichgewicht**. Milanović spricht von Deutschlands Erfolgen auf dem Weltmarkt (vgl. Z. 6), die seit Jahren zu einem enormen **Handelsbilanzüberschuss** führen, da Deutschland (in Preisen ausgedrückt) sehr viel mehr exportiert als importiert. Somit wird das angestrebte Gleichgewicht verfehlt. Die Folgen sind eine **hohe Abhängigkeit** der deutschen Wirtschaft vom Export bei gleichzeitig zunehmender Verschuldung der Staaten mit Handelsbilanzdefiziten. Solche dauerhaften Unwuchten können zu wirtschaftlichen und politischen Verwerfungen innerhalb der Währungsunion führen, wie die „Eurokrise" bereits gezeigt hat.

außenwirtschaftliches Gleichgewicht

Eng verbunden mit den quantitativen Zielen ist die qualitative Größe der **gerechten Einkommens- und Vermögensverteilung**. Die positive wirtschaftliche Entwicklung habe sich, so Milanović, auf die untere Hälfte der Einkommensbezieher kaum ausgewirkt. Deren **Realeinkommen** seien **nicht gestiegen** (vgl. Z. 9 f.). Der wirtschaftliche Erfolg ist also – gemessen am Prinzip der Verteilungsgerechtigkeit – **nicht gerecht verteilt**. Ein wesentlicher Grundsatz der Sozialen Marktwirtschaft, der **soziale Ausgleich**, wäre daher ebenso wenig verwirklicht wie der Wert der **Gerechtigkeit**.

gerechte Einkommens- und Vermögensverteilung

Allerdings gilt für eine Marktwirtschaft auch das **Prinzip der Wettbewerbssicherung**. Erst der Wettbewerb ermöglicht eine leistungsstarke Volkswirtschaft, in der die Entfaltung **unternehmerischer Freiheit** (Grundwert der Sozialen Marktwirtschaft) und **Kreativität** von großer Bedeutung sind. Dies impliziert auch eine Verteilung der Erträge im Sinne der **Leistungsgerechtigkeit**. Die Prinzipien Verteilungs- und Leistungsgerechtigkeit sind durch eine geschickte Sozial- und Wirtschaftspolitik **in Einklang** zu bringen.

Wettbewerbsprinzip

Auch zwischen der **Einkommensverteilung** und der **übermäßigen Exportstärke** Deutschlands besteht ein Zusammenhang. Eine Erhöhung der Realeinkommen der unteren Einkommensschichten würde die deutschen Produkte auf dem Weltmarkt **verteuern** und die Nachfrage entsprechend **reduzieren**. Dadurch würden gleichzeitig mehrere Ziele erreicht: eine Reduktion des Handelsbilanzüberschusses und eine gerechtere Einkommensverteilung bei weiterhin stetigem Wirtschaftswachstum, das dann aber durch eine **stärkere Binnen- statt Exportnachfrage** gestützt würde.

Zusammenhang von Handelsbilanz, Einkommensverteilung und Wachstum

Die Ziele **Preisstabilität** und **Umweltverträglichkeit** werden von Milanović nicht thematisiert. Wirtschaftswachstum erhöht bei steigenden Einkommen die Nachfrage und ggf. die Inflation. Gleichzeitig stellt ungehemmtes quantitatives Wachstum eine Bedrohung der natürlichen Lebensgrundlagen dar. Es kommt also darauf an, **qualitatives Wachstum** zu generieren, das Kreativität, Leistungswillen und Gewinnstreben in den Dienst **innovativer Entwicklungen** stellt, welche die Umwelt schonen, statt sie zu zerstören.

Preisstabilität und Umweltverträglichkeit

3 **TIPP** *Anforderungsbereich: II, Gewichtung in Prozent: 30*

Diese Aufgabe erfordert einen Übergriff vom Themenbereich „Soziale Marktwirtschaft zwischen Anspruch und Wirklichkeit" (12/2) auf „Chancen und Risiken weltwirtschaftlicher Verflechtung" (13/2). Bei der Erklärung der Kritik an der Handelspolitik Donald Trumps, die in Text und Karikatur deutlich wird, sollten Sie zunächst auf die entsprechenden Textpassagen eingehen, da die in Aufgabe 1 geforderte aspektgeleitete Zusammenfassung diese Thematik nicht umfasst. Wenden Sie sich dann der Karikatur in einer Analyse zu, wie Sie es im Unterricht gelernt haben. Dabei sollten Sie sich auf diejenigen Elemente beschränken, die später für die Bewertung im Sinne der Aufgabenstellung relevant sind. Schließen Sie Ihre Ausführungen mit einer Gesamtdeutung der Aussageabsicht. Setzen Sie diese im nächsten Schritt mit den Ergebnissen aus der Textbetrachtung in Beziehung. Verdeutlichen Sie daran anknüpfend die Kritik beider Materialien an der US-Handelspolitik unter Heranziehung der außenwirtschaftlichen Leitbilder Freihandel und Protektionismus. Hierbei ist es besonders wichtig, Abhängigkeiten und Zusammenhänge zwischen den dargestellten Teilaspekten verständlich zu machen.

Milanović hält den **Handelsprotektionismus** Trumps für falsch (vgl. Z. 37), auch wenn die Globalisierung und die offenen Märkte unter der Bedingung **vollständiger Konkurrenz** dazu geführt hätten, dass das Lohnniveau in manchen Branchen der westlichen Welt unter Druck geraten ist und z. B. US-amerikanische Arbeiter Lohneinbußen hinnehmen müssen (vgl. Z. 56–64). — These des Textes

Neben Problemen bei der **Umsetzbarkeit** aufgrund des **internationalen Handelsrechts** sieht er vor allem **fehlende ökonomische Nachhaltigkeit** und bleibende Schäden für die **Weltwirtschaft** (vgl. Z. 37–47) als Schwachpunkte protektionistischer Maßnahmen. Letztlich sind **Wohlstandsverluste** nicht nur für die Handelspartner, sondern auch für die Beschäftigten in den USA zu befürchten. — Wohlstandsverluste durch Handelsbarrieren

Diesen Aspekt greift auch die **Karikatur** von **Robert Ariail** auf. Sie zeigt US-Präsident Donald Trump mit einer mächtigen Feuerwaffe auf der Schulter, die mit einem Zielfernrohr mit der Aufschrift „Trade Tariffs" ausgestattet ist. Damit feuert er auf ein nicht sichtbares Ziel. Der gewaltige Feuerstoß wird durch den darüber stehenden Schriftzug „KA-BLAM" veranschaulicht. Das Zielfernrohr soll die vermeintliche **Zielgerichtetheit** der Waffe „Zollbeschränkungen" verdeutlichen – vermutlich richtet sie sich gegen Importe aus China und Westeuropa. Hinter Trump steht ein Mann, der einen Helm mit dem Sternenbanner und ein Hemd mit dem Aufnäher „U.S. Workers" trägt. Er stellt den klassischen US-amerikanischen Industriearbeiter dar. Dieser bekommt den Rückstoß des Geschosses direkt ins Gesicht, das schwarz gefärbt und durch einen entsetzten — Analyse und Interpretation der Karikatur

Ausdruck geprägt ist. Die Folgen des Angriffs auf die Handelspartner mit dem Instrument der Zollerhöhungen treffen auch die **Beschäftigten im eigenen Land** in massiver Weise. Wie der Text kritisiert also auch der Karikaturist die protektionistische Handelspolitik der USA, weil sie auf die Dauer der gesamten Weltwirtschaft schade und die Arbeitsplätze und Einkommen derjenigen gefährde, die sie eigentlich schützen will. Diese Kritik soll nun unter Heranziehung der Leitbilder des Protektionismus und Freihandels veranschaulicht werden.

Zusammenführung der Einschätzung von Text und Karikatur

Bezogen auf die gesamte Weltwirtschaft ist ausgehend von der **Freihandelstheorie** zu erwarten, dass freier Handel in der Summe den **größten wirtschaftlichen Ertrag** und somit auch den **größten Wohlstand** generiert. Durch internationale Arbeitsteilung werden die spezifischen **Standortvorteile** für die Herstellung der jeweiligen Güter und Dienstleistungen maximal genutzt, sodass das eingesetzte Kapital einen höchstmöglichen Gewinn realisiert (**optimale Allokation** des Kapitals). Standortvorteile können besonders günstige Bedingungen wie Klima, Rohstoff-/Energieversorgung oder günstige Arbeitskräfte sein. Gleichzeitig wird durch die **internationale Konkurrenz** mehr Druck auf die Anbieter ausgeübt, innovative, kostengünstigere und bessere Produkte auf dem Weltmarkt zu platzieren – beispielsweise Autos mit mehr Komfort, Sicherheit und Umweltverträglichkeit bei gleichzeitig günstigeren Preisen.

Vorteile des freien Handels nach der Freihandelstheorie

Eine Einbindung in den internationalen Handel ermöglicht es den Konsumenten auf den nationalen Märkten, aufgrund **günstigerer Preise** Produkte zu erwerben, die sie sich sonst nicht leisten könnten – etwa einen Kleinwagen aus Südkorea. Über **Vernetzungseffekte** werden gleichzeitig in der heimischen Wirtschaft zusätzliche Arbeitsplätze geschaffen und Gewinne erzielt. Schließlich müssen die Autos von Händlern verkauft und in Werkstätten gewartet werden. Nach dem wirtschaftspolitischen Leitbild des **Protektionismus** strebt Präsident Trump aber an, den Import von z. B. Autos oder auch Stahl durch Zölle zu **verteuern**, sodass die heimischen Produzenten wieder größere Chancen haben, ihre Produkte **im Inland** zu verkaufen. Damit sollen **heimische Arbeitsplätze** gesichert werden. Anknüpfend an das obige Beispiel könnte dies aber dazu führen, dass sich die Konsumenten wegen höherer Preise überhaupt kein Auto kaufen und damit **positive Vernetzungseffekte entfallen**. Hinzu kommt, dass die US-amerikanische Wirtschaft teilweise auch **keine vergleichbaren Produkte** zur **Substitution** anbieten könnte. Dies gilt etwa für verschiedene Stähle, die in den USA gar nicht mehr hergestellt werden (können). Darüber hinaus würden die erhöhten Preise für Importprodukte, die wie Stahl und Aluminium die Basis für unterschiedliche Weiterverarbeitungen bilden, zu **höheren Produktionskosten** und letztlich zu einem Preisanstieg führen. Dies

Protektionismus – Gegenargumente aus Sicht der US-amerikanischen Ökonomie

würde eine **geringere Nachfrage** sowie eine **geringere Auslastung** heimischer Unternehmen bedeuten und schließlich **Reallohnsenkungen** oder gar **Arbeitsplatzverluste** nach sich ziehen. Statt Schutz der Bevölkerung vor Wohlstandsverlusten wäre somit das Gegenteil der Fall.

Zusammenfassend lässt sich also schon anhand der wenigen ausgewählten Beispiele zeigen, dass protektionistische Maßnahmen auf Dauer sowohl den Vereinigten Staaten als auch der gesamten Weltwirtschaft **nachhaltig schaden** werden (vgl. Z. 43 f.).

Zusammenfassung

---

4 **TIPP** *Anforderungsbereich: III, Gewichtung in Prozent: 25*

Von Ihnen wird eine aspektbezogene Beurteilung erwartet, die sich auf die Empfehlungen des Textes in den Zeilen 24–33 bezieht und dabei auf die Rolle des Staates in der Sozialen Marktwirtschaft abzielt. Der Operator „Stellung nehmen" greift die Anforderungen des Operators „Beurteilen" auf, der hier von Ihnen fordert, die Empfehlungen Milanovićs kriterienorientiert auf Sinnhaftigkeit zu prüfen, um zu einem begründeten Sachurteil zu gelangen. Über dieses Sachurteil hinaus sollten Sie unter Anwendung von individuellen und/oder politischen Wertmaßstäben zu einem eigenen Werturteil gelangen. Arbeiten Sie zunächst die Schwerpunkte der Empfehlungen heraus, um diese anschließend mit der Rolle des Staates in der Sozialen Marktwirtschaft zu konfrontieren. Das abschließende (subjektive) Urteil sollte sich sowohl auf Aspekte der Effizienz (Sachurteil) als auch der Legitimität (Werturteil) beziehen und beide, wenn möglich, zusammenführen.

Milanovićs Vorschläge haben das Ziel, die grundlegenden **Ursachen** für die sehr hohen Einkommensunterschiede zu beseitigen. Diese seien in den **ungleichen Zugangschancen** zu Bildung, beruflicher Qualifikation und Vermögen zu suchen. Mit einer **Angleichung der Bildungschancen** würden sich die Einkünfte und Vermögensbestände der Bevölkerungsschichten nachhaltig angleichen (vgl. Z. 26 ff.). In der traditionellen Forderung der politischen Linken, die Ungleichheit in den Einkommen über **staatliche Transferzahlungen** zu mildern, sieht er nur eine Bekämpfung der Symptome. Die Wirkung sei **nicht nachhaltig**, weil die Notwendigkeit steuerfinanzierter Ausgleichszahlungen permanent bestehen bleibt. Im Interview fordert Milanović, mehr Geld für eine „gleichmäßig gute Ausbildung für alle" (Z. 32) auszugeben.

Forderung: Bildung statt Transferzahlungen

Etwas unklar bleibt seine Aussage über die Notwendigkeit, **Kapital** zugunsten der „mittleren Schichten" (Z. 33) **umzuverteilen**. Zum einen bleibt unbestimmt, wen er mit „mittlere Schichten" meint, und zum anderen, warum er diese Differenzierung überhaupt vornimmt. Der Begriff „mittlere Schichten" ist gemeinhin nicht identisch mit

Forderung: Umverteilung des Kapitals; Unklarheiten der Gedankenführung Milanovićs

der unteren Hälfte der Einkommensbezieher, auf die er sich eingangs bezieht (vgl. Z. 9 f.). Auch die Verwendung des Begriffs „Kapital" als Synonym für Vermögen ist fachterminologisch unscharf. Milanovićs Forderung, staatliche Mittel zur Verfügung zu stellen, um **vergleichbare Chancen** auf dem Arbeitsmarkt für möglichst viele Arbeitnehmer zu erreichen, ist unbedingt zuzustimmen. Auf diese Weise kann das Ziel einer gerechten Einkommens- und Vermögensverteilung am ehesten erreicht werden. In Deutschland ist die **soziale Platzierung** der Kinder nach wie vor stark vom **Bildungsgrad** der Eltern abhängig, sodass **Investitionen in Bildung** besonders den bildungsfernen Schichten zugutekommen. Eine gute Ausbildung ist eine nachhaltige Grundlage für das gesamte Erwerbsleben; sie schafft dauerhafte Unabhängigkeit von staatlichen Transferleistungen und stärkt das Selbstbewusstsein in die eigene Leistungsfähigkeit. Langfristig werden die **Sozialsysteme entlastet**. Insofern würde sich diese Maßnahme im Sinne des **Sachurteils** auf verschiedenen Ebenen als **effizienter** erweisen als die bloße Alimentierung von Arbeitslosen oder Geringverdienern.

<small>Verwirklichung von Gerechtigkeit durch Angleichung der Bildungschancen</small>

<small>Sachurteil: Effizienz</small>

Gleichzeitig ist eine solche Maßnahme **legitim** im Sinne des **Werturteils**, weil dem zentralen Wert der Sozialen Marktwirtschaft, der **Gerechtigkeitsforderung**, in unterschiedlicher Hinsicht Genüge getan würde. Neben der schon erwähnten **Verteilungs- und Bedarfsgerechtigkeit** würde auch ein Beitrag zur **Leistungsgerechtigkeit** geleistet. Alle Bürger hätten überhaupt erst eine vergleichbare Chance, eine qualifizierte, konkurrenzfähige Leistung zu erbringen, die dann auch nach dem **Prinzip des Förderns und Forderns** zum Nutzen aller eingefordert werden könnte.

<small>Werturteil: Legitimität</small>

Die von Milanović für notwendig erklärte **Umverteilung des Kapitals** zugunsten der „mittleren Schichten" (Z. 33) lässt sich weniger eindeutig beurteilen. Zunächst erscheint eine Umverteilung zur Förderung der bildungsferneren unteren Einkommensbezieher sowohl auf der Sach- wie auch der Werteebene wesentlich überzeugender. Eine Umverteilung im Sinn einer Entlastung der breiten Schicht der **Leistungsträger mit mittleren und guten Einkommen**, die gegenwärtig durch Steuer- und Sozialabgaben stark belastet ist, erscheint allerdings ebenfalls wirtschaftlich **effizient** und **sozial gerecht**. Der linear-progressive Steuertarif sieht beispielsweise für ledige Einkommensbezieher zwischen rund 56 000 und 265 000 Euro den gleichen Steuertarif vor und steigert sich für Superverdiener lediglich von 42 % auf 45 %. Dies ist nicht nur ungerecht im Sinne der Verteilungs- und Leistungsgerechtigkeit, sondern vermindert auch den **Leistungswillen** qualifizierter Arbeitnehmer, weil jeder zusätzliche Verdienst fast zur Hälfte allein als Einkommensteuer an den Staat abzuführen ist. Zudem generieren Bezieher sehr hoher Einkommen häufig zusätzliche Mittel über Kapitalanlagen oder Erbschaften, die

<small>unklare Zielgruppe der Umverteilungsmaßnahmen</small>

<small>mögliche positive Effekte einer Umverteilung zugunsten der Mittelschicht</small>

praktisch leistungsfrei erworben und häufig nur gering versteuert werden müssen. Hier stellt sich ein kaum vertretbares **Missverhältnis zwischen Leistungs- und Kapitaleinkommen** ein, was durch staatliche Korrekturen im Sinne des **Leistungs- und Gerechtigkeitsprinzips** zu korrigieren ist.

Allerdings führt ein solches staatliches Eingreifen auch zu unerwünschten **Nebenwirkungen** und ist daher mit Augenmaß vorzunehmen. Hohe Vermögen aus Kapital werden oft aus unternehmerischer Tätigkeit generiert und in die Unternehmen **reinvestiert**. Ein Abschöpfen würde entweder notwendige Investitionen verhindern oder bei privater Verwendung zu einer **Kapitalflucht** führen. Eine **Erhöhung der Erbschaftssteuer** auf den unternehmerischen Nachlass könnte die Bereitschaft minimieren, Unternehmen in der **nächsten Generation** weiterzuführen. Eine **Erhöhung des Steuersatzes** bei sehr hohen Einkommen könnte außerdem zu einer **Abwanderung** hochqualifizierter Arbeitskräfte führen und so die **Versorgungsstandards** und den **Wirtschaftsstandort** gefährden. Da staatliches Eingreifen im Rahmen der Sozialen Marktwirtschaft nicht nur eine gerechte Einkommens- und Vermögensverteilung, sondern auch **wirtschaftliches Wachstum** mit **Vollbeschäftigung** sichern soll, sind diese Gefahren im Blick zu behalten.

Gefahren einer stärkeren Besteuerung von Kapital

Die Vorschläge von Branko Milanović haben zwei unterschiedliche Schwerpunkte, von denen seine Ideen in Richtung **gleicher Bildungschancen für alle Schichten** ohne Abstriche zu befürworten sind, während seine Vorstellungen zur Umverteilung von Kapital einen **ambivalenten Charakter** haben.

zusammenfassende Beurteilung

Niedersachsen Politik-Wirtschaft • Abiturprüfung 2019
Erhöhtes Anforderungsniveau • Aufgabe II

INTERNATIONALE SICHERHEITS- UND FRIEDENSPOLITIK
(Einordnung in den aktuellen Lehrplan: 13/1: Erscheinungsformen internationaler Konflikte, Herausforderungen der Konfliktbewältigung, UN-Friedenssicherung; 12/1: Verfassungsorgane und politische Akteure)

Thema: Friedenssicherung und Demokratie

Aufgabenstellung

1 Fassen Sie die Aussagen Kristin Helbergs zur „neuen Welt-Unordnung" (Z. 7) zusammen.

2 Erklären Sie ausgehend vom Text Möglichkeiten der UN zur Friedenssicherung und Konfliktbewältigung.

3 Erklären Sie ausgehend von den Zeilen 90–99 Funktionen von Parteien in Deutschland gemäß Grund- und Parteiengesetz.

4 Erörtern Sie ausgehend von den Zeilen 1–19 Reformbedarf und Reformmöglichkeiten der UN.

M   Kristin Helberg: Die „Syrienisierung" der internationalen Politik

[…] Was in Syrien passiert, ist das Ergebnis eines Totalversagens der internationalen Gemeinschaft, ihrer Institutionen, Regierungen und Gesellschaften. Die nach dem Ende des Zweiten Weltkriegs etablierten Mechanismen zur Verhinderung oder Beilegung von Konflikten funktionieren in Syrien nicht. […]

5   Die Welt ist durcheinandergeraten, und wir haben noch nicht die Mittel gefunden, sie neu zu sortieren. Der Syrien-Krieg ist der erste Konflikt, der diese Tatsache schonungslos offenbart. Er ist das Symptom einer neuen Welt-Unordnung.

[…] Die UN-Mechanismen sind wirkungslos – in der Politik wie in der Diplomatie, bei der humanitären Hilfe und bei der Durchsetzung von internationalem Recht. […]

10   Politisch sind die UN handlungsunfähig, da der Weltsicherheitsrat blockiert ist. Russland hat mit seinem Veto bereits mehr als zehn Resolutionen verhindert. Einigen sich seine ständigen Mitglieder doch mal auf einen Beschluss, wird dieser nicht umgesetzt. […] Der Einsatz von Fassbomben und Chemiewaffen sowie Angriffe auf zivile Ziele wurden in drei Resolutionen […] unter der Androhung, verantwortliche Parteien

15   zur Rechenschaft zu ziehen, verboten. Geändert hat sich dadurch nichts. […]

Diplomatisch haben selbst die erfahrensten Vermittler nichts erreicht. […] Einziges Verdienst der UN-Diplomatie ist zum jetzigen Zeitpunkt, dass der Syrien-Konflikt nicht in Vergessenheit gerät und die Gesprächsfäden zu den verschiedenen Akteuren nicht abreißen. […]

Bleibt die juristische Komponente – Durchsetzung der Genfer Konvention[1], die Anwendung des Völkerrechts, die Ahndung von Kriegsverbrechen vor dem Internationalen Strafgerichtshof in Den Haag. Das Versagen in diesem Bereich ist das vielleicht folgenreichste – denn die anhaltende Straffreiheit für Verbrechen, wie sie in Syrien seit Jahren begangen werden, sendet ein fatales Signal an die Machthaber dieser Welt: Du kannst morden, wie du willst, solange du nur deine Landsleute tötest und einen Freund im Weltsicherheitsrat hast. […]

[Es] droht die weitere „Syrienisierung" der Welt. Alles, was in Syrien passiert oder nicht klappt, wird zur globalen Tendenz. Standards werden gesenkt, internationale Übereinkünfte wertlos, Kooperationen heruntergefahren, Bündnisse aufgekündigt, nationale Interessen in den Vordergrund gerückt. Sechs Entwicklungen lassen sich beobachten.

1. Die Zeit zwischenstaatlicher Kriege ist schon länger vorbei, was zunimmt, sind innerstaatliche Konflikte. In Syrien sehen wir, wie aus einem solchen innerstaatlichen Konflikt ein transnationaler, regionaler und internationaler Konflikt wird, der am Ende wieder einen zwischenstaatlichen Krieg zur Folge haben könnte (etwa zwischen Israel und dem Iran). Wenn die internationale Gemeinschaft keine gemeinsame, einheitliche und abgestimmte Antwort für ein innerstaatliches Problem findet, mischen sich verschiedene ausländische Mächte direkt ein. Um dieses Knäuel aus widerstreitenden Interessen zu entwirren, fehlen geeignete Gremien und Verfahren.

2. Konflikte werden nicht länger von Weltmächten gesteuert, sondern zunehmend von Regionalstaaten, Milizen und nichtstaatlichen Akteuren. Entsprechend stehen lokale Interessen im Vordergrund und nicht mehr globale Zusammenhänge. In Syrien ist der Einfluss der Weltmacht Russland auf den Iran und seine Revolutionsgarden sowie auf Assad beschränkt, ebenso wenig können die USA ihren Verbündeten Türkei aufhalten, Katar und Saudi-Arabien auf Linie bringen oder Rebellen herumkommandieren. Regionale Feindseligkeiten und internationale Verwerfungen können deshalb jederzeit eskalieren – eine global denkende und im Ernstfall deeskalierende Instanz gibt es nicht mehr.

3. Das Wort „Bündnistreue" können wir aus dem Lexikon der internationalen Politik streichen. Staaten halten sich untereinander nicht mehr an langjährige Bündnisse, sondern gehen lieber kurzfristige Zweckallianzen ein, um eigene Interessen durchzusetzen. Welche widersprüchlichen Wendungen und damit Unberechenbarkeiten diese hervorbringen, zeigt der Syrien-Konflikt besonders deutlich. So sind die USA und die Türkei eigentlich Nato-Partner. Trotzdem unterstützt Washington mit den kurdischen Volksverteidigungseinheiten (YPG) in Syrien eine Gruppe, die Ankara als Feind betrachtet. Die Verbündeten des einen sind die Terroristen des anderen. […]

4. Viele Länder mischen sich außerdem nicht mehr nur direkt mit eigenen Truppen und Militärberatern ein, sondern indirekt über nichtstaatliche Akteure. Damit ist nicht nur die Aufrüstung inländischer Gruppen oder Putschisten gemeint, […] sondern auch das Entsenden eigener Milizen, die sich dem Einfluss des Staates entziehen. Dadurch wird ihr Vorgehen undurchsichtig und ihr Verhalten unberechenbar.

[…] Mit solchen nichtstaatlichen Akteuren ist der Krieg noch schwieriger zu steuern, weil manche von ihnen eigene Interessen entwickeln und sich die hinter ihnen stehenden Mächte aus der Verantwortung stehlen. Dann ist der Krieg irgendwann offiziell vorbei, aber die Milizen bleiben, und keiner ist zuständig.
Deshalb müssten theoretisch alle bewaffneten Parteien an einer Lösung beteiligt werden – doch je mehr es sind, desto komplizierter wird es. In Syrien kämpfen Dutzende Gruppen […]. Keine dieser Gruppen hört auf eine Regierung, wenn überhaupt, folgen sie nur den Anweisungen einzelner starker Männer.

5. Der Syrien-Krieg hat internationale Strukturen geschwächt. Da bisherige Regeln, Verträge, Institutionen und Mechanismen in Syrien nichts bewirkt haben, ist der Glaube an dieses Ordnungssystem und an eine multinationale Zusammenarbeit generell erschüttert. Welcher Machthaber fühlt sich heute noch der Allgemeinen Erklärung der Menschenrechte verpflichtet, den UN-Konventionen gegen Folter, Verschwindenlassen und Völkermord? […]

6. Schließlich ist, verstärkt durch den Syrien-Krieg, die weltweite Systemfrage neu entbrannt, die Diskussion darüber, welches Staats- und Gesellschaftsmodell den Menschen am besten dient. Bis vor wenigen Jahren galt die liberale Demokratie unangefochten als beste Form des Zusammenlebens: frei, rechtsstaatlich und wirtschaftlich erfolgreich. Mit Gesetzen, die für alle gelten, einem souveränen Volk, das mitbestimmt, mit freien Märkten, die den Wohlstand vermehren, Sozialsystemen, die für Gerechtigkeit sorgen, und Politikern, die sich für das, was sie tun, verantworten müssen.

Inzwischen entwickeln Autokraten[2] wieder Strahlkraft. Präsident Wladimir Putin verhilft Russland zu alter Größe. Chinas wirtschaftlicher Aufstieg wirkt unaufhaltsam, die von Peking praktizierte liberale Autokratie effektiv. In der Türkei trägt die Mehrheit der Bevölkerung Präsident Erdogans Weg zur Alleinherrschaft mit. Und die US-Amerikaner haben einen Präsidenten gewählt, der die Institutionen des Rechtsstaats verachtet und lieber per Twitter regieren würde.

Die liberalen Demokratien Europas ringen derweil mit Unzulänglichkeiten. Der Sozialstaat ist bürokratisch, die öffentliche Verwaltung ineffizient, die politische Elite abgehoben. Wirtschaftskonzerne handeln unverantwortlich, Parlamente sind von kaum unterscheidbaren Volksparteien gelähmt, die Verteilung von Vermögen erscheint ungerecht und die Gesellschaft ist gespalten. Und nun zeigt der Syrien-Konflikt, dass autokratisch regierte Länder ihre außenpolitischen Interessen viel erfolgreicher durchsetzen können als Demokratien. Während letztere sich um Parlamentsmehrheiten kümmern und die öffentliche Meinung berücksichtigen müssen, können Staatschefs wie Putin, Erdogan und Irans Revolutionsführer Khamenei schnell und fast im Alleingang entscheiden. In Syrien hat die Autokratie eindeutig gesiegt. Der Westen hat viel geredet und wenig getan und mit dieser Lücke zwischen Worten und Taten die eigene Glaubwürdigkeit verspielt. Er konnte mit seinem System aus internationalen Absprachen, moralischen Prinzipien und demokratisch legitimierten Institutionen weder den Syrern helfen noch den Krieg beenden – die liberale Demokratie hat in Syrien versagt. […]

Helberg, Kristin: Es droht die „Syrienisierung" der Welt. Auszug aus dem Buch: Der Syrien-Krieg. Lösung eines Weltkonflikts. Verlag Herder GmbH, Freiburg im Breisgau, 2018, S. 209 – 221

Anmerkungen
Kristin Helberg (geb. 1973) ist eine deutsche Journalistin
1 Die Genfer Konvention in der aktuell gültigen Version von 1949 ist ein zwischenstaatliches Abkommen und Teil des Völkerrechts. Sie enthält Regeln, welche im Falle eines Krieges oder Konflikts nicht oder nicht mehr am Kampf beteiligten Personen Schutz gewähren, z. B. Verwundeten, Kranken, Zivilpersonen und Kriegsgefangenen.
2 In einer Autokratie liegt die uneingeschränkte und unkontrollierte Staatsgewalt in der Hand eines einzelnen Herrschers, des Autokraten.

Hilfsmittel
Grundgesetz für die Bundesrepublik Deutschland
Niedersächsische Verfassung ohne ergänzende Kommentare

Lösungsvorschlag

1 **TIPP** *Anforderungsbereich: I, Gewichtung in Prozent: 20*

Die Aufgabenstellung verlangt von Ihnen eine stringente, deutlich verknappte und sprachlich distanzierte Zusammenfassung des Textes. Hinsichtlich des inhaltlichen Aufbaus können Sie sich weitgehend an die Abfolge im Text halten, da die Autorin bei ihren Ausführungen selbst eine Aufzählung vornimmt. Verwenden Sie eigene Worte, distanzieren Sie sich sprachlich mittels Konjunktiv I und indirekter Rede und straffen Sie den Text deutlich. Vermeiden Sie weitgehend wörtliche Zitate, wobei Fachbegriffe keine Zitate sind und unbedingt angeführt werden sollten. Wichtig ist zudem ein direkter Bezug auf die in der Aufgabenstellung angegebene Textstelle sowie die Angabe der Zeilennummern, auf die sich Ihre Ausführungen beziehen.

In dem vorliegenden Auszug aus dem Buch „Der Syrien-Krieg. Lösung eines Weltkonflikts", erschienen im Jahr 2018 im Verlag Herder in Freiburg im Breisgau, analysiert die Autorin und Journalistin Kristin Helberg im Kapitel „Es droht die ‚Syrienisierung' der Welt" (S. 209–221) die Auswirkungen des Syrienkonflikts auf das internationale politische System. *(bibliografische Angaben)*

Dabei diagnostiziert sie eine neue „**Welt-Unordnung**" (Z. 7), da für solche Konfliktformen international keine Lösung im Sinne einer demokratischen, multilateralen Ordnung gefunden worden sei. Die liberale Demokratie habe in Syrien versagt (vgl. Z. 90 ff.). *(zentrale These)*

In erster Linie sieht Helberg ein **Scheitern der UN** und ihrer Konfliktlösungsbemühungen. So habe sich der Sicherheitsrat aufgrund eines wiederholten russischen **Vetos** selbst blockiert. Wurden tatsächlich Resolutionen verabschiedet, seien letztlich **keine Folgen** daraus erwachsen (vgl. Z. 10 ff.). **Diplomatisch** waren die Bemühungen ebenfalls mehr oder weniger erfolglos, einzig wurde die **Aufrechterhaltung der Kommunikation** mit den Konfliktparteien gewährleistet (vgl. Z. 16 ff.). Noch gravierender sei aber das Versagen auf der Ebene des **internationalen Rechts** (vgl. Z. 20 ff.). So habe sich herausgestellt, dass autokratische Führer ihre eigene Bevölkerung ungestraft töten könnten, solange sie einen Verbündeten im Weltsicherheitsrat haben (vgl. Z. 25 f.).

Für ihre weitergehende These der „,**Syrienisierung' der Welt**" (Z. 27), womit sie meint, dass alles, was in Syrien passiert, zu einer globalen Tendenz wird, sieht Helberg vor allem sechs Aspekte als **relevante Anzeichen** an:

So gäbe es **keine funktionierenden Gremien**, die einheitlich mit **innerstaatlichen Konflikten** umgehen könnten. Eine Konfliktlösung werde zunehmend schwieriger, da einzelne Mächte sich von außen einmischten. So würden aus einst intranationalen Konflikten schließlich internationale Auseinandersetzungen (vgl. Z. 32 ff.).

Der Einfluss großer Mächte auf regionale Akteure sei gering, sodass es an einer **deeskalierenden Instanz** fehle (vgl. Z. 47 f.).

Die Autorin sieht zudem eine **Abkehr von Bündnistreue** und langjähriger Zusammenarbeit zugunsten kurzfristiger Zweckbündnisse. Dies führe zum Teil zu sich widersprechenden Handlungen einzelner Staaten (vgl. Z. 49 ff.). Eine Konfliktlösung werde zudem durch den Einsatz von **nichtstaatlichen Akteuren** wie Milizen außenstehender Mächte erschwert, die **eigene Interessen** entwickelten und auch nach einem Friedensschluss weiter **destabilisierend** wirkten, da sich niemand für diese verantwortlich zeige (Z. 57 ff.).

Gerade der Syrien-Krieg habe das **internationale Ordnungs- und Konfliktlösungssystem** so **geschwächt**, dass sich einzelne Machthaber kaum noch an internationales Recht und Konventionen gebunden fühlten (vgl. Z. 70 ff.). Zuletzt sieht Helberg die **Systemfrage** zwischen **liberaler Demokratie** und **autokratischen Systemen** wie in Russland oder China neu gestellt (vgl. Z. 76 ff.).

Nach ihrer Auffassung seien die westlichen Systeme daran gescheitert, Syrien zu befrieden, und hätten dabei ihre Glaubwürdigkeit verspielt (vgl. Z. 99 ff.). Autokratische Machthaber hingegen seien sehr viel schneller in der Lage, Entscheidungen zu treffen und außenpolitische Interessen effektiv zu verfolgen (Z. 94 ff.). Während die liberale Demokratie sich teilweise **selbst blockiere**, erlangten autokratische Machthaber immer mehr **Zuspruch** ihres Volkes (vgl. Z. 86 ff.).

Scheitern der UN: Veto im Sicherheitsrat

Scheitern der Krisendiplomatie

Scheitern des internationalen Rechts

Auflistung der Argumente:

neue Konfliktform

schwindender Einfluss

fehlende Bündnistreue

Milizeneinsatz

Schwächung gegebener Institutionen

Systemfrage

Scheitern liberaler Demokratien gegenüber Autokratie

2 **TIPP** *Anforderungsbereich: II, Gewichtung in Prozent: 25*

Der Operator fordert von Ihnen, dass Sie die Möglichkeiten der UN mit dem entsprechend in der Aufgabenstellung geforderten Fokus auf die Friedenssicherung und Konfliktbewältigung so darlegen, dass die institutionellen Grundlagen und Bedingungen sowie die jeweiligen Möglichkeiten und Grenzen deutlich werden. Sie müssen also Ihr Vorwissen anbringen und durch eine logische Struktur dem Leser vermitteln. Wichtig sind auch hier Textbezüge. Achten Sie ganz besonders auf den inhaltlichen Schwerpunkt der Aufgabenstellung und schweifen Sie nicht ab.

Kristin Helberg sieht die UN im Zusammenhang mit dem Syrien-Konflikt politisch (vgl. Z. 10), diplomatisch (vgl. Z. 16) und vor allem auch juristisch (vgl. Z. 20 ff.) als weitgehend gescheitert an. Dabei verweist sie auf **zentrale Interventionsmöglichkeiten** der UN bei bewaffneten Konflikten. Sie nennt **Resolutionen** des Sicherheitsrats, **diplomatische Missionen** sowie ein **juristisches Vorgehen** gegen vertragsbrüchige Mitgliedsstaaten.	Textbezug und Problemlage
Grundlage der Handlungsfähigkeit der UN ist die **UN-Charta**. Durch Unterschrift haben sich die Mitgliedsstaaten dazu verpflichtet, grundlegende **Menschenrechte** zu achten, Konflikte **friedlich** und auf dem **Verhandlungsweg** auszutragen sowie die **innere Souveränität** der Mitgliedsstaaten zu respektieren. Sie geben das Recht auf unilaterale Gewaltanwendung auf und gliedern sich in ein **multilateral organisiertes System kollektiver Sicherheit** ein.	Selbstverpflichtung in UN-Charta
Sollte ein Staat vertragsbrüchig werden, gibt die Charta ein Verfahren – festgelegt vor allem im **Kapitel VII** – vor, welches bis zum Einsatz militärischer Zwangsmittel reicht. Die Entscheidungen werden dabei nach einer **festgelegten Eskalationsabstufung** vom Sicherheitsrat getroffen. Allerdings, und auf dieses zentrale Problem verweist auch die Autorin (vgl. Z. 10 f.), müssen alle fünf **ständigen Mitglieder** einer Resolution zustimmen.	Maßnahmen nach Artikel VII
	Vetorecht
Als konkrete Maßnahmen der Konfliktintervention haben sich in der Praxis die Maßnahmen der **vorbeugenden Diplomatie**, des **peacemaking**, des **peacekeeping**, des **peace enforcement** (der Friedenserzwingung) sowie des **post conflict peacebuilding** etabliert.	Benennung der Interventionstypen
Durch die Aufrechterhaltung der **Kommunikation** soll im Rahmen vorbeugender Diplomatie sowie des peacemaking eine **Verhandlungslösung** schneller erreicht werden. Dies setzt jedoch den Willen der am Konflikt Beteiligten voraus.	Vorbeugung und peacemaking

Das peacekeeping beinhaltet die Bereitstellung **leicht bewaffneter Truppen bzw. von Polizeieinheiten**, um friedensrelevante Einrichtungen und Vorgänge wie z. B. Wahlen zu schützen. Schon deutlich robuster, d. h. unter **Einschluss militärischer Kräfte**, ist etwa die vom Sicherheitsrat angeordnete Durchsetzung von Flugverbotszonen. **Direkte militärische Handlungen** auf der Grundlage eines UN-Mandats können gemäß der Charta im Rahmen von Einsätzen zur **Friedenserzwingung** erfolgen. Hier kommt es zu militärischen Handlungen seitens der von den **UN legitimierten Truppenkontingente**, wodurch die UN aber sehr viel stärker als bei reinen Blauhelmeinsätzen zum **Konfliktakteur** werden.

Zentral ist, dass alle Maßnahmen nur legitimiert sind, sofern der Sicherheitsrat mit mindestens neun Mitgliedern, darunter **alle fünf „Vetomächte"**, zustimmt. Zudem müssen die Mitgliedsstaaten gegebenenfalls Truppen- und Polizeikontingente stellen, da die UN selbst über **keine entsprechenden Machtmittel** verfügen. Hier war in der Vergangenheit die Bereitschaft zur Abstellung militärischer Kapazitäten begrenzt.

Sollte der Sicherheitsrat wie in der Syrienfrage blockiert sein, kommt der **Generalversammlung** eine größere Rolle zu. Sie kann zwar nicht per Resolution Maßnahmen beschließen, steht aber eine deutliche Mehrheit hinter einer solchen Resolution, erzeugt dies einen **verstärkten politischen Druck** auf den Sicherheitsrat. Zudem könnte eine spätere Anklage von Kriegsverbrechen vor dem **Internationalen Strafgerichtshof** gefordert werden. Dieser ist aber kein Teil der UN-Strukturen. Hinsichtlich der juristischen Aufarbeitung sind weiterhin **UN-Sondertribunale** möglich, die aber ebenfalls vom Sicherheitsrat einzurichten wären. Die „anhaltende Straffreiheit für Verbrechen" (Z. 23) wie im Syrienkonflikt ist nach Helberg vielleicht das folgenreichste politische Versagen.

Besonders problematisch bei innerstaatlichen Konflikten wie in Syrien ist die in der Charta garantierte **innere Souveränität** der Staaten. So konnte Putin stets darauf verweisen, dass die syrische Regierung Russland aufgefordert habe, sie beim Kampf gegen die innerstaatlichen Terroristen zu unterstützen, wohingegen andere eingreifende Mächte, wie etwa die USA, nicht legitimiert seien. Allerdings hat sich mit der sogenannten **responsibility to protect** eine Vorstellung etabliert, nach der Verbrechen gegen die Menschlichkeit bzw. Kriegsverbrechen, die von der Regierung bzw. von Konfliktparteien gegen die eigene Zivilbevölkerung verübt werden, von den UN auch **gegen den Willen der betroffenen Akteure durch Zwangsmaßnahmen** beendet werden können. Es bedarf jedoch auch hierfür einer Resolution des Sicherheitsrats und einer entsprechenden Umsetzung seitens hierzu ermächtigter Staaten bzw. Organisationen.

3 **TIPP** *Anforderungsbereich: II, Gewichtung in Prozent: 30*

Gehen Sie zunächst auf die in der Aufgabenstellung genannte Textpassage ein, um davon ausgehend Ihre Darlegung des Sachverhalts zu strukturieren. Fassen Sie im ersten Schritt die im Hinblick auf die Parteien relevanten Ausführungen der Autorin zusammen. Wenn Sie anschließend die Funktionen der Parteien darlegen, denken Sie daran, die Ebenen Verfassungsnorm und Verfassungswirklichkeit mit den Textpassagen in Verbindung zu bringen und Hintergründe darzustellen. Vermeiden Sie wertende Aussagen.

Die Journalistin geht im letzten Textabschnitt auf die Unzulänglichkeiten westlicher Demokratien ein und kritisiert auch explizit politische Parteien, die **kaum unterscheidbar** geworden seien und die Parlamente **lähmten** (vgl. Z. 92 f.). Anders als in autokratischen Regimen werde der politische **Entscheidungsprozess verlangsamt** oder gar blockiert, weil die **öffentliche Meinung** zu respektieren sei und **Parlamentsmehrheiten** organisiert werden müssten (vgl. Z. 96. f.). Politische Parteien nehmen im politischen System der Bundesrepublik Deutschland eine zentrale Rolle ein. Deutschland ist eine **Parteiendemokratie**, ohne Parteien wäre das hochkomplexe Staatssystem nicht regelbar. **Artikel 21 GG** gibt ihnen **Verfassungsrang**. Das **Grundgesetz (Art. 21)** und das **Parteiengesetz** legen Regeln fest, die politische Parteien einhalten müssen, um als Partei anerkannt zu werden. So dürfen sie die **freiheitlich demokratische Grundordnung** nicht ablehnen, ihre innerparteiliche Willensbildung muss **demokratisch** erfolgen, sie müssen öffentlich über ihre finanziellen Mittel **Rechenschaft** ablegen sowie regelmäßig zu **Wahlen** antreten. Nur unter diesen Voraussetzungen haben sie auch Anspruch auf finanzielle Unterstützung durch den Staat.
Gemäß dem Grundgesetz wirken Parteien bei der politischen **Willensbildung** des Volkes mit. Da es keinen Volksentscheid auf Bundesebene gibt, kommt den Parteien hier eine Schlüsselposition zu.
Das Parteiengesetz definiert Parteien als **auf Dauer angelegte** Organisationen, die im politischen System zentrale Grundfunktionen übernehmen. So sind sie für die Auswahl von geeignetem Personal zuständig (**Personalrekrutierungsfunktion**). Wenn Helberg abgehobene politische Eliten (vgl. Z. 91 f.) bemängelt, wirft sie den Parteien hier ein Versagen vor. Spitzenämter sollen durch innerparteiliche Auswahlprozesse so besetzt werden, dass sich die fähigsten Bewerber durchsetzen. Durch **innerparteiliche Wahlen** findet eine **Kontrolle** statt, da bei Parteiämtern auch Abwahlen möglich sind.

Randnotizen:
- Textbezüge
- Parteiendemokratie
- Einschränkungen: Bezug auf GG Art. 21 und Parteiengesetz
- politische Willensbildung
- Personalrekrutierung

Politische Parteien sind immer auch Vertreter **gesellschaftlicher Partikularinteressen**. Sie definieren zunächst intern ihre Interessen und bündeln diese (**Selektion**), um sie dann in den politischen Willensbildungsprozess und die Gesellschaft einzubringen (**Artikulation**). Dies muss auf eine Weise erfolgen, die es den Bürger*innen ermöglicht, die vertretenen politischen Anliegen zu durchdringen und politisch handlungsfähig zu werden (**Interessenvertretungsfunktion**). Das Parteiengesetz spricht hier auch von der Förderung **politischer Teilhabe** der Bürger*innen und einem Einfluss auf die öffentliche Meinung. Helberg bemängelt, dass die Volksparteien sich zu ähnlich geworden seien (vgl. Z. 92 f.). Da in der Bundesrepublik jedoch ein **breiter politischer Grundkonsens** besteht, repräsentieren die Parteien mit dem Anspruch einer „Volkspartei" aber auch eine breite Mehrheit, weshalb die Kritik der Autorin nur bedingt zutreffend ist.

Weiter kritisiert die Autorin, dass im parlamentarischen Prozess **Mehrheiten** immer erst **organisiert** werden müssen (Z. 96 f.). Tatsächlich kommt es beim politischen Aushandlungsprozess teils zu einem **langwierigen Parteienstreit**, der nach bestimmten, allgemein akzeptierten Regeln verläuft. Nach einer Regierungsperiode von vier Jahren können die regierenden Parteien per Wahlvotum durch Oppositionsparteien ersetzt werden. Die Parteien sind also gezwungen, ihre Positionen und Entscheidungen **transparent** zu machen. Genau dieses demokratische System der Abstimmung legitimiert jedoch die bestehende Ordnung (**Legitimationsfunktion**). Auch hinsichtlich des von Helberg angeführten Aspekts, dass in liberalen Demokratien stets die öffentliche Meinung berücksichtigt werden müsse, lässt sich auf das Parteiengesetz verweisen. Darin wird genau diese **stetige Verbindung** des Staates mit den Bürgern gefordert, wobei die politischen Parteien hier die **Mittlerfunktion** übernehmen.

Selektion und Artikulation von Interessen

Interessenvertretung

Legitimation

Parteien als Mittler

---

4 **TIPP** *Anforderungsbereich: III, Gewichtung in Prozent: 25*

Der Operator „Erörtern" fordert von Ihnen eine eigene Sach- und Werturteilsbildung unter explizitem Einbezug der Pro- und Kontra-Argumente. Auch hier ist ein Textbezug – die dargestellte Wirkungslosigkeit der UN bei Lösung des Syrienkonflikts – die Grundlage. Wichtig ist, dass Sie eine wertende Haltung einnehmen. Nennen Sie also nicht nur Reformmöglichkeiten der UN, sondern bewerten und problematisieren Sie diese auch. Nutzen Sie explizit auch die Kategorien der politischen Urteilsbildung Legitimität und Effizienz zur Strukturierung Ihres eigenen Textes. Am Ende sollten Sie eine zusammenfassende Einschätzung formulieren.

Helberg kritisiert die UNO hinsichtlich ihres Versagens im Syrien-Konflikt auf **politischer** und **diplomatischer Ebene**. Wie bereits angeführt, sieht sie den UN-Sicherheitsrat **als handlungsunfähig** an, weil er sich selbst blockiert. Weiter kritisiert sie die **Wirkungslosigkeit** der diplomatischen Maßnahmen (vgl. Z. 16 ff.). Textbezug

Schon länger werden **Reformen des UN-Sicherheitsrats** diskutiert, sie scheiterten bisher aber alle an den **Interessen** der ständigen Sicherheitsratsmitglieder und der **Uneinigkeit** der „einfachen" Mitglieder in der Generalversammlung, die einer Änderung mit Zweidrittelmehrheit zustimmen müssten. politische Einordnung

Bei allen Bestrebungen sind einige Gegebenheiten zu bedenken, die eine Reform der UN mindestens erschweren. Die Vereinten Nationen wurden vor dem Hintergrund des **Zweiten Weltkriegs** und des Beginns des **Kalten Krieges** geschaffen. Die **Zusammensetzung** und die **Machtposition der ständigen Mitglieder** des Sicherheitsrats spiegeln diese Situation wider – das Vetorecht war zwingende Bedingung der USA für die Teilnahme an diesem **multilateralen, institutionalistischen System**. Der multilaterale-institutionalistische Ansatz gerät jedoch gegenwärtig aufgrund eines **verstärkten Nationalismus** in den internationalen Beziehungen und der **veränderten Konfliktstrukturen**, insbesondere seit Ende des Kalten Krieges, verstärkt unter Druck. historischer Hintergrund

Nationalismus als Problem

Wenn Helberg dem UN-Sicherheitsrat Versagen vorwirft, da eine Einigung auf Resolutionen bzw. deren Durchsetzung kaum möglich scheint, ist ein Reformansatz, der das **Vetorecht abschafft**, von vornherein ausgeschlossen, da die ständigen Mitglieder nicht zustimmen werden bzw. deren Länderparlamente eine solche Reform nicht ratifizieren würden. Daher wird eine Reform angestrebt, die den Sicherheitsrat auf eine **breitere Basis** stellt, um zumindest dessen Entscheidungsgewalt etwas **demokratischer** und **repräsentativer** zu gestalten. Dies könnte infolge einer höheren Akzeptanz auch die **Wirkung diplomatischer Bemühungen** erhöhen. Vetorecht als Reformgrenze

Es existieren unterschiedliche Ansätze, die alle eine **Vergrößerung** dieses Gremiums anvisieren.

So schlagen Deutschland, Japan, Brasilien und Indien („G4-Staaten") vor, den Sicherheitsrat um **sechs ständige** (**ohne Vetorecht**) und **elf nichtständige Mitglieder** (**ohne Vetorecht**) zu erweitern. Sie fordern dabei jeweils für sich einen der ständigen Sitze. Mit Deutschland wäre einer der größten **Beitragszahler**, mit Indien das **zweitbevölkerungsreichste Land**, mit Japan eine der **größten Volkswirtschaften** und mit Brasilien die **wirtschaftlich stärkste Macht Südamerikas** im Sicherheitsrat vertreten. Zwei weitere ständige Sitze sollen auf **Länder des afrikanischen Kontinents** entfallen. Vorstellung des Vorschlags der G4

128

Dieser Vorschlag wäre durchaus durch die Charta der Vereinten Nationen gedeckt, da gerade die Beitragszahlungen ein zentrales Kriterium für etwaige Sitzvergaben darstellen. — *Verweis auf Legalität*

Besonders kritisiert wird allgemein die **mangelnde Legitimität** des Sicherheitsrates, da er die gegenwärtigen globalen Verhältnisse nicht repräsentiert. Weite Teile der Welt sind nur durch wechselnde Sitze bei den nichtständigen Mitgliedern vertreten. Der Vorschlag der G4 sieht eine gewisse Abhilfe vor, da nach dieser Konstruktion **fehlende Kontinente** mit einem ständigen Sitz vertreten wären. — *Legitimität des SR als Problem*

Im Sinne einer **breiteren Interessenberücksichtigung** und einer gesteigerten Fairness wäre diese Maßnahme sicherlich **legitimitätssteigernd**, auch wenn weiterhin nur fünf Mitglieder ein Vetorecht hätten. — *Pro*

Allerdings stellt sich die Frage, ob nicht gleichzeitig Konflikte neu ausbrechen würden, da keiner der vorgeschlagenen Staaten ohne Konkurrenz ist. In nicht berücksichtigten Regionen könnte entsprechend auch ein **Legitimationsverlust** der Sicherheitsratsentscheidungen erfolgen. Eine Sicherheitsrat-Mitgliedschaft internationaler Organisationen als Kompromisslösung ist gemäß UN-Charta Kapitel II Art. 4 nicht möglich. — *Kontra*

Insgesamt betrachtet würde die Berücksichtigung noch fehlender Erdteile bei den ständigen Mitgliedern, wie es der Vorschlag der G4-Staaten vorsieht, die **Legitimation von Entscheidungen** des Sicherheitsrats jedoch auf jeden Fall steigern. — *zusammenfassendes Werturteil*

Hinsichtlich der **Effizienz** stellen sich ebenfalls Herausforderungen. So ist eine Entscheidungsfindung bereits gegenwärtig aufgrund der unterschiedlichen Interessenslagen sehr schwierig. Eine Aufstockung der Anzahl der Sicherheitsratsmitglieder könnte hier zu **weiteren Reibungsverlusten** führen, sodass die **Schnelligkeit** der Entscheidungsfindung und auch die **Reichweite** der Entscheidungen beeinträchtigt würden. — *Effizienz Kontra*

Allerdings stünden die neuen Mitglieder sicherlich mit ihren Regionen und Organisationen, wie etwa mit der Afrikanischen Union und der EU, im ständigen Austausch, sodass auch eine **beschleunigte Entscheidungsfindung** bei **höherer Nachhaltigkeit** daraus resultieren könnte. Auch die Bereitschaft der Mitgliedsstaaten, die UN bei Missionen mit **Einsatzkräften zu unterstützen**, könnte bei einer gerechteren Repräsentation steigen. — *Pro*

Eine Reform des UN-Sicherheitsrats im Sinne der G4 erscheint in Anbetracht aller Umstände aktuell **schwer durchsetzbar**, wenngleich sie sicherlich unter den aufgezeigten Grenzen zu einer **höheren Legitimität** des Sicherheitsrats beitrüge. Ob damit aber das Problem der **langwierigen Entscheidungsfindung** bzw. **Entscheidungsblockade** angesichts der sehr heterogenen Interessen gerade der Vetomächte, wie Kristin Helberg zurecht kritisiert, gelöst würde, ist zumindest zu bezweifeln. — *abschließendes eigenes Sach- und Werturteil*

ONLINE LERNEN
mit **STARK** und StudySmarter

STARK LERNINHALTE GIBT ES AUCH ONLINE!
Deine Vorteile:
- ✔ Auch einzelne Lerneinheiten – sofort abrufbar
- ✔ Gratis Lerneinheiten zum Testen

WAS IST STUDYSMARTER?
StudySmarter ist eine intelligente **Lern-App** und **Lernplattform**, auf der du ...
- ✔ deine Mitschriften aus dem Unterricht hochladen,
- ✔ deine Lerninhalte teilen und mit der Community diskutieren,
- ✔ Zusammenfassungen, Karteikarten und Mind-Maps erstellen,
- ✔ dein Wissen täglich erweitern und abfragen,
- ✔ individuelle Lernpläne anlegen kannst.

Google Play

Apple App Store

StudySmarter – die Lern-App kostenlos bei Google Play oder im Apple App Store herunterladen. Gleich anmelden unter: **www.StudySmarter.de/schule**

Kompakt zusammengefasst.
Wie dein Spickzettel

STARK KOMPAKT

Analysis · Stochastik · Geometrie

Mathematik-KOMPAKT

Gymnasium Oberstufe

Gut erklärt! LERN-VIDEOS

Wir wissen, was Schüler brauchen.

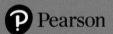 Pearson   www.stark-verlag.de   **STARK**

Der Blog, der Schule macht

Du suchst interessante Infos rund um alle Fächer, Prüfungen und Schularten, oder benötigst Hilfe bei Berufswahl und Studium?
Dann ist **schultrainer.de** genau für dich gemacht. Hier schreiben die Lernexperten vom STARK Verlag und machen dich fit für Schule, Beruf und Karriere.

Schau doch vorbei: **www.schultrainer.de**